书山有路勤为径,优质资源伴你行
注册世纪波学院会员,享精品图书增值服务

名校长
领导力
丛 书

文化治校的力量

杜建国 李志欣·著

电子工业出版社
Publishing House of Electronics Industry
北京·BEIJING

未经许可，不得以任何方式复制或抄袭本书之部分或全部内容。
版权所有，侵权必究。

图书在版编目（CIP）数据

文化治校的力量/杜建国，李志欣著．—北京：电子工业出版社，2023.5
（名校长领导力丛书）
ISBN 978-7-121-45171-3

Ⅰ.①文… Ⅱ.①杜…②李… Ⅲ.①中学—校园文化—建设—研究—北京 Ⅳ.① G637

中国国家版本馆 CIP 数据核字（2023）第 041789 号

责任编辑：袁桂春
印　　刷：涿州市京南印刷厂
装　　订：涿州市京南印刷厂
出版发行：电子工业出版社
　　　　　北京市海淀区万寿路173信箱　邮编100036
开　　本：720×1000　1/16　印张：17.75　字数：236千字
版　　次：2023年5月第1版
印　　次：2023年5月第1次印刷
定　　价：68.00元

凡所购买电子工业出版社图书有缺损问题，请向购买书店调换。若书店售缺，请与本社发行部联系，联系及邮购电话：（010）88254888，88258888。
质量投诉请发邮件至zlts@phei.com.cn，盗版侵权举报请发邮件至dbqq@phei.com.cn。
本书咨询联系方式：（010）88254199，sjb@phei.com.cn。

推荐序

教育的向度：生命突破、文化超越与理想创构

收到由杜建国和李志欣合著的书稿，认真阅读完，感慨颇多。

与特级教师、知名校长李志欣相识多年，我一直关注着他教育生涯中的发掘与突破，审视着他办学探索中的扬弃与超越，也欣赏着他生命行动中的开辟与创构。从一所薄弱学校到另一所薄弱学校，从一轮教学改革到新一轮教学改革，从一群追梦伙伴到又一群追梦伙伴，李志欣校长因爱而起，向善而行，始终在朝着理想的境界披荆斩棘，一路跋涉。

教育是社会与个人的互动和重构，指向人作为生命个体和社会成员的成长与发展。这是教育的本质体现，也是教育的价值所在。《礼记·中庸》有云"致广大而尽精微"，李志欣校长正是以"零"作业捍卫学生体验的底线，以"微改革"作为学校治理的起点，以"全学习"建设成己成物的生态，着意高远，致力精微，不断地求索、改变、超越，阐明着教育的三个向度：生命突破、文化超越与理想创构。

一、将教学改革作为生命突破的过程

有专家赞誉李志欣校长是"正从泥土里长出来的教育家"。是否堪称"教育家"，见仁见智，但"从泥土里长出来"，正是李志欣的前世今生和他追求的未来。

1992年8月，李志欣从师专毕业，被分配到山东省利津县一所偏远落后的农村学校任教。乡村、学校、教师，这些美好的词语在某些现实中却往往瘦骨嶙峋、茫然无力。农村偏僻薄弱学校的教师有时难免会产生艰涩难耐、穷愁闷煞的感受。但李志欣不仅在这所学校待了12年，还一次次从一所薄弱学校走进另一所薄弱学校；甚至被作为优秀人才引进到北京，他进的还是薄弱学校。

从教30年来，李志欣一直与"薄弱"二字有缘，甚至有些乐在其中。在他看来，教育确实是社会和生活的需要，但其本质是呵护和促进每一个生命的生长；因此，教育必定是有根的。这个根，就是"人"，就是人的实在、心气和斗志。一个活泼泼的人，怎么能又怎么会被贫弱艰难"囚"住"困"死呢？

对于李志欣来说，一次次被调往长期落后的学校，要面对的根本问题永远是：学校为什么落后？如何改变？从自身的经验和感悟出发，他认为，既然外部条件的改善无法一蹴而就，最可行的破解之道就是提升课堂品质。

薄弱学校之薄，在于办学条件简陋、发展资源单薄，更在于师生心气卑下、自我设定羸弱。如何提气？最有效的方式就是拿出丰厚、耀眼的教学成绩。成绩上去了，自信与激情就会逐渐恢复起来、激发上来。

为此，李志欣不仅身兼数职，还身先士卒，一马当先。当副校长时，他教两个毕业班的英语，还兼年级主任和一个班的班主任；当了校长，他仍然不离课堂，教一个班的英语。这是李志欣的管理之道——"我先上""看我干""跟我来"，全力以赴抓教学！

在教学实践中，李志欣发现：学生有做不完的作业、考不完的试，教师有批不完的卷子、加不完的班，师生眼里只有分数没有人。他意识到，当教与学不以问题为导向时，课堂本身就成了"问题"。

对此，李志欣在《教育在解决问题中完成》一文中指出：要建设以"问题"为主体的课堂，真正实现生命与生命的对话，教师的任务是激活课堂主体，把自己的"知识与生活"经验与学生已有的经验自然对接，师生直接进入彼此的话语、思维系统与生活、人格背景。

李志欣认为，要教随学行，做到先学后教、以学定教、善学促教。他将"学习点"拆成"问题点"，强调学生主体、学习赋权，在学生自主、合作、探究、展示、诊断中发现、分析和解决问题。

2001年，李志欣以教学问题为导向，开始推行"减负"；2008年，李志欣以"零"作业斩断"题海战术"，倒逼"课堂提质"，整体颠覆了传统的"课堂授业，课后作业"模式。"一个必须"，当堂评价促使教师有效完成课堂教学；"三个不准"，课堂闭环促使学生现场完成高效学习。这是对师生生命时间的尊重与赋能，也是对师生生命空间的解放与赋值。

"零"作业并不是终极目标，而只是一种手段，用于终止教师之间的"时间博弈"和学生群体的"答案诉求"。因此，"零"作业的目标，第一层次是创造公平竞争的时间环境，进阶层次是基于缩量减耗的"精准增效"。

课后作业的清零与归零，给课堂教学增添了巨大的压力与动力，也给学生学习拓宽了生命"伸展"的空间与可能。由此，不仅李志欣主导的学校走出连续十年全县倒数第一的困局，力争上游，声誉鹊起，其举措还启迪许多其他薄弱学校破壁求新，取得明显成效，从而受到《人民教育》《中国教育报》《中国教师报》重点关注。由于研究与实践接地气、重人气、育灵气，"'零'作业下的教学改革实践"2012年获山东省政府教学成果奖一等奖，"'零'作业教学改革实践探索"2014年获首届国家级教学成果奖二等奖。

《淮南子·原道训》中说："万物有所生，而独知守其根。"反之，能够"守其根"，就一定"有所生"。李志欣的"零"作业教改，就是这样一种生命的突破：守住"人的学习"之根，就会像种子抗争泥沙的压迫，冲破自身与环境的局限，生长出"知识与生活"的花朵。

二、让学校发展成为文化超越的旅程

课堂是教育的主要场域，但涵盖不了全部。学校文化却往往意味和指向着一切。

李志欣先后走过多所薄弱学校，发现它们有着鲜明的共性：缺少生机、思路、品质，根本在于文化底蕴的匮乏。

文化总是体现在人、物、事、情与环境上，是看得见的光芒、摸得着的温度，而非虚无缥缈的概念。李志欣把目光投注于学校空间和环境，以微改革来打破局限，促进学校发展，实现文化的重构与超越。

李志欣的改革，不是从"做什么"而是从"不做什么"开始的。"零"作业如此，学校治理微改革也是如此。

"开会不设领导席""谁要发言谁登台"，这个"交出舞台"的小小改革，让普通的教育场景成为富有温度与情怀的文化风景。会风吹清风，管理要同理，淡化了领导与普通教师的区别，却凸显了人文与专业的分量。

不给教师添负担，要为伙伴创机会，让校园里充满了自由快乐的气息。李志欣认为，每一位师生都如北京市育英学校校风所言，是"静静挂在枝头的桃子"，只要有教育与文化的阳光，人的学识与人格自然会丰满、润泽起来。

在开放的空间，教育与文化的光辉才能普照。将用于区隔的绿化带全部打开，走廊或连廊不只为了通行，大厅与馆室也不只为了容纳，所有原本局限或封闭的区域都"期待"着人的抵达、停留与使用，从而成为开放性、多样化的阅读学习、娱乐活动空间。师生的意愿、兴趣与动线，重新定义和不断刷新着校园的各个区域。一处处平常的校园景观与馆舍，改造成了"六艺庭院""桃李满园""曲水流觞""劝学蹊径"等景致，以文气浓郁的意象吸引学生观赏、阅读、思考与表达，连行走与休闲都变成了别样的学习样态、美好的交往境域。由此，一些教师开始把有关主题课程的学习搬到教室外面，一些学生社团活动也开始进入公共空间，"非正式学习""非正式活动""非正式项目"在校园的每一处场域、每一个角落随时都可能开展。

李志欣主张要让环境和空间能真正为人而存在，让人与环境互动起来。实际上，这是文化的人与人的文化在相互重构，是历时性的认知领域与共时性的现实存在进行交互融通。

教育不仅是文化的传递，更是文化的发现、理解与创生。在李志欣主导的学校里，文化总是由一个个师生、家长来主导、实施和交互，每个人都是一个自在的文化主体，他们的自我重构、协同建设带来了学校的发展，他们也在学校的发展中获得自我与他者的互洽。

每一个"静静挂在枝头的桃子"，都有属于自己的此在与旅程。

教育，就是春风化雨，润物无声，悄然呵护一个个生命的文化超越。

三、用成长自觉驱动理想创构的征程

教育的根本任务是培养社会需要并认可的人。但人，应该并且能够去做理想主义的梦。

李志欣的办学探索与实践就像在画一个最美的梦，然后带着梦里的人们一点点地去实现。

读李志欣的文章，看他走过的学校，我们会发现，薄弱学校发展的核心动力就是教师的成长自觉，而教师的成长自觉来自并创构着他们的理想境界。这是专业成长的青春之歌，也是生命蜕变的理想之路。

"零"作业的革命性变革，微改革的系统性升级，都少不了教师队伍的自组织和再出发。李志欣着力构建以学习为中心的支持多样化发展的教育模式，即"全学习生态系统"——运用学校文化、空间和环境，丰富学习资源，支持"多种学习方式与终身学习"，满足学生学习、生活的生理与心理需求，促进学生自我学习，培养其发现问题、解决问题的能力。但这个"全学习生态系统"的原动力是教师的成长自觉。

在基础教育领域，任何过度夸大儿童的理念都是可笑的，任何过度神化儿童的行为都是荒诞的。李志欣采用了最简单的方法：日常互动。人构筑环境，环境影响人；人是一切社会关系的总和，社会关系是一切人的共在。当薄弱学校里有了一些"穷则思变"的教师，这些教师越来越多地通过读书、写作、课题研究等方式，成为"不一样的人"，追求"不一样"的人就会越来越"一样"——在向上向善的征途中同频共振、相携而行。比如，李志欣山东团队开展"三个一读书活动"——读烂一本经典、主攻一个专题、精研一位名家，在这样的氛围里，甚至"门卫也会写文章"。

北京市育英学校密云分校实施并形成了"读书、写作、课例、课题、课程，游学和分享"的"5+2"教师"自成长"模式，打开了弱校教师固化的思维，解放了他们被缚的灵性，激扬了他们压抑的生命，从"全学习"出发追寻自我生命的整全，渐渐成为学校的整体行动。教师申报项目，参与各种工作坊或学习型组织，既是自觉践行学校的"全学习"理念，更是自觉更新自我"全学习"的生命状态。

李志欣开心地说，越来越多的教师有了发现课程、勇于创造、乐于变革的内在愿望，并体验到自身成长所带来的成就感。教师张静的家书课程、王智超的竹品课程、蔡江平的班报课程等都深受学生喜爱。

当这样的教师越来越多时，曾经的薄弱学校就能够化蛹成蝶，创构一所理想的学校；一所理想的学校，同时成就着无数追求理想的师生。2019年，"'全学习'课程改革与育人模式创新实践研究"被评为北京市课程建设优秀成果一等奖。

发现教师，为每一位教师改变现实的专业发展赋能，也就是在发现学生，为每一个孩子面向未来的成长赋能。

发展之道在自觉，教育最美是平常。理想，就是一个重构未来的梦，就是一个渐成现实的圆。

这本即将出版的新书，历史地看，不过是李志欣"画圆"轨迹中的一个小点；从教育现象学的角度，却呈现出李志欣作为人、教师和校长的价值与实在。

李志欣"从泥土里长出来"，朝向天空不断地伸展，其专业成长与发展、办学探索与实践，所有的生命突破、文化超越与理想创构，都是基于一种教育的向度：成人成己，向好向善。

邢　晔

南通大学情境教育研究院研究员、教育科学学院兼职教授、

江苏省南通市教育科学研究院教科研员、

《教育研究与评论》特约主编

自序
致敬理想

已经记不清有多久了,有一种情感一直深藏心底却又时时叩击着心扉。尽管一直试图寻找一个合适的词语来描述这种情感,却又不知该从何谈起。在本书即将付梓之时,这种情感再次在心中涌动,并愈发强烈而清晰起来,那就是——礼赞理想,向理想致敬。

要向理想的时代致敬

古往今来,人们对理想一直怀有一种特殊的感情,赞颂理想的美文佳句比比皆是,追求理想的动人故事不胜枚举。人们把理想比作人的灵魂、支柱,成长的风帆、翅膀,事业的雨露、阳光,前进道路上的指南针、发动机,等等。可以说,理想承载着人类的美好愿望,为社会发展和时代进步注入强大力量。新的时代孕育新的理想,大到中华民族伟大复兴的中国梦,中到各地各行各业的发展梦、强大梦,小到每个家庭每个人的事业梦、幸福梦,人们都在实现理想的道路上昂扬奋进、努力前行。所以,这个时代是充满理想的时代,也是实现理想的时代。人人都是理想的追求者,处处都是理想的实践场。这些人当然包括你我他,这些场域当然包括我们教育部门以及每一所学校,而当理想照进教育的阳光,则更显其美好且不凡。

要向理想的教育致敬

　　这个时代是变革的时代，变革在教育领域尤为凸显，身在教育行业，感触尤深。特别是党的十八大以来，有关教育改革发展的政策文件大量、密集出台，基于上述背景下的教育研究更为活跃，结构调整、机制优化、内涵发展等各领域均有涉及，各种思想观点碰撞交织，各类实践样态层出不穷。尤其是学校治理方面，更是形成了在立德树人、五育并举和高质量发展目标引领下，八仙过海各显神通、百花齐放亮点纷呈的喜人局面。据本人多年了解的情况，广大中小学校长无不有自己心目中的理想学校，也无不在实践自己的治校理想。他们秉承"办人民满意的教育"的理念，热爱教育，忠于理想，起初专注于"擘画理想的教育"，全程服务于"为了理想的教育"，成就彰显于"实现理想的教育"，以自己的实际作为，打造出一个个优秀成果、一所所优质学校、一张张靓丽名片。众多知名校长、园长莫不如此，过去现在也无二致，而李志欣就是其中的代表人物之一。

要向追寻理想的人致敬

　　每个人都有自己的理想，每个有理想的人都值得尊敬，而志欣恰是这样一个一直行走在追寻理想路途上的人。作为本书的合作者，志欣与我有大专两年的同窗之谊，也是多年来志同道合的伙伴。由于较为熟悉的缘故，我不得不多用些笔墨来说一说眼中的他。求学期间虽未密切接触但也有所了解，他是一个平凡的人，刻苦好学，谦逊敦厚，不善言谈，面对异性还有些羞涩局促。在以芊芊女子居多的英语系里，他这位谦谦君子也算是一种特别的存在了。然而他又是个传奇式的人物，踏上工作岗位后如鱼得水，发展迅速，没几年的工夫就从一名一线教师成长为教务主任、副校长、校长。在学科教学领域，他是省特级教师；在学校管理领域，他是知名校长。2008年,他主推的"零"作业教学改革在全省乃至全国引发较大影响,将一所位置偏僻、基础薄弱的农村学校打造为名校的事迹至今为人津津乐道。当年不善言谈的他,在省厅组织的特级教师评审答辩中竟能从容应对,在全市师德巡回报告中也是侃侃而谈;并非中文科班出身的他,却将一篇篇闪耀着智慧光芒的论文、随笔、著作频频呈现在读者面前,这的确是我所没想到的。也就是从那时起,我开始关注北宋镇实验学校,关注志欣,关注他所推行的"零"作业等一系列课堂教学改革。这些年来,我钦佩于他的专注与执着,对学校管理的投入,对治校思考的深邃,从他的文章中可发现,他的每个文字都是一个活的细胞,而每一个细胞仿佛都在思考,学生的一句话、教师的一个眼神,甚至校园的一缕微风,都能唤醒他思考的基因,激发他探究的冲动;我钦佩于他的刻苦和勤奋,他勤于研究,笔耕不辍,著述不断,尽管每天也有迎来送往、冗杂事务,但他能科学分配时间和精力,既能完美地完成管理任务,又能偶尔与三五知己小酌一杯,既能忙里偷闲读书学习,又能时时梳理思想写下精彩的文字,反观自己以及身边的不少人,总是感觉精力有限,工作中言必说累,下班后一副倦容,有些工作清闲之辈,也总以"认真"的态度选择"躺平"的生活,相比而言岂不有天壤之别;我更钦佩于他一直葆有理想心态,他一直生活在理想中,并为之而努力,为了教育的理想,也为了理想的教育,从教师到校长,从名师到专家,从黄河尾闾到首都北京,一路追寻,一路圆梦。用他自己的话说,要珍惜最好的时光,勤锻炼,多读书。这些说者无意听者有心的话语,以及其中所流露出的积极向上的工作态度、人生态度,好似给我打了一剂强心针,又像帮我开启了一扇窗,窗外透进来的是一丝新鲜气息,是一缕和煦阳光,也是一种催人的力量,促使我开始读书思考,开始追寻理想,与志欣一道探索研究,共同勾画理想中的教育。于是,我们基于自身的经历和思考,围绕校园文化、学校治理、作业改革、学生素养、课堂教学、教师发展等，一起梳理现实存在的优势及不足，一起探讨何为理想的教师、理想的校长、理想的教学、理想的学校，一起谋议怎样培养学生、激励教师、治理学校。于是，就有了对"教育，勇敢地迈向理想的那天"的憧憬和期待，这既是本书第一章的标题，也是贯穿本书的主旨所在。

要向自己致敬

因为自己也有理想，也为理想打拼过、奋斗过，随着本书的完稿，自己在追寻理想的路上又前进了一程。与志欣的经历有所不同，我走出学校门，走进机关门，历经三十年的教育管理生涯，从事过招生考试、教师培训、组织人事、教研科研等多项工作。虽无大的建树，但自感对教育事业的忠诚从未有一丝动摇，对本职工作的担当从未有一丝懈怠，为教育事业发展做了一些应该做的事情。尤为重要的是，面对社会对优质教育的热切期盼，面对学校对提升教学质量的迫切需要，教研科研作为强化发展力、提升服务力的内驱，作用更加凸显，自己深为所从事的这项工作而倍感责任与压力并存，业务与研究交融、理论与实践结合而带来的幸福感、成就感与日俱增，对来自基层学校和教育一线的创新改革和探索实践的关注热情也更加高涨，其中就包括对志欣曾主政的利津县北宋镇实验学校的关注。在农村学校普遍萎缩、生源流失严重的大环境下，这所学校直到现在依然保持不懈的进取精神和旺盛的改革活力，推行"全学习"课程改革和育人模式创新，不断创出新经验，取得新成绩，实属难能可贵，由此也引发了我关注和整理该校改革创新历程的兴趣。未曾想到的是，与志欣交流此想法，我们竟然一拍即合，在许多观点和看法方面，我们也高度契合。于是我们各自整理了此前形成的一些文字，经过梳理归类、整合打磨和润色提升，最终形成了您面前的这本书。

全书共五章，以教育管理者和中小学校长的视角，谈校园文化、课堂教学、学生发展、学校治理、教师成长，内容涵盖学校教育教学管理多方面，提出了许多新观点、新思想。教育没有固定的模式，理想的教育也不是一成不变的，何为理想的教育，每个人都有自己的认识。所以本书的价值究竟如何，我在此不做评价，相信读者朋友在阅读中会有新的发现，也会做出自己的评判。时间仓促，能力有限，如有不当之处，还请各位读者朋友海涵。

教育是理想之路，理想之路不乏同行者，愿我们锚定目标，坚韧前行，勇敢走在奔向理想教育的路上。

让我再次向理想致敬，向每一个追寻理想的人致敬！

上述感想，就此写下，权作序言。

杜建国

目录

第一章　教育，勇敢地迈向理想的那天　/ 001

第一节　从教育信仰到教育行为　/ 002

第二节　校长道德领导目的下的德育领导　/ 005

第三节　学校领导就是对学习的领导　/ 011

第四节　理清学校文化历史传统是学校课程规划的首要策略　/ 015

第五节　"成就每一个人"：学校组织文化变革的核心要义　/ 020

第六节　让校园时空展现出学生生命成长的气息　/ 025

第七节　强化学校教育主阵地作用须激活"内在基因"　/ 028

第八步　如何治理薄弱学校　/ 034

第九节　为学校发展不断探寻新的增长点　/ 040

第十节　加强劳动教育亟待提升行动自觉　/ 043

第二章　"零"作业，教育博弈中的追求　/ 048

第一节　作业"博弈"害了谁　/ 049

第二节　"零"作业：告别应试教育　/ 053

第三节　"零"作业：斗法旧观念老经验　/ 056

第四节　"零"作业：促进学生自主学习　/ 059

第五节 实施"零"作业，课堂如何改 /063

第六节 做好"问题推动"的过程管理 /065

第七节 实行"零"作业，学生课外怎么过 /068

第八节 "零"作业，让学习变得丰富而美好 /070

第九节 越来越多的童年 /072

第十节 "零"作业创好成绩 /078

第三章 "全学习"，为学生的全面发展提供更多可能 /083

第一节 "三重"教改行为，该改改了 /084

第二节 教改需要教师的真实参与 /086

第三节 "全学习"理念与课堂要素解读 /089

第四节 在教材的破与立中提升教改品质 /093

第五节 建构"问题"为主体的"全学习"课堂 /096

第六节 "自主学习"是"全学习"课堂学习方式的前提 /099

第七节 "全学习"让课堂变得更"丰富" /102

第八节 "全学习"需要从单一目标走向"全局性理解" /105

第九节 开启"全学习"生态系统，促进学生的全面发展 /108

第四章 文明，学校文化建设需要追寻的核心概念 /112

第一节 行走中的文明 /113

第二节 文明在这些"座椅"中滋养 /116

第三节 文明之美，要多驻足欣赏 /119

第四节 文明是天性的回归 /121

第五节 文明，是一群理解生命真相的人在燃烧 /124

第六节 永远的文明——写在北京市育英学校建校73周年纪念日 /126

第七节　文明，在有意义的生命片刻中孕育　/ 131

　　第八节　文明，就像"静静挂在枝头的桃子"　/ 134

　　第九节　每个人都是知识文明的传播者　/ 138

　　第十节　文明，尊重学习者的内在生命运动　/ 144

第五章　使命，解放教师职业生命的兴趣　/ 179

　　第一节　让风格成为常态　/ 180

　　第二节　教学主张是教师的一张"封面"　/ 183

　　第三节　让教师有信仰的空间　/ 193

　　第四节　中小学教师"学术研究"的真实样态　/ 196

　　第五节　走出教师绩效考核效果低效的误区　/ 202

　　第六节　如何让读书成为教师所爱　/ 209

　　第七节　唤醒教师一颗愿意成长的心　/ 213

　　第八节　请把校歌连续播放三遍　/ 215

　　第九节　让学生学习在校园任意时空中随意发生　/ 219

　　第十节　引领教师穿越成长的迷宫　/ 225

后记　不忘前行的勇气　/ 236

附录A　"'零'作业教学改革的实践探索"成果报告　/ 240

附录B　薄弱学校优质发展路径探索：以"全学习"课程改革撬动育人生态重构教学成果报告　/ 252

第一章

教育，勇敢地迈向理想的那天

第一节 从教育信仰到教育行为

"为学生的全面发展、终身发展负责""用文化管理学校""构建高效、民主、以人为本、和谐的课堂""中小学教师应是专家型教师"……在文章中、文件中,在很多人的口中,随时可以看到、听到这些内容,真的令人振奋。可见,这些都是我们追求的信仰,是我们的理想目标。但是,这些信仰很难转化成行为自觉,这成了教育的痛点,也是不容回避的事实,尤其是在农村。

📖 无奈——教育信仰难以转化为教育行为

有一次,我们几个中学校长凑在了一起,作为校长,谈论的自然大多是与教育有关的话题。其中,谈论最热烈的话题应该是学生繁重的课下作业负担问题。

大家都在说:"我的孩子在××学校上学,晚上作业做到10~11点,孩子太累了。"对于校长来说,学生课业负担如此沉重,自己是很清楚的。大家都知道大量的机械性、重复性的课下作业对学生的成长是不利的,对教师工作的有效性也是不利的。大家都在埋怨自己孩子就学的学校和老师。但是,在自己所管理的学校里,同样存在类似的现象。这就是说,对于外校,自己是旁观者,当然看得很清楚;对于自己的学校,自己是当局者,却变得糊涂起来。希望外校抓紧加强作业管理,控制课业负担,是因为自己的孩子在该校就读。自己学校的孩子,不是"自己"的孩子,其减负的意识和决心就减弱了,或者根本不想去行动。希望自己的孩子负担轻是想到了他的全面发展和未来，不关注自己学校学生的负担是不想让自己的"政绩"受到影响。

毋庸置疑，有些教师也是如此。自己明明知道这样做不对，憎恨别人去做，但又怕别人做了，自己会吃亏，就拼命地与别人展开"不正当"的竞争。可怜的孩子们便遭了殃，每天不得不疲惫地应付这些来自老师方面的超负荷的作业。

大家都明白课业负担过重不利于师生的生命成长，大家都推崇高效课堂的变革，想让孩子走"当前成绩好，未来发展优"的"轻负高效"之路。大家都知道教孩子三年，要为孩子想三十年，为民族想三百年。但是，这些教育信仰很难转化成自觉的教育行为。

无知——教育信仰盲目转化为教育行为

以上是"难以转化"的例子，现实中还有一些盲目的转化、机械的转化。例如，笔者曾经听××学校提出"用文化凝心聚力"的管理理念。该校校长认为，最早的管理是人治，后来人们重视的是制度建设，现在应该是重视文化建设、文化管理的时候了。无独有偶，我校副校长曾经告诉笔者："校长，您来学校已经两年了。这两年，您用人性化管理，一度激发了广大教师的干劲。但是，最近我发现，越来越多的问题暴露出来，光靠人治不行了，我们必须有健全的完整的制度，已经到了用制度来管理学校的阶段，以后再上升到用文化来管理的境界。"

按理说，作为一所有悠久历史的学校，早就应该达到文化治校的境界了。但是，为什么每一届校长都要经历从人治到制度管理再到文化治校的过程？难道文化有阶段性、一次性、独特性？难道"人治"和"制度"不是文化？我们提倡和建设先进的学校文化的根本目的，不在于为学校教职员工和学生提供多少优秀的物质和精神"产品",而在于让学校教职员工和学生通过这些"产品",树立先进的、科学的人生观、世界观、价值观,形成高尚的道德情操,掌握先进的技能、方法等,进而提高改造自己、改造社会的行为自觉性。

最近浏览各类报纸杂志,笔者发现大凡管理好的学校,皆提出了文化管理的理念。是啊,文化育人,直入人的精神世界,而学校真正的办学个性和办学特色,也由此而来。于是,有的学校打出自己的办学经验,就是用几年的时间推进学校文化建设,用几年的时间向大家展示文化的力量。还有诸如什么厕所文化、墙壁文化、走廊文化、教研组文化、教学文化、交际文化、课桌文化等的营建与创设,学校里的"万物"都是文化的化身,文化无处不在,无所不能。以文化来管理学校的确是我们追求的终极学校管理目标,是非常正确的。但是,很多时候,文化成了牵强附会的管理包装,一些人不假思索地随意否定过去的东西而另起炉灶,让笔者怀疑这种文化的真正作用。文化是需要传承的,也需要创新。但是,一人倡导一种"文化"是可笑的,这是信仰盲目转化为行为的无知做法。其实追求科学、和谐、有效管理,就是在追求真正的文化管理。不必动不动就喊文化,弄得高深莫测。文化不是喊出来的,是潜移默化的;文化不是包装纸,是里面的"物品",是美丽的过程。那种以文化为表征的管理,容易掩盖一些教育行为的自觉转化。

期待——教育的"新世界"

在日常的教育行动中,我们不能片面地理解、机械地套用某种教育理念和信仰。我们需要有一种眼光,有一种高度,将整个教育世界融入自己的胸怀,而不是蜷缩在教育世界某个狭小的角落里,对他人的口号和信念顶礼膜拜。一旦有了这种思维方式,我们就会在很多过去自己没有意识到的地方，看到一个教育的"新世界"。

第二节　校长道德领导目的下的德育领导

走进今天的学校，许多人会感觉多数学校德育管理太硬，以行政化思维管理学生为主要特征。笔者认为，其中原因有二：一是学校之间的升学竞争异常激烈，上级行政管理部门往往以学生成绩为主评价学校和校长，因此，多数学校将提高升学率作为学校管理的核心目标；二是"分数主义"带来校长管理工作的功利化，导致校长制度化地管理学校，教师则制度化地管理学生，以短期的分数或等级排名来定义学生的学习效果，不以尊重学生的生命和长远发展为前提，不重视教育的可持续发展与学校道德价值的建设，这是当前中小学德育工作必须予以重视并务必加以改善的最突出的问题。

学校维护科层系统权威式的领导方式，已经凸显如下几种严重的问题：影响师生的身心健康；行政领导与普通教师、教师与学生等级分明，相互仇视，难以合作，制约了教师和学生的个性发展和创造性；不利于学术型教师的成长，那些真正热心教育的教师举步维艰，丧失了教育热情。

谈论德育领导，势必涉及校长的领导哲学和教师的教育观念。校长道德领导主张塑造所有成员的价值观，发展一种以价值为本的领导，树立广泛共享的共同体理想。因此，德育领导首先要发现学校的文化源泉，依据学校核心价值观确立适合的育人目标，关注体制架构的改革，并通过各种课程建设、仪式活动、组织建构、德育评价等，把德育领导和活动指向道德目的。本文以北京市育英学校为例，与大家一起思考与分享校长道德领导理念下的德育领导实践。

聚焦学校育人目标，塑造"学生第一"的价值观

不少学校没有基于自己学校文化和价值观的育人目标，这会导致德育领导缺乏价值引领，缺乏系统性设计，德育活动时多时少，分散凌乱。学校应该有愿景引领下的育人目标，以及由此生成的愿景规划能力。学校应该是一个完整的道德共同体，会确立自己的共同体规范，也就是价值观规范，从而确定师生的道德责任和义务。

学校会以此为指引，谋求为全体学生提供支持的机会，相信每个学生都能够努力学习，在力所能及的范围内去做促进学生发展、社会发展的事情，把孩子永远放在第一位，造就自我学习者和自我管理者。

北京市育英学校1948年建于西柏坡，原为中共中央直属子弟学校，1949年随中央机关进京。1952年毛泽东主席为该校题词"好好学习，好好学习"；20世纪80年代初，胡耀邦同志为该校题写校名——北京育英学校。正因为这段历史，育英学校一直被誉为"中国最红的学校"；也正因为这段历史，育英学校始终保持优良的传统和校风，始终把学生的做人教育放在第一位。该校曾经发动广大师生、校友等对校训进行解读，把道德领导目的引向学校价值诉求，把德育领导自然地与育人目标相融合。

一所学校的校训，常常可以为我们打开其历史文化之门提供一把金钥匙，为我们眺望其精神家园打开一扇窗户。它不仅见证了时代的变迁对学校的影响，更能激励和劝勉在校的教师和学生们奋发向上。

"好好学习"，核心是"学习"。对学生而言，要掌握并运用科学的学习方法、生活经验，进行自我总结、自我评价，并据此进行自我强化与提升。对教师而言，要不断学习新的教育理念，不断更新知识结构与思维方式，以提升自己的专业素养。对一所学校而言，学习应该是其与生俱来的品质，也应该是其校训最核心的内容。所以"学习"就意味着开放，开

放才有新思想，开放才能不断进步。

北京市育英学校明确提出全体教师应致力于将育英学子培养成"行为规范、热爱学习、阳光大气、关心社稷、勇于担当的国家栋梁"，将育英学校办成"学生向往、教师幸福、社会满意的中国名校"。2014年，学校三年品牌行动规划明确了学校的责任、使命与担当，进一步提出了育英学校文化建设的主旨："立足红色文化和优秀传统文化的传承和弘扬，与时俱进。"

"好好学习"，强调了怎样去学习。对学生而言，"好好"的态度就是要有主动学习、热爱学习、勤于学习、严谨求实、刻苦拼搏的态度，并在这样的态度的指引下去实践、去探索。对教师而言，"好好"的态度就是要有精益求精、广博向上的做学问的态度，要有平等尊重、主动关心的待学生的态度，以及感恩社会、感恩他人的生活态度，并在这样的态度的指引下，将教育才华倾注在学生身上。

"好好学习"，暗含了效果问题，即"学习"的效果一定是"好好的"。这是从根本上要求学校办学的效果是"好好的"，学生毕业后在社会上的发展也是"好好的"。该校校长于会祥认为："校风不是校长拍脑袋想出来的，而是全校师生用脚走出来的，是根植多年形成的有引领价值的东西，是师生价值观念和行为方式的总体概括。"于是，"静静挂在枝头的桃子"诞生了。原来，育英学校的花园里有五六十棵桃树，一到秋季，果实挂满树梢，但几乎没有学生擅自去采摘，而是让桃子静静地挂在枝头上，久而久之，自成一道富有韵味的风景。

对于学生来说，校风意味着"懂规矩、有教养、守礼仪"；对于老师来说，校风可以理解为"为人师表，以身示范"；对于校长来说，校风则要求其"心无旁骛，静心办学"。

▌构建学校课程育人体系，实施基于课程的学生综合素质评价

具有道德领导力的校长尊重他人，主张规范性顺从，使人们相信他们所从事的工作是正确的、美好的，参与其中能带来身心愉悦的感受。能为教师提供一个干净而安全的环境，力争让每个人都受到关注，同时，让大家相互关怀。学校会努力创生适合孩子的各种课程，为孩子提供丰富而有价值的课程和学习资源，使课程改革逐步向更高品质、更高品位迈进，为孩子的个性和全面发展提供选择的机会。

北京市育英学校在此理念旨归下，有了"做中国最有价值的教育"的办学追求；有了促进学生综合发展的"育·英课程"体系（该课程体系由基础课程、修身课程和发展力课程三大课程支撑。"基础课程"指向国家课程校本化，强调双基的落实；"修身课程"指向学生人格、品性修养；"发展力课程"指向学生创新实践能力的培养）；有了课程体系，为此要提供丰富的课程资源，提供适合的学习方式，于是有了西翠国学书院、理化生大学先修实验室、综合创意实验室、经济学实验室，产生了经济学实验班、国学实验班、科学实验班；有了选课走班，创设了个性化学习方式；等等。

笔者对学校的环境与课程文化做一下描述，从中大家可以体会到校长的道德主张和课程思想，还可以体会到这里的教师张扬个性，领导、评价课程和教学的自由。

北京有一所最美的学校，学校里面有一个最美的花园。在这所学校里，孩子们不仅是来学习知识的，还是来寻找伙伴的。放学后，你会发现在校园里经常散落着一簇簇三五成群的孩子，他们嬉戏玩耍、促膝交谈、读书弹琴、赏花绘画……这是一所让学生放学后还不愿回家的学校。

这更是一所会"种植"课程的学校。教室、功能室、动物园、农场、

走廊、广场、亭子、草地、果林里，到处都能呈现适合学生的教育元素。社团招新了，育英大讲堂开讲了，志愿服务者按时上岗了，选课走班推开了，上百种综合创意选修课程启动了，教育时评应势更新了，学生代表委员会修订通过的《学生行为惩戒条例》施行了……这些都是这所学校提供给学生的多姿生活的展现。

当休闲、读书、游戏、探究、展示、民主、服务等原生态的成长元素能够在校园里找到滋生之地时，当个性、兴趣、心愿、激情等能够在校园里自由绽放时，当每个人在校园里都有权力、有机会选择时，这样的校园就变成了有故事、有生活、有文化的校园。在这样的校园里，学生的内在生命和精神得到捍卫、尊重和解放。

尤其值得一提的是，指向德育的"修身课程体系"分三个层面。一是个人修养层面，它构建了阶梯性行为习惯培养指标体系；二是家国情怀层面，它有"环境育人课程""育英时评课程"等；三是社会关爱层面，它有"人人有事做，事事有人管课程""成长伙伴课程"等。

学校依托"育·英课程"体系，不断完善学生评价体系，制定了《育英学校综合素质评价方案》，根据学校开设的各类课程，对学生在校期间的学业水平、品德形成、兴趣特长等方面的表现进行科学的量化管理，成为培养学生综合素养、促进班集体建设、提升教师专业发展水平的主要依据。

致力于德育领导治理机制的改革，构建"德育聚合团体"

该校在每年暑假，都会组织教师进行为期一周左右的封闭研修，以项目推动的方式，让大家通过头脑风暴，广泛讨论，把下学期推行或想进一步完善的德育改革创新项目确定下来。为了尊重教师学术研究的个性差异，引领教师进行学习研究，学校成立了"学术委员会"，会长和成员都是经过民主推选的一线骨干教师，行政干部不得参与。同时，为了激励和培养年轻教师，成立了"青年教师成长学院"，其会长、秘书长等职位皆由青年教师担任。上述"教师领导组织"，不是由校长领导下的行政干部管理和领导。学校成立了"课程中心研究院"，教导处、政教处等行政职能部门随即更新为"学生服务中心"和"教学服务中心"，校长、行政干部由过去的管理者变为现在的服务者。功能的转型标志着道德领导的真正萌芽与实施，更标志着德育领导治理机制和理念的变革与转型。

该校十分关注民主性学生组织的建设，为学生创造民主参与学校管理的机会，为此成立了"学生代表委员会"（以下简称学代会），其每年组织一次会议，为学校各方面的发展提供意见和建议，表决通过了《学生行为惩戒条例》。同时，有一百多个学生自主社团活跃在校园里，"校学生会"制定了社团评价奖励机制、社团例会制度和社团展示制度等。学生在社团活动中自主学习，大胆创新实践，并将习得的经验技能迁移、运用到学习、生活中。另外，有二百多种创意实践选修课程，还有"学生讲堂课程"，让学生自主开设课程。

学校还视家长、社区、校友、老教师等为伙伴，他们享有互惠和互依的参与权和收益权，负有支持和帮助的义务和责任。学校有"校友基金会"，定期组织活动，奖励有突出贡献的教职员工；开设了社区大讲堂，有计划地邀请家长、校友和社会名人到学校为学生开办讲座；成立了"家长委员会"，不定期组织家庭教育讲座和论坛，以获取家长的指点与支持；为发挥已退休老教师的余热，专门设计建设了一个仿古四合院，名叫"和乐园"，老教师可以到那里参加唱歌、跳舞、练书法、学画画、打乒乓球、品茶等活动，有时还与学生互动。基于道德目的下的"聚合团体"就形成了，它预示与表达了一种相互信任、相互亲善并且互惠互利的关系。

该校校长的道德领导力造就了一个有德行的学校，从而生成了一系列优质的特征和品质。这种领导能够把学校转化为共同体，使自己能够脱离各种行政干预以及条条框框的牵制，使以上令下从为最高原则的科层管理模式得到根本改变，使民主管理和民主监督机制逐渐健全，使共同体中的成员都自觉追随共享的价值观。如此，学校的优秀文化和创新项目得以传承，学校不会因校长一人更替而影响持续发展。

正如欧内斯特·博耶所界定的学校的样子："一个有教育目的的共同体，一个自由表达思想、文明礼貌得到有力肯定的开放的共同体，一个人的神圣性受到尊重的公共的共同体，一个关怀的共同体，一个忠实庆贺仪式的共同体……在那里，肯定传统和革新的种种仪式被广为分享。"

道德目的下的德育领导，需要基于学校文化建设的共同愿景的规划能力，需要构建基于育人目标的课程体系。此外，德育领导能够依据课程进行综合素养评价，能够培养"教师领袖"，让教师拥有教育、课程、教学、研究、评价等方面的自主权，尊重每个学生的人格和情感，尊重他们的意见和建议，能够把各种教育资源和各方人力资源统合在一起，共同对学生施加教育影响。在这种背景下，德育领导才能产生好的效果。

第三节　学校领导就是对学习的领导

苏霍姆林斯基说："学校的领导，首先是教育思想的领导，而后才是行政领导。"对于学校领导者，教育思想的影响力永远都超过行政职务的影响力。在此申明一个观点，学校的领导者不仅是校长一人，学校所有教职员工都可能是学校的领导者，每个人都应该负责一个具体的研究项目，都率领一个学习型团队。人人皆是领导者的校园，将会出现代替校长的领导，出现谁有思想谁就是某一方面领袖的理想局面。

思想从哪里来？思想者从哪里来？肯定不可能无中生有。笔者曾经多次与教师们交流，了解到过去的教师在大学期间所学的知识可能一生都不落后，因此，学生和社会上的人都很敬畏教师。但是现在，在知识更新迅猛、信息获取快捷、文化变迁多元的时代，一旦离开大学校门，我们所学的知识马上就会落伍，不再适应学生、社会和自己专业发展的需要。如果我们的知识不能得到及时更新，我们僵化的思想就很难适应学生灵动丰富的思想，我们所表达的话语和推动的行为就不会为学生所支持。因此，我们必须彻底摒弃在学校学生是天经地义的学习者，教师的职责仅是帮助学生学习的陈旧观点。学生、教师，甚至家长都应该是天生的学习者，没有学习就没有思想，缺乏思想就不能创新，学校的管理应该围绕着学习。引导学生、教师和家长进入学习的节奏，学生有兴趣学习了，教师因学习更会教学了，家长在不断的学习中提升教育孩子的水平，这才是良性的教育生态，是一所学校的核心目标与价值追求。

沉浸教育多年，笔者经常听到这样的言论：教师素质偏差是制约学校发展和教育变革的主要因素。新课程改革从2001年开始，很多人往往把改革中的问题归因到一线教师的素质上，并且怀疑某些专家的思想、理念和方法不容易化为一线教师有效的实际行动。其实大家都忽视了三件事情：一是新课程理念的学习都是一些不在课堂上从事实际操作的专家、校长等人组织的，不免与实践脱节；二是应试教育背景下的学校和教师评价机制没有得到相应转变，应试教育的思想与新课程理念产生冲突，教师在依违之间进行教育；三是学校仍然遵循科层式管理框架，这种带有官本位印迹的管理机制不适应新课程改革的需要，理念一级级传达，执行力却逐级减弱，实际操作层面的改革容易被忽略。

也就是说，学校领导的学习只从教师这一条线上做文章，却忽略了制度机制的改革与学习研究，甚至校长自身的思想与行动也不适应领导学校学习的需要。一些校长和教师表示自己有读书学习、改革创新的需要和愿望，但总是苦于没有时间学习，没有钱买书，没有专家引领。教师们普遍感觉到在变革和新理念面前，自己反而不知怎么做。教师们出现了失调现象，对新环境难以适应。由国家主导、专家引领的自上而下的课程改革面对着一些缺乏主动精神和学习力较差的教师队伍，面对着学校僵化的管理机制和没有学习领导意识的学校环境，这才是制约课程改革的最为关键的问题。可见，在教育变革特别是新课程改革中，建设学习型学校的重要性日益突出。伴随着最新修订的课程标准的发行与实施，要确立新的学校观和管理观，变学校科层式行政化管理为学习领导式扁平化管理。此外，要在新课程和学校发展之间建立积极有效的联系，改革创新学校的管理制度和运行机制，通过领导学习引领教师专业发展，推动学校自下而上自觉变革。

利津县北宋镇实验学校是一所普通的农村学校，师资水平和学校物质环境相对落后，但是近几年该校努力践行"学校的职责就是领导学习""让教师学习领导变革"的理念，不仅停留在对新课程理念的学习上，还探索学校制度机制变革、构建学习型组织和研究新课程理念下的实际操作行动，走出了一片新天地。

该校自2008年开始，大胆探索"零"作业下的教学改革实践，这就切断了过去教师教学依赖"题海战术"的传统。创新课堂模式，提高课堂效率，就成为全校师生的共识。其具体做法是：建立学习小组，落实合作学习任务，运用《单元自主学习指导纲要》提升学生自主学习效果，运用《课堂自主学习指导纲要》促进课堂教学环节优化。《单元自主学习指导纲要》是任课教师将一周的预习内容以"单元"为板块整合制作的一份前置性学习模板,内容具体分为教材分析、思维构建、背景阅读、问题展台、学习评价五个板块,引领学生课下自主学习,对课堂教学起着重要的辅助作用。《课堂自主学习指导纲要》则遵循"以学定教"的教学法则,整体优化目标定向、学生先学、合作探究、点拨拓展和反馈评价五个环节,保障学生对学习内容的掌握当堂达标。在《双休日(节假日)生活指导纲要》中,学校组织学科组教师为学生双休日和节假日设计了丰富多彩的综合实践活动,采用教师推荐菜单和学生自选菜单的方式,做好学生的生活指导。

以上三个纲要把新课程改革期待的自主、合作、探究的学习方式巧妙地融合起来,三个纲要相互衔接,相互补充,实现了课内与课外的有效链接,结束了教师唯教材与教辅而教的历史,教师因此有了课程开发的意识。教师开始将自己研发的课程搬入教室,实现了国家课程的校本化。因此,新课程理念在实际操作中得以落地。打造高效课堂,进行课程与教学改革,离不开一支敬业乐学、善于改革创新的学习型教师队伍。学校打破了过去长期遵循的教师培养模式,相继组建了多种学习型组织,为教师的专业成长提供了新鲜土壤。通过"教学改革研究者共同体",激活教师教学改革的内驱力,催生教师个性化的教学风格;通过"教师网络学习共同体",引导农村教师在网络中获得学习资源,促进专业发展;通过"课程研发共同体",提高教师的课程开发能力;通过"校际伙伴互助共同体",为教师提供交流互助的机会。这些学习型组织是学校领导学习的载体,共同体成员之间相互分享学习成果,互为学习领导者,激发了教师的学习兴趣。

为适应学校变革与学习领导文化生成的需要,学校本着"先把常规工作抓牢抓实,创新工作积淀成传统,在继承传统基础上再创新"的原则,遵循"扁平化管理与团队式引领、民主管理与制度化保障、人本管理与学术型引领相结合"的管理理念，加强教育教学管理与创新，努力探索与学校教育和课程变革相应互动的管理制度与运行机制。这种变革学校传统管理机制的尝试和创新实际操作的行动，使教师不再是依附专家和校长等人的被动执行者，而是拥有学习兴趣、乐于掌握知识的终身学习者和研究者。教师的职业生命实现了重塑，摆脱了平庸生活的阴影，激活了教师的成长愿望，自然促进了专业成长。

该校践行的教育理念与实际行动，创设了一种让普通学校、普通教师的教育教学思想自然流淌的场景，打造了适合普通农村学校借鉴的构建学习型校园的经典案例，与社会变迁和教育变革交相呼应的新型学校文化建设行动悄然萌发。学校领导就是对学习的领导，这将是今后学校持续科学发展的实然趋势，是新一轮课程改革必须走的道路。

第四节　理清学校文化历史传统是学校课程规划的首要策略

在帮助几所学校谋划课程规划方案的过程中，笔者有些许感悟。深处每一所学校，走进课堂，观其情景，与人相遇对话，均能感受历史积淀下来的、由学校的一代代教育者和一批批学习者传承的文化元素。在振奋之余却也顿生遗憾，这些显示在校园各处的文化基因和教育元素，都是学校发展过程中的珍贵资源，但它们安静地沉睡在校园里的各个角落，大家对其灵魂与价值似乎视而不见。

多数学校的办学理念不成系统，即使有的学校自认为已初步形成自己的系统理念，但其实只是一些口号式的累积和随心所欲的设计。有的学校，其校训、校风、教风、学风等各说各话，体现不出学校文化的统一价值观。有个别学校甚至不明白校训的概念内涵，把校训与课程混淆，如把特色课程"经典阅读"当作校训镌刻在教学楼上。有的学校说不出自己的育人目标。

不少学校在追求课程改革的过程中，忽视自身学校文化的实质和特性，竞相模仿一些品牌学校或企业文化建设的理念。不懂得什么该肯定，什么该否定，忽视学校文化的生成性和原创性。这些并不符合学校自身特点和要求的文化建设，导致学校难以达到预期的目的，其所谓的学校文化不能化为学校永久的精神品质得以传承。

当下，不少学校借助教育投入的大幅度增加，盲目热衷于硬件和环境建设、各种专题性大型活动、媒体宣传、品牌设计等，有时甚至不断地翻新，以迎合某些形势的需要。孤立地看待物质、精神、行为和制度文化建设，没有意识到四者是有机的整体，互为条件，导致价值观凌乱多元。

有的学校，其组织结构的变革与管理创新不适应当前整个教育变革的新形势，不适应学校新文化的渐进生成。对教师开发的文化产品，如教案、课件，以及教师的课程、课题研究成果等，不注意进行有效管理，致使学校生成的一些创新文化得不到及时积淀与传承，削弱了这些文化产品对于学校文化建设的影响。

还有的学校打着"文化管理学校"的大旗，却没有真正让学校文化回归到教育本意，定位到课程与教学上，也没有突出促进人的发展这一根本宗旨。不少学校开设的课程形同虚设，教师课程意识淡薄。在课堂上，践行启发式、自主式、合作式、探究式等新型教学方式还没有成为所有教师的共识，很多教师对项目式学习、跨学科课程、学科实践活动、基于大单元整合教学设计等新课程标准倡导的理念和方式不够理解，限制学生思维的做法随处可见。

不过，可喜的是，当前已有很多学校意识到上述问题，大家都开始明白课程育人的道理与重要性，都认为一所学校应该有它的整体课程规划，有自己的课程体系架构。但是，现状是不少学校一时找不到构建课程体系的切入点，为了快速迎合课程改革的需要，便不假思索地随意实施叠加式的课程架构，甚至不惜金钱聘请专家或公司为其策划设计，徒添了教师和学生精神与体力上的各种负担，引发大家对改革的抵触和不满情绪。殊不知，进行课程改革，构建学校整体课程规划，首先需要找到学校文化的源泉，洞悉学校的办学精神与核心价值观。

有一天，笔者读到杨四耕老师的一篇文章《源头清：学校整体课程规划的基本要求》，颇受启发。文中有这样的观点：课程规划是学校层面的课程实施，因此，学校整体课程规划应该是学校自己的规划，任何个体或组织都不能代替学校主体来做规划。学校整体课程规划源于学校自身的困惑与理想，不同学校的发展现状不同，不能完全沿用国家与地方的课程规划，也不能照搬其他学校的课程规划。学校是课程发展之所，课程规划的目的在于提升学校课程的整体价值，进而解决学校面临的课程问题，促进学校的永续发展。学校课程规划的首要标准是以学校为本，反映学校的历史传统，适合学校的现实情况。如此，才能真正发挥学校在理想与现实之间的中介作用，保障学校、教师和学生获得适切的课程，保证课程规划存在的价值与意义。

2015年8月，笔者接受学校派遣，到一所乡镇学校工作一年，任务是帮助该校构建自己的课程规划方案。笔者刚开始并没有完全理解领导的意图。但是深入学校，一节课一节课地听下来，与教师和学生近距离沟通，与学校校长和中层干部对话，与学校保安、司机、学生家长等人员交流后，笔者终于明白了领导的意图。两个月过去了，完整的方案仍没有出炉。于是静下心来，认真地了解学校的外部环境，如学校在整个区域中的位置、与其他学校和社会机构的联系、地域文化和资源等；更加细心地领会学校的办学目标定位与愿景、教师素质结构与生存状态、学生生源状况与学习方式、学校软硬件建设与常规管理政策等。

笔者不再刻意向外寻找资源，而是转向以学校为基础，寻找课程政策与学校历史和现实之间的结合点，对学校办学历程、课程发展基础、师生状况和学校整体发展环境做出全面、系统、客观的分析，了解与课程发展密切相关的内外部优势、弱势、机会和风险因素。在此基础上，进行系统思考，谨慎判断，清晰定位，实现学校继承优良传统与进行新时代改革创新的有机统一，保证整体课程规划的可行性与认可度。

该校是一所九年一贯制学校，所在镇是少数民族聚居区和外来人口密集区。学校还是区、市级民族团结教育示范学校。"民族团结教育"是该校的特色课程。

学校的文化内涵是"浩融·和谐"，办学理念是"为人的发展服务"，教风是"博学善教，教人求真"，学风是"勤学好问，学做真人"，校训是"团结，勤奋，求是，创新"。

笔者深入课堂听课，与该校校长、中层干部和部分师生反复对话，认真观察、调研学校内外环境，细致探微学校历史传统与课程发展现状等，从其文化理念系统中抽取了两个字，一个是"融"字，一个是"真"字，"融·真教育"应运而生。"融·真教育"是指学校遵循教育规律，回归教育本真，办有思想的教育，办减负增效的教育；学校生活应洋溢着和谐自然、真诚待人的良好风气；教师要淡泊名利，勤于耕耘，尊重学生个性，讲真话，授真知，以满腔的热情书写无悔人生，做"融·真教师"；学生要与人为善、乐于助人，善于发现、勤于探索，在生活中发现知识，在实践中检验知识，以善良的本性编织美好未来，做"融·真学子"。

"民族情怀，勇于担当"的育人目标跃然纸上，它是"融·真教育"的愿景，是学校办学理念的信念指向。由此，笔者对学校课程整体框架有了清晰的思路，即构建"融·真教育"课程体系，实现课程育人功能。

"融·真教育"课程体系的宗旨是着力整合课程资源，优化课程结构，形成学校课程特色。在课程设置方面充分考虑各门课程的育人价值，充分考虑各门课程育人效力的聚合。依托课程，带动课程发展和教师发展，促进学生的全面发展、特色发展和可持续发展。在落实核心素养过程中，提升学生的综合素质。

"融·真教育"课程设计的主体架构指导思想基于学校育人目标"民族情怀，勇于担当"，遵循"国家课程、地方课程和校本课程"三级课程体系，是以促进全校1~9年级学生综合发展为宗旨的课程模型，用以引领学校的整体课程建设与实施。具体来说，就是按照课程标准的要求，结合学校的具体情况对"国家课程、地方课程"两级课程进行校本化开发，全面落实国家教育方针，面向全体学生，强化培育学生综合素养，切实减轻学生过重的课业负担。

依据学校具体实践资源，构建"融和课程""求真课程"两大课程群。"融和课程"主要以学校的特色课程"民族团结教育"为主课程，该课程在"民族"上下功夫，挖掘各种优秀资源，从学科渗透、主题课程、学生社团、特色活动四个渠道，做到学校、班级、学生层层落实，将民族团结教育具体化、形象化、生动化。积极争取社会力量迈入课堂，与学生共享民族风采，感受"五十六个民族是一家""爱我中华"的浓厚情感。另外，还有"学段衔接课程"和"学校教育、家庭教育、社区教育三结合课程"。

"求真课程"主要由"修身课程""发展力课程""综合创意实践课程"三部分构成，旨在引导学生有交流能力、有担当精神、身心健康、有创造力、有现代意识、有团队精神等，引领学生体验、理解并积极践行社会主义核心价值观。培养学生追求真理、探究规律的精神，锻炼学生的实践创新能力，开发学生的潜能，丰富学生的实践经历，强调知识在现实生活中的综合应用。

理清学校的传统历史文化，明确学校课程发展的传统、优势与困难，才能发现学校的课程建构依据与资源，激发学校由内向外、自下而上的变革，促使学校直面课程与教学实践中的关键问题。因此，可以说，对学校历史传统进行全面梳理、总结提炼，是整体课程规划的首要的、前提性的和基础性的实施策略。

第五节 "成就每一个人"：学校组织文化变革的核心要义

如何让一所新学校或者一所相对薄弱的学校具有不断升值的动力和能力？笔者认为，校长应该有意识地发现和培育本校的文化特色，利用和整合多种方式与资源进行学校文化建设，这样才有可能不断提升学校的办学品质和发展水平。

2016年7月，笔者被任命为北京市密云区第七中学的校长。该校是一所创建于2009年的城乡接合部学校，最初是作为一所中学的初中部创建，两年后独立办学，在笔者担任校长后成为北京市育英学校的分校。在办学体制机制的多次变化中，该校一直没有形成一个相对完整、一脉相承的办学宗旨，始终不能对自身发展进行清晰的定位。因此，上任之初，笔者就感觉到学校发展的当务之急是在已有的零散探索中发现自己的核心价值，找寻到学校多数成员认同的办学宗旨，以此引领和促进学校所有成员的行为发生改变。

到任半年后，"成就每一个人"的想法在笔者的脑海里逐渐清晰起来：学校的各种努力与变革，都是为了成就学校里的每一个人；学校里的所有成员，都要在自我成就的基础上互相成就；学校里的每个人取得的每项成就，又会成就学校。笔者希望学校里的所有文化元素、人与物、时间与空间都以"互相成就"为宗旨，以便重塑学校文化、落实新时代立德树人的根本任务。那么，如何才能有意识地创造出以"成就每一个人"为最高宗旨的学校文化呢？

构建实践载体，塑造师生新的行为文化

确立学校的办学宗旨后，我们还需要构建能落实这种文化理念的实践载体，通过设计可操作的架构与流程，塑造适应这种新的文化理念的师生行为。

北京市育英学校总校的校训"好好学习，好好学习"，是1952年六一儿童节期间毛泽东主席为学校书写的题词，是学校文化传统的源泉。在全面理解总校文化传统、新时代背景、课程改革新理念与未来社会需求的基础上，我们将总校"好好学习，好好学习"的校训作为我校校训，形成了落实办学宗旨"成就每一个人"的实践载体和研究课题，即"'全学习'课程改革与育人模式创新实践研究"。

"全学习"包括五方面的内容。一是在学科中学习，属于国家课程范畴，强调在课程建设上要回归课程本位，突出学科课程的育人价值，聚合各学科课程的育人效力。二是在文明中学习，从时间、空间和人出发进行开发，重点放在中华优秀传统文化和红色经典课程的建构上。三是在健康

中学习，重视体验，关注内心，让教育贴近生活，贴近自然，把"对人的培养"作为出发点和归宿。四是在创造中学习，关注学生的创造力与发展力，注重激发和发展学生的兴趣爱好，开发学生的潜能，丰富学生的实践经历，强调知识在现实生活中的综合应用。五是在服务中学习，以学生社区服务与志愿者课程为主，鼓励学生积极参与社会大课堂，走进社区，走向社会。

这些理念与实践成为我们进行学生学习方式变革的重要抓手。为了丰富"全学习"课程资源，提升教育的品位，真正落实"全学习"的理念，让校园时空成为课程场景，我校对学习场地、学习内容、学习资源、学习同伴等进行了创造性重构，将办学理念转变为可见的课程，使学习无处不在，整个校园时空展现出生命成长的气息。

于是，在校园里，原来冬青环绕的绿化地带被打开了，取而代之的是"六艺庭院""桃李满园""曲水流觞""濯缨水台""劝学蹊径""长廊悟语"等具有传统文化内涵且温馨舒适的空间。学生在这里既能休憩闲谈，又能交流互动，还能展示学习成果。教学楼的大厅、连廊、楼道里设置了不同大小的"学习岛"和学习区，这样的学习空间让学生与教师走得更近，并为学生带来令其振奋的学习驱动力。灵动的家具组合、移动触控设备、学生作品置物架、多功能学生演讲展示台、共享书架等多变的功能格局，又为学校课程打开更多的可能。全阅读学习空间的设计更使这里成为一所让学生不愿回家的学校。

改造学校治理架构，激励部分教师先行示范

在一所倡导变革的学校里，必然要打破传统的科层化管理机制，以避免新的理念或措施在层层传达的过程中被弱化甚至走样，避免教师对新举措产生抵触乃至抗拒心理。我们根据课程改革的需要重新厘定治理架构，

形成了适应学校文化变革的新型管理机制,使决策权向组织结构的下层移动,让下层单位拥有充分的自主权,并对决策的结果负责,提高决策的质量。学校实施分布式领导,倡导主题性项目化实践与研究方式;构建创新型组织文化,实现以价值领导为基础的管理,使每一位学校成员成为自觉的创新者,人人成为领导者。

学校成立"课程研究中心",负责研究完善学校的"全学习"课程体系,践行学校"成就每一个人"的办学理念;成立"学术委员会",指导教师行动与反思,并负责评鉴教师的课程实践产品,进而形成"全学习"校本课程研究成果,在一定范围内分享与传播;成立"教师领袖成长俱乐部",引导教师在自愿的前提下形成"全学习型共同体",通过讲述自己的生活或教育故事,在读书、写作、研究中实现自主发展。

以上这些组织成员显然以一些拥有一定道德权威的专业骨干为主,在这些组织里,充分体现了把专业自主权与话语权还给老师的治理理念。管理思想的转变,激发了那些有教育情怀和教育理想的教师的生命热情。他们积极寻求改变自身的行动,为学校新文化建设注入了巨大的力量。

积极进行价值互联,让改变成为学校的整体行动

在学校里,组织能力的强势与管理方式的惯性,有时候也会束缚组织内个人的发展。大家疲于应对眼前的事物,却经常忽略甚至忘记在自己需要的时候主动与他人互动并且整合他们的意见,以便充分发挥自己的张力。为此,笔者决定去寻找那些"价值互联者",点燃彼此的理想之光。

第一,在每次面向全体教师发言之前,笔者都会认真梳理"全学习"课程改革的相关理论知识与实践探索经验,与全体教师分享,希望大家更好地理解学校倡导的理念,形成认同感,一起来关注学校的规范与追求。

从"创最爱学习的校园,做最有品质的教育"到"更和善、更坚定、更有品质",我们不断凝练能够更好地体现学校文化的言语表达,并将其作为学校一段时期工作的标准与追求。

第二,我们每年都会根据学校的工作目标和重点,选派一些教师外出学习参观,鼓励他们大胆创新实践,支持他们的改革研究项目,为他们提供各种促进专业成长的平台。例如,我们邀请校外专家与名师走进学校做讲座,指导课程与教学;创造条件让教师们外出讲课讲学,为他们提供展示"全学习"课程改革成果的机会,表达自己的思想与价值观;组织"全学习"理念下的教学法发布会、教学论坛等活动,帮助教师凝练自己的个性化教学风格与教育主张。

第三,笔者会把自己接触到的信息以及其他资源介绍给教师们,鼓励他们去探索尝试。教师个人有了项目,参与了一个工作坊或学习型组织,就会与支持学校文化的价值产生互联。如该校郭秀娥老师领衔的"全学习思维品质"课堂教学改革、赵英娜老师尝试的"全学习悦动语文"、道德与法治学科组的"全学习分享教学"等,都在自觉践行学校的"全学习"课程改革理念。此时,学校承诺的"第一时间满足教师的资源需求"的文化也变得立体起来,这是推动教师积极作为的最有力、最有效的行动。

当教师们主动找笔者申请一些项目,或是在不经意间发现教师们所做的探索时,哪怕是很微小的话题,笔者都会格外重视,并努力支持他们做下去,因为这是价值互联的萌芽,更是价值互联者去探索如何支持学校新文化的举动。

上述三种策略,是我们塑造学校新的组织文化的探索。虽然尚未达到理想的境界,但是一场静悄悄的蝶变正在这里发生。

第六节　让校园时空
展现出学生生命成长的气息

初到该校，走进教学楼，走廊里两边墙上张贴着一些名人图像和名人箴言，给笔者拥挤的感觉。也许学校的初衷是让这些名人名言来熏染学生的思想、心灵、行为与梦想，暂且不论其是否能够真正起到作用，对笔者最大的触动就是这些东西好像都是经某些广告公司之手做出来的，看不出学校的主流价值观是什么，学校的办学理念是什么，学校的校本表达是什么。学校的思考在哪里？学校的育人目标在哪里？学生的生活、生命、故事在哪里？

再看看这些展示品，都是清一色的板材做成，色彩要么是大红色，要么是大黄色，要么是大蓝色，其风格肯定是粘贴复制的，因为笔者在其他学校见过很多，雷同性很高，色调没有考虑审美的价值，没有考虑整体的效果。说句实话，这不是为了学生，不是基于学习目标而设计的，而是为了完成宣传校园文化这一规定任务，或是为了应对上级检查而不得不做的。

全国不少学校的校园文化布置理念与风格与此相仿，并且展示品更新不及时，甚至多年不更新。也许是经费紧张的缘故，但更多的是源自观念固化和理念不能与时俱进、更迭换代。

针对上述问题，北京市育英学校密云分校的第一个动作是对学校未来的发展做了前瞻性规划，确定学校的办学目标是"创名校，育英才"。在遵循总校校训"好好学习，好好学习"、校风"静静挂在枝头的桃子" 和培养目标"行为规范、热爱学习、阳光大气、关心社稷、勇于担当"的基础上，根据学校实际提出了自己的理念表达——成就每一个人，逐渐形成"全学习"理念下的"人人皆学、处处能学、时时可学"的学风和"文明、健康、创造、分享"的教风。并且，确定学校的发展愿景是"续写学校优秀文化，构建'全学习'理念下的以'学习者'为中心的、支持多样化学习的课程模式，变革学习方式，改善课堂教学生态，重塑教师职业生命，形成'全学习'的学校文化新生态"。

以"全学习"校园生态文化建设理念为指导，将中华优秀传统文化、社会主义核心价值观、中国学生发展核心素养等元素化为教育情境，每个空间都拥有自己的品质与故事，学生和教师们在校园里拥有更好的生活、学习方式，使知识体系情境化，环境文化课程化，学习资源可见化，让学习能够在校园里自然生长。

第二个动作是把原先的硬质展板拆除，根据以上规划、愿景、理念与元素进行统一设计，换成了软质材料的扎钉板。扎钉板是空白的，除去设置扎钉板的地方，其他地方一律留白。这样做的目的是把空间都留给师生，尤其是留给学生来自由设计，充分挥洒他们的智慧，展示他们的作品和才华。

由此，让所有的时空都释放出教育价值，让所有的时空都成为课程场景，让孩子展示、发布、分享的学习作品成为校园里最美丽的景观，让时空展现出生命成长的气息和活性。

这样，就把学校践行的课程理念和学习方式转变为看得见的空间课程，实现空间重组带动资源的链接。学生可以在开放空间通过不同的方式获取更多的学习资源，使学习无处不在。

同时，学校还要求设计公司一定要遵循学校的统一理念与文化风格，不能随心所欲按照自己的思考来设计。学校的整体文化风格要体现出中华优秀传统文化的元素，比如色彩应该多用中国色，风格要遵循传统格调，展板里面的图案也要尽量体现传统元素。还有，照片、展示板、海报等图像的背景要多以学校文化景观或学校师生的生活为底色。这样一来，学校的文化元素就与教育元素，以及课程、学习、日常生活、环境等融为一体。

过去习惯思维下的校园文化建设思路被打破了，新的理念下的校园文化展现了出来。在物质环境上，校园通过观、闻、触、听形成学校文化的观念、历史与传承，唤起学校的学习性质和文化力量。

下面是一位参观了该校的外校老师写的观后感，虽然不尽全面与详尽，但也可以传达出该校校园文化的经营理念与学校的育人思考。

往北走进了教学楼。教学楼的楼道两旁也陈列着书籍，是我想要的样子，学生们看到书就会想看，肯定无心打闹了。墙上是各班的学习和活动的作品，温馨的布置让该校校长脸上时刻都露着骄傲的笑容，还时不时地夸赞道："这个班布置得很有特色，我得照下来！"推开教室的门，墙上孩子们阳光般灿烂的笑脸扑面而来，教室的桌椅整齐，地面干干净净的，后面的板报设计得很有时代感，下面还挂着醒目的横幅！虽然学生们没有在，但我隐约看到了孩子们阳光、可爱、朝气蓬勃的灿烂面孔。

一间间教室推开，各有特色。该校校长如数家珍一样向我介绍班主任的特色、孩子们的优点。在他的心里，这里的一切都是那么熟悉，令我佩服。上楼的时候，抬头看到上面铺挂的风筝，该校校长说："我们这里每年都搞风筝节。风筝，寄托希望，放飞梦想！要让学生不仅脚踏实地，还要学会仰望蓝天！"楼道两旁的布置可以时时更新，展示照片上的每一位老师，笑容都灿烂得和阳光一样。

突然发现，几个大字"成就每一个人"又一次出现在眼前，这是一种强烈的提示，提示着老师的责任是要成就每一个学生，提示着学校的领导不仅要成就每一个学生，还要成就每一位老师。所以，这里的"每一个人"，我想包括了所有在这里学习、工作的人。

校园里的空间文化布置，不应该再是成人思考的结果，而应该大胆地交给学生；不应该再是一成不变的照片，而应该是不断更新的创新作品；不应该再是教师教的形象，而应该为了学生的学习而设计。学校是为了学生才存在的，学校的任何空间都是属于学生的。这样的学校才是学生真正喜欢、想要的学校，他们是这个地方的主人，这里应该由他们来描绘、涂抹。

第七节　强化学校教育主阵地作用须激活"内在基因"

中共中央办公厅、国务院办公厅印发的《关于进一步减轻义务教育阶段学生作业负担和校外培训负担的意见》（以下简称"双减"）提出，要强化学校教育主阵地作用，深化校外培训机构治理，有效减轻义务教育阶段学生过重作业负担和校外培训负担。对学校而言，"双减"政策的出台将会改变现有的教育秩序，让教育重回正轨，它是推动学校教育主体回归的机遇，但是无疑也给学校教育带来了挑战。

办学活力是提高教育质量、推动"双减"持续深化的力量之源。学校教育主体回归，其主要标志是办学活力的激发与提升，它是"双减"政策有效落地、效果不断优化的关键因素。从某种意义上说，学校的办学活力集中体现在校长的自主管理中，体现在教师的自觉实践中，更体现在孩子们的自由思维与活泼成长中。

从自身做起：找到校长领导力的原点

作为一名校长，接手一所学校后，首先需要问问自己"我的使命是什么"，需要静下心来想一想校园里每天让你充满激情的各种事情可能有哪些主题。用自己擅长的风格，从我做起，关注内心，常想"我可以给周围的人和世界带来什么不同"。这是领导力的原点。

笔者认为，激发师生的生命活力至关重要。它体现在与师生的交往互动上，要尊重每一个与众不同的生命，善于以情感和专业的同理心，以及自己敏感的心灵发现高尚的品质、真实的问题。

基于以上认识，笔者每天都尝试把发现的"新大陆"记载下来。这是一个直面教育现实中司空见惯的种种现象与问题的过程，是对一个个教育细节的真实发现与理性思考。比如，在校园里遇到教师，笔者会主动说"张老师，你昨天的经验交流很有深度""赵老师，你设计的分层作业很有创意""周老师，你写的课堂提质增效反思很有价值"……面对每一位教师，笔者都有话与他交流，让他体察到自己的美好心情，从而感染对方。这样，整个校园里就弥漫着喜悦之情，传递出各样的感动。

笔者每天都会走进一些教师的课堂，当发现有价值的探索经验时，会邀请他们把自己的这些经验总结一下，然后笔者再做一点提升与点评，这样就形成了这位教师的教学成果。引领教师走上研究的道路，才能让他们释放自己的职业情感，真正爱上自己的工作，享受到教育的幸福。

笔者喜欢在校园里走走看看，为的是发现学生的"作品"，如他们自己做的手抄报、活动海报等。在这个过程中，笔者还会发现学生的一个个令人惊奇的小创意：教室灯的开关旁标有"注意关灯"的卡通图案、摆放着装有遗失物品的自制纸箱，展示校训"好好学习，好好学习"的解读文字，等等。笔者还走进课后服务答疑现场，发现那些写得好的学生笔记，发现那些打动人的思维碰撞的场景。

学校的育人空间都是学校中的"人"创造的，为了人而存在，它们接纳我们，又被我们所激活。在此过程中，它们超越有限而化为无限，从而获得属于它们的生命，这为校长获取领导力提供了源源不断的机会。

内在改变：构建学习的生态文化园

学校品质因文化的积淀、传承而生动鲜明，教育生态因文化的熏染、互动而健康生长。坚持以社会主义核心价值观为引领，以落实立德树人为根本任务，坚持由校长、师生自己动脑动手，构建奋发有为、富有特色的校园文化，是撬动学校内生活力的一个支点。

如何丰富学习资源，提升教育的意境与品位，是笔者深入思考的问题。在深入分析学校历史传统、内涵发展、办学特色、课程理念以及学生的多元学习需求的基础上，研究不同课程的学习活动对环境文化的功能诉求，将课程理念和学习方式转变为看得见的空间环境课程，从而实现空间重组带动资源的链接。学生可以在教室以外的开放空间通过不同的方式获取更多的学习资源，使学习无处不在。让所有的时空都成为课程场景，都点缀着育人的元素，让孩子的学习作品、思维成果成为校园里最耀眼的景观，让空间和环境展现出生命成长的气息。

课程文化会改变空间环境需求，改变空间环境也会影响课程实施。多种学习方式的出现推动了教学方式的创新，激励教师热衷于学习与研究。基于"减负增效"的课堂观察小组、课堂提质改进项目组、课业调查研究小组等在校园里活跃起来。读书与反思、学习与研究、改革与创新的风气日趋浓厚。学校文化生态系统支持教师发展，为其提供更好的资源及技术，引领其健康高效地工作、学习和生活，提升其职业幸福感。

休闲的校园空间环境让学习、生活与自然融为一体。走进北京市育英学校密云分校，你会看到"六艺庭院""桃李满园""劝学蹊径"等具有传统文化内涵且温馨舒适的空间。大厅里、连廊间、楼道里都有不同大小的"学习岛"、学习区。在这些开放空间里，学生会三三两两地寻书、阅读、交流、休息；教师会举行教研活动、答疑辅导、与学生沟通对话；家长们会等候孩子，与教师悉心长谈。

闲置的空间因环境文化的升级改造而有了生命的气息，进而推动学校与家庭开展跨界合作，完善学校治理结构，学校与社会、家庭形成良性互动。笔者认为，学校各项工作与活动都应充分尊重教师和学生，鼓励教师自觉工作，学生自主管理。

从小处着手：开创成套的微改革治理策略

校长的管理智慧源于教育生活，源于对教育对象的观察与思考。一个细小的设计，一个偶然的举措，都会引发教育观念的改变，折射校长的领导力。学校里的管理人员和广大教师每天所面对的问题，都是微改革的切入点，所以，推进学校内部微改革是提升办学活力的有效之路。

微改革通常不是预设的，它总是发生在一个具体的教育场景中。上任第一天，笔者召开全体教师会议。偌大的会场里，前排是空着的，教师们远远地零散坐着，主席台上一字排开的桌椅显得格外孤单。笔者在主席台落座，其他校领导在两边依次落座。

领导班子坐主席台，在不少学校开会时算是常态。但是，笔者在这样的场景里发现了微改革的线索。在第二次全体教师会议上，笔者提议：今后开会可以不设领导席，大家一起坐到台下，谁发言谁站到台前。话刚说完，台下便响起了比以往明显更久的掌声。

笔者没有烧出"三把火",而是从一个有温度的提议开始"编织共识"。这个提议让学校的会风开始逐渐发生变化,也传递出学校管理转型的信号:确立教师专业话语权的地位。

依这样的思路,学校文化建设、课程与教学改革、教师专业成长等方面都有了一系列涉及微改革的问题。比如,"全阅读"学习校园如何设计,怎样让作业与学生成长更好融合,如何引领老教师走向"教育自我"的幸福之路,如何激发"未来新型教师"自觉向上的精神,教师怎么参与到"为学生赋能"的教育之中,等等。

学校同样还给学生更多的舞台。比如,从2016年开始,每年的放假会上都会有3个学生站在讲台上给教师们做讲座,让教师们了解学生的所思所想、所乐所爱。音乐教师王辰阳把每周一早晨唱国歌、校歌的指挥权也交给了学生,专门组织了一个由24个学生组成的指挥社团,他则退居幕后指导。对学校的各项活动,教师都开始有意识地放权给学生。为此,学校专门成立了学代会,征集学生对学校发展的建议和意见,充分调动了学生的自主性。

当教育者的目光落到了一个个被遮蔽的问题上,然后从"人"的立场出发,再回到"人"的成长,一点点地"看见"每个人内心深处的需求时,每一个微改革都会成就学生的成长,激励他们坚持自己的志趣,满怀信心地去奋斗,我们也就把成长的空间真正地还给了学生。

从长远布局:绘就系统的课程体系图

校长必须首先找到学校文化的源泉,洞悉学校的办学精神与核心价值观,全面了解学校的内外环境,最终确立一个"路标"——这个路标不是简单的任务步骤,而是具备战略性、前瞻性的愿景、使命。这样才能够统一执行思想，为战略选择和行动提供原则性指引，为重大事项提供决策依据。

在此基础上，我们确定学校课程发展规划愿景：续写学校优秀文化，构建"全学习"理念下的以"学习者"为中心的、支持多样化学习的课程模式，变革学习方式，改善课堂教学生态，重塑教师职业生命，形成"全学习"学校文化新生态。在三年规划愿景的指引下，对课程体系进行了系统顶层设计和结构化处理，厘清了理论逻辑与行动路线图。以下是该校课程体系的内容。

"在学科中学习"属于国家课程范畴，在课程建设方面要回归课程本位，突出课程的育人价值，聚合课程的育人效力。该课程主要由基础课程、阅读课程与学科实践构成。

"在服务中学习"以关注学生社区服务课程与志愿者课程为主，鼓励学生积极参与社会大课堂。

"在文明中学习"从时间、空间和人出发进行开发，重点放在中华优秀传统文化课程和红色经典文化课程的建构上。

"在健康中学习"重视体验，关注内心，让教育贴近生活、贴近自然。在显性课程与隐性课程的互动中实现知、情、意、行的和谐统一。该课程主要由学生讲堂课程与品质德育课程构成。

"在创造中学习"关注学生的创造力与发展力。其出发点在于激发和发展学生的兴趣爱好，开发学生的潜能，丰富学生的实践经历，让学生学会在复杂的现实问题中做出抉择、学会判断、学会解决问题。该课程主要由学生社团课程与综合创意实践课程构成。

整个课程体系以"培养什么人"为支点，坚持五育并举，为学生适应未来社会、促进终身学习、实现全面发展提供基本保障；以空间融合为亮点，将学习环境与课程创新结合。无论是上课、休息还是运动，都能让学生感受到知识的"不经意生长",拥有更多的发展可能性;以学习方式的进阶,推进学生在时间维度上的"全学习"成长。环境在生长、知识在生长,人更是在生长。对同一处环境需要考虑不同学段学生使用的功能,拓展其学习视界,构建全息学习单元,实现"人"的完美建构。

外界有利的环境、资源、平台对于办学活力的激发固然不可或缺,但更为重要的是,自觉地从我做起,从内在改变,从小处着手,从长远布局,充分分析过程或原因,寻找关键因素或对策,从而达成结果或解决问题。如此,才能实现学校真正的变革,才能真正激发和增强学校的生命活力。

总之,在"双减"背景下,遵循教育规律,让教育主体回归,强化学校教育主阵地作用,激发学校内生活力,教育教学质量才能得到有效保障,才能扎实落实立德树人的根本任务。

第八步 如何治理薄弱学校

薄弱学校治理问题一直是让校长头疼的问题。关注农村学校和薄弱学校发展,探索薄弱学校治理之道,着力提升学校办学水平,是全面提高义务教育质量、实现教育治理现代化的一项重要课题。

薄弱学校有着相似的成因

笔者先后在5所薄弱学校工作过。这些学校不是偏远的农村学校,就是城乡接合部学校,其落后都有基本相似的原因,比如,师资不稳定且相对薄弱,结构性缺编,职业倦怠严重;生源复杂,家庭教育跟不上,学生习惯不好；学校办学条件较差。

笔者曾参与过一些有关调研、指导或帮扶薄弱学校的事情。走进这些学校，均有似曾相识之感，除去上述普遍问题之外，还不同程度地存在如下问题：学校文化建设滞后，管理思想保守，创新意识不强；学校治理专业素养缺失，管理组织结构不够合理；学校管理者存在"官本位"思想，忽略自身专业发展；过于注重形象工程，人、财、物、时间、空间、信息等管理要素配置不科学；不少学校不能激发教师改革创新的信心，实际操作层面的研究成为短板，教师成长动力不足；多数学校仍存在课程开设不足、师生负担过重等办学行为不规范现象。

在解决这些问题的时候，这些学校不是立足本校实际自觉实施渐进式改进，而是游离于自身的文化传统，盲目地从外围寻求改革创新的突破口，急于从上级行政部门或专家那里获取"灵丹妙药"，急于得到立竿见影的教育效益，结果导致学校内部教育者墨守成规、懒于创新。这种状态势必影响学生的全面发展。

识别、选择适合学校发展的路径

接手一所薄弱学校后，一味抱怨环境，观望等待，得过且过，显然不是负责任的选择。保持对现实问题的敏感性，增强预见性，立足本土，借助外力，识别、选择适合自己学校发展的路径，是治理薄弱学校必须重视的策略。

2011年，山东省启动普通中小学"1751"改革创新工程。该工程由省内外教育专家和部分齐鲁名校长名师等组成专家团队，深入入选学校进行持续跟进式专业指导，推动学校走"规范办学、尊重规律、依靠科学、改革创新、自主发展"之路。入选学校基本都是县区相对薄弱的学校。笔者参与了其中的专家调研小组。

我们小组每天分别走进同一个县区的一所小学、初中和高中进行调研，流程如下：听校长汇报—进教室听课—对校长、教师、学生、家长进行访谈问卷—查阅档案资料—观看课程展示—观察校园环境文化—撰写调研报告（涉及现状描述、问题分析、改进建议）—向教育局、学校反馈报告内容—根据学校需求匹配指导专家与指导学校。

另一次是2015年，笔者参与了重庆市第二期农村中小学"领雁工程"。这项工程"以课堂教学改革为切入点，推动农村学校学生养成教育、学校文化建设和校本课程开发等工作，使大量优质教育资源进入农村学校，走出一条教育均衡发展之路"。

笔者负责其中4个县区的5所项目学校的指导工作，流程如下：专家入校调研—学校制定项目实施方案（必选：课堂教学改革、教师专业成长、学生养成教育、校本课程建设；自选：校园文化建设、校长领导力提升）—匹配专家与指导学校—每学期专家两次入校指导（进课堂听课、依据方案评课指导，其他项目按学期重点循环推进）。

以上两项工程均为3年一个周期，最后进行综合验收评估。现以重庆市"领雁工程"项目学校璧山区大兴初中为例，简要说明行动过程与效果。学校积极鼓励干部、教师主动参与项目活动，先从部分教师入手，成立项目攻坚组先行探索；重新梳理学校文化，提炼出"精微"理念文化，架构学校"精微"课程顶层设计、制作"精微"课堂评价手册、引领教师课程与教学改革，走专业成长自觉之路。一年后，学校整体面貌焕然一新，过去上课时不敢讲话、被动听讲的学生慢慢呈现出踊跃质疑、有效合作、敢于展示的状态，教育教学质量得以较快提升。

当然，借助外力不等于不加选择地聘请一些与自身理念不一致的专家进入学校。如果没有机会遇到有效外力，笔者建议可以借鉴上面两个案例的思路，积极创造条件，争得各方支持，对学校进行全面把脉，准确定位，厘清思路，因势而谋。

找准办好这所学校的适合的支点

经过精准把脉，一些问题会浮出水面。解决之道便是回到真实的教育场景，回到教师与学生成长的实际，直面每个人的成长需求，找准让全体教职工内心受到触动、有信心办好这所学校的一个适合的支点。

中小学生课业负担过重一直是一个老大难问题。2007年，笔者在山东省利津县北宋镇实验学校任校长时，提出并实施了"零"作业教学改革实践，在学校教学工作的敏感部位"动手术"。

学校在课后作业布置上有"三个不准"：一律不准布置课后书面作业，不准课后发放成套试题，课上完不成的作业不准留在课后做。学校督查组随时随地检查，一旦发现给学生布置课后书面作业的情况，立即通报整改。

实施"一个必须"：教师在课堂上为学生提供精心设计的《课堂自主学习指导纲要》，必须实现当堂评价。这个举措大胆改造了传统的课堂教学流程，变革了教师传统的备课方式和教学方式，提高了课堂教学效益。学校同时出台了《单元自主学习指导纲要》和《双休日（节假日）生活指导纲要》，加强自习课和课外生活指导。

该项改革成果于2014年荣获基础教育国家级教学成果奖二等奖。一位专家如此评价："北宋镇实验学校无非是没有绕弯子，没有为学生课业负担找寻各种理由（社会压力大、家长期望高、教师素质不高等）开脱，而是直面现实问题，动真碰硬，体现出教育工作者应有的担当。"

2016年，笔者被派往北京市育英学校密云分校任校长，该校地处密云区城区西北角城乡接合部。当时，校园环境简陋，缺少文化底蕴，办学思路不清晰。经过广泛调研与诊断，笔者选择将"确定学校办学理念"作为支点。伴随着办学理念"成就每一个人"的提出与获得认可，"全学习"课程改革与育人模式创新实践、"全学习"生态校园文化建设、"5+2"（读书、写作、课题、课例、课程+研学、分享）教师"自成长"模式等一系列创新举措相继推出。

办一所学校可以通过多种途径来推动工作，笔者认为，学校是一个存在生命规律的生态系统，不同起点与环境下的学校，其治理理念、逻辑是不一样的。学校需要潜下心来直面问题，并着眼未来找准促进学校发展的最佳支点，撬动学校管理固化的坚冰，慢慢改善学校教育生态，改良学校的各种生产关系，从而全面提升教育生产力。

让所有的时空都释放出教育价值

每到一所学校，笔者都会针对其薄弱原因重新审视一系列教育问题，主动适应新的环境和教育对象。记得刚到密云分校时，一位教师说道："校长，我们不是不想干好，而是不知道到底该怎么干。"这让笔者想到了专业领导力的重要性，比如文化、课程与教学领导力，学校管理者需要懂得、尊重教育规律，按照课程教学的专业标准来治理学校。

在推动"全学习"课程改革时，笔者对其概念做了阐释。所谓"全学习"，是以学科学习与素养培养为目标，通过规划与运用学校文化、空间和环境，科学平衡环境、空间、技术与文化整体建构，以便丰富学习资源、支持多种学习方式，满足学生学习与生活的生理、心理需求，促进学生自我学习。

整个学校文化环境从课程出发来设计，以空间融合为亮点，基于环境与人的联系，让各种资源与学校文化融为一体，为多变的学习方式、灵活的学习时间、丰富的学习资源提供适合的、温馨的场景，所有的时空都释放出教育价值，促进学生德智体美劳全面发展。

对于教学改革，笔者本着"优化变革进程，让教师心怀希望教学"的原则，解放教师的职业兴趣，尊重他们的专业话语权，为他们的实践与研究提供各种平台和资源，帮助他们实现自己的人生价值。

首先，需要为教师创造新的职业生活。笔者悄悄采取了以下三个措施：一是取消原先低效的备课方式，及时研发新的教学设计理念与模型、新的课堂教学专业评估标准；二是主动与上级部门解释学校行动的背景、内涵、做法、意义，争取赢得理解与支持；三是邀请与学校教学改革理念一致的专家走进学校进行专业指导，激发教师改进动力。

其次，需要营造氛围。鼓励一些志同道合者形成共同体，大家一起尝试变革，分享经验与教训，相互给予勇气。笔者倡导启动的共同体以工作十年左右的青年教师为主体，他们大多乐意承担教学改革任务。共同体命名为"青年教师自主成长协会"，他们自己设计了会标——一棵长着26片叶子的树，寓意由26人发起并在一起学习、实践、对话。一学期后，年龄较大的教师自发形成了"领军教师成长俱乐部"，新教师则形成了"未来教师成长联盟"。

我们还缔结了重庆、山东、河南、辽宁等地的一些友好学校，把这些学校的热心改革者引入自己学校的改革队伍中，互相学习，多元融合，不断优化变革策略与资源。

最后，需要让行动者走向公众。让他们用自己的价值观和经验影响他人，更可以直面挑战，接受他人的检验。每学期笔者都会带领教师到兄弟学校上示范课、开讲座；推介教师参加各级教学比赛，在一些培训会上做交流发言；组织成果推介会；等等。我们及时调整、巩固和强化改革者的实践研究，培育改革成果。

教师慢慢认识到，任何外在的奖赏都比不上自己的行动与工作的意义相联系后产生的获得感。教师的心灵变得纯粹而专注，成长更加自觉。师生关系也因教师为每个学生生命赋能而得以重建，学生的个性与兴趣发展更得以彰显。

第九节　为学校发展不断探寻新的增长点

因工作原因，笔者近些年与基层学校校长接触较多一些。大家反映较多的是，一所办学多年的学校，或者校长在同一所学校任职多年，教职工往往容易产生倦怠情绪，教师活力和学校动力均显不足，而这些又恰恰是教师成长和学校发展的根本源点。笔者认为，解决这一问题的根本之策在于持续、动态、系统地打造学校发展的共同愿景，以此引领教师在一次次实现目标的过程中激发动力，在一个个目标的实现中永葆激情。归根到底，就是要不断发现和培育新的增长点。

可喜的是，许多校长都在结合学校实际，认真思考和谋划着未来。他们没有小成即满的心态，更没有躺平求稳的想法，而是围绕教育教学质量下功夫，在学校特色发展上做文章，在课程建设、五育并举、校园文化、精细管理等各方面、各领域用心思。任何一个点、一件事、一个项目，都能成为他们及时捕捉进而深耕细耘的发展契机，而且确实取得了不菲的成就。说到底，他们善于探寻和打造学校发展的增长点。

单就中小学劳动教育来说，当前其已成为社会关注的热点，也是各学校努力强化和推进的重点。在国家和省、市相关意见出台之前，不少学校已经积极行动起来，他们开发校本课程，开辟劳动场地，开展实践活动，建设校园文化，各项工作有声有色，增长点赋能发展的势头强劲。

新的增长点促进内涵提升。河口区一中作为一所县域普通高中，立足学生升学、就业以及个性化发展需要，帮助学生做好职业生涯规划，重点围绕有科技含量、有高端技术、有人文情怀的劳动实践项目，以科创劳动培养学生职业探索和规划能力。该校投资500余万元高标准配置科技创新教育设施，建设校园科技馆、睿能创客空间、数控加工中心和创新探究实验室，并建有6个校外劳动实践体验基地，聘请了全国创新名师、北京师范大学附属实验中学刚永运老师作为种植活动指导专家。学校实施PBL项目教学，高一年级每周一节发明创造课，高二年级每周一节研究性学习课，几年来学生申请国家实用新型专利236余项，孵化创新项目600余项，其中，400余项在全国、省、市各级各类创新大赛中获奖。尤其引以为傲的是，他们与中国科大未来技术学院合作，进行"探究太空种子种植，共筑航天创新梦想"种植活动，已经连续种植三年，先后共有200多个学生参与，该校三年都被评为"太空种子种植优秀单位"。一系列举措丰富了学生的职业体验，拓展了学生的知识面，提高了学生的实践创新能力、团队协作能力。

新的增长点促进困境突围。垦利区郝家中学是一所濒临城区的乡村学校，2013年迁址新建，总占地130亩，校舍及设施条件优越。但随着城镇化的加快，优秀生源流失严重，在校生中留守子女居多，习惯养成教育面临较大压力，且年轻教师补充不足，日益呈现出空壳化、萎缩化、趋弱化的困境。为了实现困境突围，学校领导一班人经过深入研判分析，下决心推动乡村学校转型发展。他们化短板为长项、变不利为优势，利用校内有近20亩的闲置土地、校舍配套设施齐全、老教师劳动经验丰富、当地特色种植业发达等优势，下大气力推进劳动教育。学校把劳动与美育有机结合，倡导在劳动中发现美、认识美、感悟美、展示美、创造美，以劳树德，以劳育美，让师生热爱劳动，做最美的自己。他们建设了一万多平方米的劳动艺术文化实践基地，设立了酿造、染色、制作、书法、编创、黄河六大体系的校本课程，按照初级、中级和高级进阶，形成了几十个特色活动课例。如今，校内劳动文化浓厚，功能室得以充分利用，处处都有课堂。老教师们参与热情高涨，人人都有事做。学生们养成了良好品质，个个都有梦想。学校正在为建设辐射和服务周边学校的区域性劳动实践基地努力，日益成为乡村振兴队伍中一支不可或缺的生力军。

新的增长点促进特色发展。东营经济开发区科达小学早就以特色校本课程建设闻名，如蓝色海洋课程、黄河湿地课程、百草实践课程、缤纷葫芦课程等。在此基础上，学校继续深挖资源，融合劳动，丰富了特色课程实施载体，也为劳动教育提供了广阔空间。学校打造一院（农家小院）、一棚（科技温室大棚）、一栈道（湿地玻璃栈道和观光路）、两馆（海洋意识体验馆和湿海体验馆）、三区域（蔬果种植区、莲藕种植区、中草药种植区）、四展台（种子秘密、南瓜大家族、葫芦兄弟、海洋世界）作为学生的"劳动园区"和"探究工厂"，孵化学生创新创意项目，拓宽创新劳动场域。从年初到年底，从制订劳动教育计划，到开展"我是家务小能手""我为学校添绿色""校园农庄""走进湿地""百果园采摘"等活动，每月都有劳动内容，真正做到了劳有所育，育中有劳。

上述三校都是市级劳动教育实验学校，最近又都被省教育厅评为首批省级劳动教育实验学校。除了这三所学校，还有很多学校成绩喜人，特色明显。如胜利第五十九中学将劳动基地建设与校园文化有机结合，践行"知行合一"的教育本源，全面提升学生人文、科学、艺术和劳动素养；垦利区第三实验小学实施"1+1+5+N"组织体系、"基础+特色"课程体系、"考评+勋章"考评体系，学校综合管理水平走在前列；广饶县丁庄镇王道小学作为一所村办学校，结合农村发展变迁和劳动致富历程，把劳动情感融入孩子心灵,让孩子懂得了"幸福生活要靠劳动创造"的道理;利津县陈庄镇中心小学将劳动教育与各科教学、课堂内外、校园内外有机融合,倡导处处有劳动,事事是劳动,时时讲劳动,成为立德树人的强大推进器。总而言之,各学校以劳动教育为抓手,围绕劳动教育做文章,做得实、做得新、做得好,不只劳动教育方面可圈可点,在整体办学成效方面也无不令人称道。教师活力迸发,学校动力不竭,这正是不断探寻新的增长点之意义所在。

第十节 加强劳动教育亟待提升行动自觉

近年来,劳动教育成为教育的热点、焦点、重点。这不仅在于劳动教育本身十分重要,也不仅在于国家和领导层面高度重视,更重要的是多年来教育本身对劳动教育的认识缺失、行动弱化,转变观念、强化措施、有效应对的任务还相当艰巨。新形势下,要确保有关意见政策落实落地,确保劳动教育取得实效,教育系统就必须提升行动自觉。

首先要明确劳动本身的价值旨归。大家都知道,从猿到人的进化过程中,劳动起了决定性作用。人类从蛮荒走向文明的历程证明,劳动创造了人本身,是劳动推动了社会发展和人类文明进步。热爱劳动是中华民族的优秀传统,从古至今,崇尚勤劳的风气从未间断,劳动精神代代传承:从《尚书》中的"功崇惟志,业广惟勤",到《左传》所记"民生在勤,勤则不匮",从《朱子家训》倡导"黎明即起,洒扫庭除",到李大钊的名言"人生求乐的方法,最好莫过于尊重劳动"……可以说,劳动精神自古以来就流淌在中国人民的血脉之中,也正是靠着勤劳和智慧的双手,一代代华夏儿女创造了灿烂的中华文明。时至今日，中国特色社会主义建设步入新时代，实现中华民族伟大复兴的中国梦更需崇尚劳动。党的十八大以来，习近平总书记多次礼赞劳动创造，讴歌劳模精神、劳动精神、工匠精神，勉励广大劳动者勤于创造、勇于奋斗，并明确提出："劳动是一切幸福的源泉"[1]"人世间的美好梦想，只有通过诚实劳动才能实现；发展中的各种难题，只有通过诚实劳动才能破解；生命里的一切辉煌，只有通过诚实劳动才能铸就"[2]"必须牢固树立劳动最光荣、劳动最崇高、劳动最伟大、劳动最美丽的观念"[2]。这一系列重要讲话和论述，不仅深刻阐释了劳动的重要意义和价值所在，也是对全面加强劳动教育、在全社会树立科学劳动观的倡导。

其次要认清当前的现实困境。从实践层面看，当前还存在一些不容忽视的问题和困难。随着经济的发展、物质生活的丰裕，一些人的劳动观念出现了削弱或扭曲，产生坐等扶贫的寄生思维、投机暴富的病态心理、好逸恶劳的"啃老"观念等。在劳动教育方面，长期以来存在着一定的认识误区和薄弱环节。根据调研情况看，整个社会对劳动教育的认知不足，"万般皆下品，唯有读书高"的思想观念根深蒂固，"重智轻劳"的现象较为普遍。劳动教育在学校中被弱化，劳动技术课程在学校经常被占用，劳动教育无计划、无考核；劳动教育在家庭中被软化，家长往往只关注孩子的学业成绩，家务劳动基本不让孩子参与；劳动教育在社会上被淡化，各部门、各方面普遍缺乏共抓共管意识和资源融合机制，全社会协同推进劳动教育的共识有待形成。在劳动教育的具体推进实施过程中，也存在一些不容忽视的问题和倾向，比如，将劳动教育简单化，对劳动教育内涵把握不清，将劳动教育等同于技能学习，或是以卫生扫除、拔草种花、简单

---

[1] 2020年11月24日，习近平总书记在全国劳动模范和先进工作者表彰大会上的讲话。
[2] 2013年4月28日，习近平总书记同全国劳动模范代表座谈时的讲话。

的手工制作来应付了事;将劳动教育形式化,缺乏系统的课程教学过程,只是将集体活动作为缓解学生紧张的学习压力的一种方式;将劳动教育惩戒化,把劳动当作惩罚违反校规校纪学生的工具,甚至将劳动任务专门安排给学困生承担;将劳动教育娱乐化,组织学生通过采摘、参观、游玩放松心情,劳动教育变成了观光休闲。此外,在日常教育工作中,教师普遍对劳动教育规律和青少年学生成长规律、学习规律的认知不够;在教材建设上,缺乏课程标准的指引,没有形成完整的学段链条,内容不衔接,甚至脱节、缺项;在劳动教育的质量、水平以及学生劳动素质提升等方面,缺乏规范化、标准化的评价制度体系;劳动教育的师资队伍建设滞后,课程配套资源缺乏,校舍紧张、设备不足、设备老化等问题也十分突出。长期以来,青少年学生缺乏劳动机会,出现了一些不想劳动、不会劳动、轻视劳动以及不珍惜劳动成果的现象,甚至把劳动与劳累、痛苦联系起来,视之为休闲和享乐的对立面。这些问题都严重制约了以劳树德、以劳增智、以劳强体、以劳育美的育人实效发挥,影响了立德树人根本任务的实现,不能不引起我们的高度重视。

再次要认识到当前的有利方面。目前各级教育部门和学校对劳动教育较为重视,开展了大量工作,也取得了一定成效。总体上,大家对劳动教育的认识有所提高,普遍能把劳动教育作为德育工作的重要内容,同部署、同督导、同评价。广大家长逐渐认同劳动教育的意义,能积极配合学校督促孩子参与必要的劳动实践活动。社会力量也愿意支持中小学劳动教育实验工作。在课程建设方面,国家课程要求基本得到落实,课时能够得到保证,同时不少学校结合实际,实行开门办学,"一校一品"建设工作初见成效;在劳动实践方面,各校对校内外劳动基地建设较为重视,大都能积极开发和有效利用各方资源,不断拓宽实践领域,增强劳动技能培养的多元性、实效性;在实施路径方面,各县区、学校建立完善推进机制,将劳动实践融入家务劳动、自我服务劳动、社区服务、公益活动以及工农业生产之中，并与现代科技发展和产业变革有机结合，努力寻求突破和创新。这为我们下一步的工作奠定了坚实基础，提供了有利条件。

然后要落实全面有效的推进举措。从政策层面看，2015年教育部、共青团中央、全国少工委三部门颁布的《关于加强中小学劳动教育的意见》、2020年中共中央、国务院颁布的《关于全面加强新时代大中小学劳动教育的意见》都对劳动教育目标、任务和实施途径提出了全方位要求。2021年山东省确定了劳动教育重点任务及分工方案，市、县各级也陆续出台落实意见，认为当务之急就是要在实践层面采取有效举措，加大落实力度。笔者认为，除在课程体系、师资队伍、基地建设、评价机制等方面下功夫，更须综合施策，创新推进劳动教育深入实施，有五个策略。一是实施学科融合策略。劳动教育没有清晰的学科边界，换言之，它是德智体美劳的五育综合体，跨界合作，理论实践共生。除劳动教育必修课程外，其他课程、其他活动也应结合学科特点、活动特征，有机融入劳动教育的内容。二是实施教学优化策略。抓好劳动教育，关键是解决劳动教育是什么、教什么、怎么教的问题。劳动教育有自己的特点和规律，专业性比较强，必须加强专业指导，开展教学教研活动，促进教师专业发展和教学质量提高。三是实施课题引领策略。课题研究是深化研究成果、提升实践品质的有效途径，要针对劳动教育实践典型问题、重点工作和发展目标，确定研究课题，扩大研究成果。四是实施文化建设策略。在校园文化建设中强化劳动文化，将劳动习惯、劳动品质、劳动精神养成教育融入校园文化建设中，在校园营造鼓励劳动、崇尚劳动、尊重劳动、劳动光荣的浓厚氛围。五是实施家校合作策略。家庭要发挥在劳动教育中的基础性作用，结合实施家校共育工程，进一步密切家校合作，转变家长对孩子参与家务劳动的观念，指导家长多给孩子提供日常生活中的劳动实践机会，让家长成为孩子参与家务劳动的指导者和协助者。

最后要把握质效为要的基本原则。没有质量和实效，一切努力都是空谈。要坚持问题导向，针对各方面存在的薄弱环节，采取有效措施，推动一系列劳动教育政策落到实处。比如课程实施方面，要规范开设劳动教育必修课程，每周1课时是基础。要统筹安排家务劳动、校园劳动和校外劳动，实行"1+X"的课时制度，设立劳动周，至少每学年1次。要充分利用校内现有资源以及校外综合实践基地，打造高水平的劳动教育实践场所。要把劳动教育纳入学生综合素质评价、教育质量综合评价体系，还要把劳动教育的师资建设作为教师队伍建设的重要内容，努力建设一支高质量的专兼职教师队伍。坚持务实为本，正如习近平总书记在《之江新语》中所言："抓而不紧，等于不抓；抓而不实，等于白抓。抓好落实，我们的事业就能充满生机；不抓落实，再好的蓝图也是空中楼阁。"[1]蓝图已绘就，方向已明确，关键就是看如何抓落实，要出实招、用实功、求实效，把务实求实贯穿劳动教育全过程。

参考文献：

[1] 蔡怡. 道德领导——新型的教育领导者[M]. 北京：教育科学出版社，2009.

[2] 托马斯·J. 萨乔万尼. 道德领导：抵及学校改善的核心[M]. 上海：上海教育出版社，2002.

---

1. 习近平. 之江新语. 杭州：浙江人民出版社，2007.

第二章

"零"作业，教育博弈中的追求

第一节　作业"博弈"害了谁

课外作业是什么？如果不再站在专家的立场上，不再用普通老师达不到的高度去审视它，我们就会发现，课外作业其实是最让孩子恐惧的负担。笔者不否认有好的作业形式，更不否认作业有"温故而知新"的功能，但现实告诉我们，由作业问题引发的恶性竞争的确该停息了。笔者之所以用"博弈"来为当下的作业做一个注脚，是因为我们"赌博"似的教育，其赌注是孩子的未来。

我们有为数很多的老师其实并没有考虑学生的真正需求，他们布置作业的基本动机其实就是抢占学生的时间，靠拼时间来提高成绩。长期以来，我们教育园地里的许多优秀教师、优秀校长，还有专家对此早有深刻的认识，也都进行过卓有成效的探索，总结出许多好的经验，但不可否认的是，作业问题始终是教学管理中最为敏感的问题。有的学校处理得好一点，有的学校做得差一点。不少校长和老师都是改良主义者，并没有从根源上进行作业革命。

在抢占时间的过程中，有的老师获利，有的老师受害。这里所说的"利""害"只是针对简单的成绩高低而言。为什么这么讲呢？虽然每所学校都认识到了没有节制地布置作业的害处，对于学生的家庭作业量都有完成时间上的规定，但是在具体实施方面还有一些实际问题，那就是谁来掌握时间。数学老师布置的作业并不超量，语文老师布置的作业也不超量，但是数学作业和语文作业相加可能就超出规定的完成时间。更何况，像中学生绝不是仅有语文作业和数学作业的问题，他们有八九科的作业量，这么多的作业量加起来，如何不超量？

这么多的作业，学生能完成吗？学生究竟怎么完成呢？完不成怎么办呢？如果想完成，先完成哪一科呢？这些问题每天都在困扰着学生，学生的头脑中似乎每天都在进行着激烈的思想斗争。斗争的结果，只能是以下几种：一、选个脾气好的老师，其惩罚措施轻一些，不做这个老师的作业；二、谁也不敢得罪，老老实实全部独立完成（采取这种做法的，往往是学习成绩好的学生或听话的学生）；三、谁的也不做，硬扛，扛不下去了，就选择逃学；四、没有硬抗的本事，也不能全部独立做完，只能组成"互助小组"，你做语文，我做数学，他做英语，完成以后大家一起抄（据了解，有很多学生有过这样的经历）。

在学生当中，采取第一、第二、第四种做法的比较多。对于那些脾气较好的老师来讲，在这方面就显得"吃亏"了，学生很少做其布置的作业，学生的成绩就受到了很大的影响。久而久之，当他醒悟过来后，就会加入激烈的竞争中去，于是又引发老师与老师之间新的矛盾、老师与学生之间的矛盾。为了调和这种矛盾，学校能做的也只有分割学生的在校时间。用一位专家的话说，就是："中国教育课内与课外不分，因为学生几乎没有什么可以自由支配的课外时间。传统意义上的主要学科课时之外的时间也被教师们分割占领了，因为学校和教师们已经把学生从早晨起床到晚上上床休息的时间都排满了，都分到各个学科的教师名下了。在这里，学生的时间已经不为学生所有了，成为教师所有的时间，这些时间都为教师所支配。在这里，教师已与过去所谓的工头，即督促工人做工的角色，似乎没有多大区别了。"

以上这种现象，我们称为"时间博弈"。许多老师摒弃了原有的许多好的教育理想，以一种"赌"的心态对待教育，对待学生。在这里，提几组有趣的数字。第一组，8-1大于8，这一答案可能有些令人不解。我们这代人上小学时，老师经常向我们解释其中蕴含的道理。一共8小时的时间，拿出1小时休息，会比完整地学8小时的效果好。可是今天的现实是，我们不愿意拿出1小时的时间让学生休息，甚至于想拿出12小时让他们学习。成效不去管，先求个"心里安稳、踏实"。这种做法对学生是最有害的。当学生在教室里一坐就是十几小时的时候，即使对学习再有兴趣，也会觉得枯燥无味。第二组，20分钟与40分钟。笔者曾调查过一个问题：一节课40分钟，学生能集中精力听讲多长时间？答案是很恐怖的，平均不到20分钟，甚至更低。也就是说，在一节课中，学生有一多半的时间没有集中精力听讲。第三组，前7后8。受博弈心理的影响，多数教师可以说是与时间赛跑的高手。"前7后8"就是很形象的一个例子。也就是说，前一位教师拖堂7分钟，后一位教师提前候课8分钟。这种做法，有时使学生连下课上厕所的时间也没有。教师之间甚至因此矛盾重重，使内耗进一步加剧。

这种博弈对教师的专业成长造成了很大影响，因为教师每天考虑的是如何占用学生更多的时间，让学生获得最多的知识，考更高的分，而不是以提高学生能力为先导，师生交流更是少之又少。也因为这一点，师生之间缺少情感的沟通，造成了师生关系的紧张甚至对立。最要紧的是对学生几乎没有多少好处。

其一，对成绩好、认真听话的孩子来讲，他的时间几乎全被做作业占据了。他没有多少时间用来发展个性，发展特长，更失去了创造的时空。他的思维被限制在重复的作业里面，得不到解放；他的身体陷在沉重的作业里面，得不到自由。长久下去，一个本应灵气十足的孩子就会成为一个做题的高手、应试的机器。有一个朋友，他曾是就读中学的骄傲（他们中学建校以来第一个考上北大的学生）、家人的骄傲、亲戚的骄傲、乡亲的骄傲。就是这样的一个骄傲，坦言在北大感到非常自卑。为什么呢？当到北大上学的时候，他发现自己一无是处，发现自己在十二年的读书生涯中几乎没有学到任何真正有价值的东西。"能够背诵死板僵化的教科书上的教条，能够做一些低层次且并无实际意义的题目又能算什么呢？"

其二，对成绩稍差，但认真听话的孩子来讲，他害怕被落下，他要追，于是他会学得非常累。压力不仅会摧垮他的身体，更会摧垮他的精神。对成绩好，但不听话、有个性的孩子来讲，他将是被打磨的对象，用不了多久，他就会被消磨掉个性。对成绩不好的学生，这种博弈无异于将他们早早地推出竞争的舞台，由此带来的一系列社会问题就值得人们深思了。逃学、上网、打游戏使太多的学生成了问题少年。但这个问题似乎还没人敢提出买单。

对学生和教师都没好处的事情，对学校当然就更没有好处了。长期以来，农村学校有一个怪现象，就是教育教学质量忽高忽低，不能保持稳定。教育的大田中缺少常青树，碰到一批所谓的好学生，成绩就上去了；碰到一批所谓的差学生，成绩就下来了。为什么呢？其中很重要的原因就是这种"博弈"的存在。拼时间、拼精力的做法只能有短期的效果，而且这种效果还是违背教育科学的。

以前我们也尝试过这样的做法，控制作业的总量，由学校教导处的负责同志进行审核把关，同时也明确，当天没有课程的科目不能安排家庭书面作业。星期一、星期三、星期五只允许做语文、数学，星期二、星期四只允许做英语、理化。同时也规定，语文只允许做一个阅读理解题，数学、理化只允许做一个题，不允许大题套小题，英语只允许写一篇小作文。但这样做的结果是，负责同志每天的大部分时间都用来做记账员的工作，没时间研究教改，没时间加强学习，没时间管理学生。要知道，教导处的老师都是一些业务能力很强的老师，把他们陷在这些繁杂的事务里面，其实就是一种人才的浪费。即使这项工作做好了，一些隐性的作业也很难控制。比如，有的老师会对学生这样说，"这张卷子可以不做，但下节课我要讲"，有了这样的暗示，学生就不敢不完成了。学校不允许布置书面作业，但可以布置背诵作业。在过去，为了应对学校的政策，老师们能想出很多对付策略。

当一所学校面临这么多层出不穷的问题时，其教育环境实际上是不公平的、不和谐的。竞争的最终结果是，教育教学势必会成为无视一切规则的混战。混战恶化了学校乃至当地的教育生态环境，摧残了无数学生的身心健康。

第二节 "零"作业：告别应试教育

当今，许多教育实验风云突起：课堂模式在变革，打造以学生为本的课堂正成为改革目标，当堂达标、向课堂要质量已成为共识；备课方式在变革，学教一体的"学教案"应用普遍，备课内容以问题为主，课堂训练量逐步增大；作业类型不断翻新，如分层型作业、社会实践型作业、探究型作业、操作型作业、听说型作业、游戏型作业等；作业操作方式也在尝试变革，如"零"作业日、学生自主选择作业的探索等，尽力让学生享受自主学习的快乐。可以说，减轻学生过重的课业负担开始出现曙光，让人看到了希望。

但就整个基础教育领域来说，课业负担偏重仍然是教育的顽疾，家庭作业过多依旧是全社会普遍关注的热点和难点问题。我们是否想过：问题到底该由谁来解决？"减负"的路径该如何寻求？

当教育简单到只剩下了做题，不客气地说，它不仅无法培养出合格的社会劳动者和国家公民，更有可能造成人的本质意义上的异化。做作业是理解、消化、巩固所学内容的有效方式，但过多的作业，特别是作业汇成"题海"成为应付考试的常规"战术"时，教育就变成了单纯的机械训练，失去了它的本真意义。

为什么会产生"题海战术"？其一，这种方法对当前大规模时空限制下的纸笔考试很有效；其二，这个原因我们常常不愿提及，但事实上又真实存在——教师之间的博弈。

考试不仅是学生之间的博弈，其实也是教师之间的博弈。虽说学校里最基本的博弈发生在学生之间，但博弈的方式方法不是学生自己能够做主的，而是由教师之间的博弈策略来决定的。也就是说，教师之间的博弈决定了学生博弈的策略、方式与方法。

校内教师之间的博弈可分为两类：一是同年级同学科教师之间的博弈，二是同班级不同学科教师之间的博弈。但不管是哪一种博弈，一个教师要想取得我们常常所说的"教学成绩"，就必须要让学生在自己的学科上投入更多的学习时间，所以教师必然想办法来占用学生的课余时间。要想更多地占用学生的课余时间，一个简单的办法就是布置作业，布置比其他教师更多的作业。当各科教师都想布置更多的作业时，教学中的"囚徒困境"就产生了，其结果就是没有互赢，只有互败，甚至皆败。

"囚徒困境"是经济学中的一个著名案例——当每个人都追求个人利益最大化的时候，群体性的"困境"就产生了。"题海战术"产生的主要原因之一就在于这种"囚徒困境"，学生负担过重的罪魁祸首也在于此。

这种"困境"困住了教师的学生观、教学观、作业观，更困住了中国的基础教育，使之总是在困境的漩涡中打转，似乎永远无法向前推进；总是在困境的泥潭中挣扎，步履维艰，根本无法拔出脚追赶时代的改革步伐。

教育本有着良好的初衷，但有时严重偏离了现实。当笔者和全体教师毅然决然地实施"零"作业之后，北京师范大学的肖川教授这样评价："用'零'作业这把'宝剑'决绝地奋力一劈，从此斩断了'题海战术'这个纠结了无数的利害关系的'绳结'，让中国的基础教育从作业的'囚徒困境'中解脱出来，让我们的教育从此能够冲出'漩涡'，向着大海尽情奔流；让我们的教育从此能够蹚过'泥潭'，大踏步追赶世界改革的步伐。"

"零"作业斩断了以主要靠拼时间为标志的应试教育的命脉，很有意义——因为所有的改革措施，不论是我们寄予了厚望的新课程改革，还是教师们无比向往的"有效教学"，都在"零"作业的推动下——落实。"零"作业逼得教师们必须改变博弈的方式。"零"作业让"时间战术"失效了，只能提高"有效教学"的质量，向课堂要效率，保证学生的学习质量。"零"作业的主旨是建设高效课堂，它截断了教学的传统路径，全面启动了课堂教学改革，而这正是新课改所翘首以盼的。

但笔者一直认为，"零"作业只是一次教育的回归行动，以它为切入点，是想牵动诸如课程与教学、学生成长、教师发展、管理机制等方面的改革创新。实施"零"作业展现了我们立志减负的决心和对理想教育的追求，"零"作业也是学校各项改革与创新的一个目标，是育人目标得以实现的一种策略与理念。

"零"作业的提法，也许概念上并不科学，为了实现这一目标，实践操作策略也并非完善，但是以学生为本、以教师为本、以质量为生命线，是我们始终坚持的根本。

实施"零"作业，教师最初不是很理解，他们由被迫到习惯，再到自觉和真心拥护，因为他们在实践中深深体会到："零"作业不仅解放了学生，解放了教师，更重要的是带来了意想不到的教学效果，诞生了异彩纷呈的新观念、新思想和"新产品"。实施"零"作业后，师生终于可以迈着轻松的步伐，享受着自由的空气，信心百倍地走向桃花盛开、落英缤纷的教育桃花源……

第三节 "零"作业：斗法旧观念老经验

从作业的功用来看，课外作业应该是教师为学生精心准备的礼物，但现实里它已变成让学生厌恶和恐惧的负担。

笔者先后在三所学校工作过，这三所学校都曾经是山东省利津县的教学落后单位。落后则思变，改革是走出困境的唯一出路。实践证明，以作业改革为突破口，是减负增效、推进学校素质教育的有效方法。

在这三所学校，笔者发现了相似的情况，可以用"博弈"来为之做一个注脚，是因为它使教育变得像赌博似的，赌注却是孩子的未来。

尝试改革（1992—2004年）：踏上破冰之旅

1992年夏天，笔者背着简单的行囊来到了利津县最偏僻的农村初中——付窝中学。到这里后才发现，比条件差更可怕的是大家教育观念的落后。为了弥补课堂教学的低效，教师普遍采用"题海战术"。笔者当时担任教导处副主任兼级部主任，为了改变无序竞争的状况，就和同事们一道协调学生的作业量，规范学生的作息时间，让学生在紧张的学习之余得到有效调节。

实施过程大体经历了两个阶段。

第一阶段：语文、数学、英语一天只能布置30分钟以内完成的课下作业，物理、化学只能在有课的当天布置30分钟以内完成的作业，其他学科一律不准布置任何形式的课下作业。实施一段时间后，笔者通过调查发现学生作业还是很多，原因就是作业量缺乏监控，无法保证教师自觉地按30分钟的时间去布置作业。另外还有教师偷着布置作业。于是笔者重新思考新的措施。

第二阶段：要求语文只能在周一、周四布置作业，数学在周二、周五布置作业，英语在周三、周六布置作业（当时每周六天工作日），物理、化学在有课的当天布置，且都规定了明确的题型和数量，如语文只允许布置一道阅读理解题，数学只能布置一至两道题。其他学科不允许布置作业。

这样，效果自然就有了，但是实施过程却异常艰难、令人心酸。笔者曾经要求班主任把教师违规布置的作业从学生手里收起来；曾经动员学生不做教师不按规定布置的作业；曾经每周开一次会，把学生的作业问卷调查情况当众宣读给教师……但是有些教师就是不理解，有的曾用手指着笔者的鼻子说："我布置的是复习资料，不是作业。"以上情况都是在教师形成一致意见的情况下发生的，没有想到在实施过程中会出现如此多的矛盾。笔者坚决地执行着在当时看来十分另类的教学管理，教师则不断地同笔者玩猫捉老鼠的游戏、打游击战……一学年的时间很快就过去了，当年中考学校取得了令人满意的成绩。更让人高兴的是，教师开始精心设计问题了，改变过去一讲到底的办法，努力提高自己的课堂效率。

再入弱校（2004—2007年）：异校验证作业改革成果

2004年8月，笔者调入了北宋三中，担任副校长。当时学校连续十年没有获得一项县级以上奖励，教学质量长期徘徊在全县下游，教师厌教，学生厌学。

在校长的大力支持下，笔者从作业改革切入，整顿教学秩序。一是要求各年级设立公共自习课。在公共自习课上，一律不准布置任何形式的课下书面作业，严禁让科代表布置隐性作业或背诵作业。二是要求教师在课堂上为学生安排适量的练习，必须当堂完成，严禁提前发放或拖后上交，避免占用学生时间。三是严禁教师在学生休息的时间布置任何形式的任务，特别是具有一定惩罚性的任务。四是自习课上，提倡学生进行自助餐式学习，不受教师干涉。

就这样坚持改革，北宋三中终于摘掉了落后的帽子。这个过程同样艰难。

有位老教师工作很卖力，布置的作业是全校最多的。对于作业改革，他就是想不通。笔者先是对他通报批评，他不听。没有办法，笔者只好把他分发下的试卷收起来。他质问说："难道工作干得多也是错？"对此，笔者继续耐心解释。当然，还有更令人不可理解的事情发生，比如，有的通报刚发下去，马上就被人撕掉；写在小黑板上的常规检查反馈，被人打上刺眼的叉号……

大胆推行（2007—2008年）：提出"零"作业

2007年3月，经过利津县教育局党组严格考核，笔者考选为北宋镇实验学校校长。在吸取教训、总结经验的基础上，笔者在北宋镇实验学校大胆地提出实施"零"作业改革，目的就是改变以往那种高耗低效的运行模式，带领学校摆脱教育博弈的困境，回到科学、和谐发展的轨道上来。

为了顺利实施"零"作业改革，学校成立了"零"作业研究室，主要针对"零"作业的具体实施展开研究，研究室还负责组织教师开展教育理论学习，吸收新的教育思想和教改信息。再就是建立了相关制度，实行民主监督。笔者还上一个班的英语课，带头执行"零"作业。学校规定，教师教学质量评价采用捆绑式评价，取消原有的个体评价方式。对违规教师给予通报批评，限期整改。对多次严重违反制度者，校委会可根据干部人事管理权限对相关责任人给予相应处分。在全校师生大会上，笔者向学生公开言明：禁止老师布置一切形式的课下作业，如果老师违规布置课下作业，学生可以拒绝完成，也可以向校长写投诉信。教师之间相互监督，教师的违纪行为将会受到其他教师的舆论谴责。

在北宋镇实验学校，同样有教师与笔者展开"游击战"……对此，笔者也感到过疲惫，想到过失败。但是，教育是需要按规律办事的，即使再困难也要坚持。笔者是想通过这种毅然决然的方式，让教育回归本真，不再按应试教育的老路走下去了，我们该为孩子一生的幸福打点行装。

可喜的是，这项改革坚持了下来，不长的时间里，"零"作业教学改革就显现成效，教学成绩不降反升，获得了全面丰收。至此，"零"作业才算真正生根发芽，以此为突破口，学校启动了一系列卓有成效的改革。

第四节　"零"作业：促进学生自主学习

学习的最高境界是自主学习，最好的教育是自我教育。学校实施"零"作业，就意味着我们要下定决心把时间还给学生，让学生学会自主学习，从而也把健康和能力还给学生，让学生能够自主管理，这是改革的终极目的。

我们在尊重先前做法的基础上，对作业布置又进行了清晰的界定，把以下三个原则作为必须长期坚持执行的"铁规定"。一是"三不准"：一律不准布置课下书面作业，不准课下发放成套试题，课上完不成的任务不准留在课下做。二是"两监督"：学生监督老师，学校督查组监督老师。三是"一必须"：老师在课堂上为学生提供精心设计的《课堂自主学习指导纲要》，必须实现当堂评价。

改革措施一提出，学生就大声喊出了"零"作业万岁。"零"作业改革赋予了学生学习的主动权，学生从学习本身发现乐趣，这成为快乐学习的动因。

学校推行"零"作业改革，切断了传统的教学路径，迫使教师的教育观念不得不发生转变。比如，教师开始思考没有课下作业后的课堂是什么样子，该怎样备课；学生开始思考没有了课下作业之后可以做什么，该如何主动学习。

学校大胆改造了教学流程，自主开发了两种学习载体，即《单元自主学习指导纲要》和《课堂自主学习指导纲要》，并以此改变教师的备课方式、教学方式以及学生的学习方式。

改革之后，上午第四节课是雷打不动的自习课。自习课上，每个学生都有一份《单元自主学习指导纲要》。这是任课教师根据课时数，将教学单元的预习内容整合在一起制作的学习模板，它包括教材分析、思维建构、背景阅读、问题展台和学习评价五个板块，引领学生在课前的自习课上或其他课下时间进行自主学习，使学生能够掌握基本知识，发现疑难问题，进行自我评价。这样就有利于教师在课堂上对具体学习目标进行分解与阐述，对学习重点和难点进行分析与把握，对学生进行有针对性的学习指导。《单元自主学习指导纲要》需要学生自主完成，以此为载体，学生的学习重心实现前移。

学生反映说："有了《单元自主学习指导纲要》，我们可以根据计划去学习，按照自己的方法去完成。我们不仅充分利用了时间，提高了成绩，而且学得比较轻松，做到了劳逸结合，减轻了学习负担。"

设计《单元自主学习指导纲要》，主要目的是为学生赢得能够真正自主学习的时间，指导学生探索和总结自主学习的方法，让学生有机会自主安排学习内容，进行课前预习、查缺补漏和复习巩固。这是教师们在不断探索之后，最终确定的一种比较有效的引领学生自主学习的方式。

《课堂自主学习指导纲要》实现了课堂教学流程的科学再造。它有五个环节，即目标定向、学生先学、合作探究、点拨拓展和反馈评价。当然，课堂教学可以不囿于这五个环节，每个教师都可以有自己的创造，可以自行调整，但必须基于学生的自主学习来设计问题。课堂学习目标是在学生自主学习的基础上新生成的问题，具有很强的挑战性，教师要求学生在独立解决问题的基础上，在班级内形成小组之间、生生之间、师生之间的多向对话，交流"先学"的成果，突破学习重点难点。这样的课堂教学满足了不同层次学生的学习诉求。

问题解决之后，学生就开始了丰富多彩的展示。在教师的组织下，学生自己提出问题，把自己的思路、观点、方法等展示出来，可以帮助补充，可以辩论质疑。教师在学生展示时倾听记录，捕捉生成性问题，准备点评，把学生学习引向深入。

课前，师生有了积极的准备，课堂就变成了学生展示的舞台，变成了教师引导和帮助学生学习的场所。课堂不再指向学生学习的开始，而是指向学生学习的提升和深化。这样的课堂教学减轻了学生的课业和心理负担，最重要的是学生拥有了学习的自主权，能够张弛有度地对学习过程进行自我控制。

为了保障学生课下和课上都能够有充分的时间进行自主学习，各年级具体规范了公共自习课以及课下时间的管理。学生不在自习课上进行讨论，任何教师包括班主任都不得随意进入教室打扰学生。下发的纲要下课后立即回收，不准留在课下，更不准在其他时间下发。

这就将全体教师推到同一起跑线上，引领教师在教学能力、教学手段、教育理念和教学效率上一比高下，想办法指导学生自主学习，变"授之以鱼"为"授之以渔"。

"零"作业推动的有效教学，实现了课堂学习任务当堂完成，而课下，学生会根据师生共同制定的学习目标，主动自觉地开展学科学习与实践活动，准备学习资源，为课堂的深入互动打下基础。于是，学生自主学习习惯和能力的培养、教师教学观念和方式的转变、重新衔接学生课内外生活、综合建构学校课程体系及引领教师专业发展等一系列问题便随即排上了改革的日程。也就是说，改革需要在坚持先前做法的基础上，寻求突破，寻找新的支撑点与创新点。

为此，我们对课堂管理评价、课内外学习评价、学校常规管理以及各种活动评价等领域进行了一体化设计。采用学生四人一组的方式建立自主学习小组，形成同组合作、同层竞争的局面，学校、班级、课堂等各层级领域、各种形式的评比都以自主学习小组为单位进行评价。我们还给每个小组配备了一名教师做导师，这样，全体教师人人承担育人责任，对所负责的学生进行思想引导、学业辅导、心理疏导、生活指导等全方位的教育服务，帮助学生实现真正的自主学习和自主管理。

学校实行全员导师管理机制。每天，每个年级都有一名教师全天候值班，值班教师也有时间同自己负责的学习小组进行交流沟通，真正发挥导师的作用。这也解放了其他教师——不值班的教师可以放心回家休息、做饭、照顾家人等。学生则真正得到了解放，玩的时候尽情地玩，学的时候认真地学，不必一整天都抱着教科书背诵、做题，课下，他们可以读书、练书法、画画、练琴、打篮球，可以做一切健康的游戏。

学校教学改革如果没有一定模式的整体推进，就会被认为没有力度，即便个别教师有自己的教学主张，也难以影响其他教师，更不可能改变学校教学全貌；而完全刚性的教学模式推进，则忽视了教师作为教学改革主体能动性的发挥，千课一貌也完全背离教育的价值。"零"作业的改革注入了基本规范的约束，同时给了教师创造的空间。因此，它是意义深远的开放性教学范型，以"自主学习"为特征，以"自主管理"为保障，确保新的学校文化系统自然生成。

第五节　实施"零"作业，课堂如何改

知困，然后能自强也。"零"作业改革让原本对课堂程序、教学内容了然于胸的教师感受到了压力，"零"作业截断了教师熟悉的教育运行路径，教师不得不重新思考与实践新的课堂教学。

有位教师深有感触地说："以前的课堂拼的是时间，现在比的是教师的教学能力；以前的课堂是以传授知识为主，现在需要以传授方法为主；以前的课堂是教师唱独角戏，现在的课堂是所有学生都展示才能；以前的课堂学生昏昏欲睡，现在的课堂学生个个跃跃欲试……"为什么会产生这样的变化呢？

一位教师这样评论："推行'零'作业，所有教学内容都要当堂完成，学生有了大量的自习时间。如果学生没有自主学习的愿望和能力，就达不到'零'作业预期的效果。这就要求教师必须改变'灌输'的教学方式，改变学生被动接收知识的状况，使之掌握科学的学习方法和娴熟的基本技能，提高学生提出问题、解决问题的能力以及终身学习的能力。这也就是我们常说的要'领着学生走向知识''授之以渔'。"

新型的课堂教学是以建立"学习型共同体"为核心要素的。

"学习型共同体"是由班主任和科任教师依据学生的学习水平、性别、个性特点、心理素质、发展潜力等综合因素，于每学期开始前，将班里的学生平均划分成的相对平衡的若干学习小组，每组四人，组间同质、组内异质，实现同组合作、同层竞争的局面，学校、班级里的所有活动都以小组为单位进行评价。

有些教师还对学习小组进行了创造性运用，如笔者原先所在学校北宋镇实验学校的聂伟伟老师在原有学习小组的基础上，按照学习水平再把学生分成四组，分别命名为实力组、潜力组、奋进组、勤奋组。这样，两种小组在课堂上纵横交替使用，促进了组间合作，体现了学习共同体建设的科学性。

另外一个转变是依托《单元自主学习指导纲要》《课堂自主学习指导纲要》对教学流程的改造。教师在课堂上不再一讲到底，而是以两个纲要引导和促进学生自主学习。

所以，教师的主要精力就用在了教材分析、理解教材设计意图、帮助学生建构知识体系上。这体现在《单元自主学习指导纲要》的设计上。《单元自主学习指导纲要》的内容具体分为教材分析、思维建构、背景阅读、问题展台、学习评价五个板块。

它解决了教师平时课下向学生发放大量资料，布置各种形式的机械性、重复性书面作业的问题。同时，它不同于一般意义的课前预习，它是以教材的学习单元为主题，以研究的方式对学习内容进行探讨，更多的是展示学生自己的想法和疑问，老师仅仅提供学习的纲领性内容，并提供学习方法和学习目标，让学生自己思考、独立发现问题、自主评价。"背景阅读"环节为学生提供了丰富的课程资源，所以课堂不再是知识学习的开始，而是学习的进一步延续与深化。因此，课程意识得到了充分体现。

依托《课堂自主学习指导纲要》的课堂教学"以学定教"，主要流程是目标定向、学生先学、合作探究、点拨拓展和反馈评价，保障学生当堂掌握学习内容。

由于重视了学生的课前自主学习，新课堂的实质是将"学习点"拆成需要思考的问题，这不仅仅是知识梳理，更重要的是认知铺垫。新课堂创造条件让学生充分地展示，学生成为学习主体，教师也能够了解学生的学习进展情况，发现问题。

小组合作学习机制的建立让学生互帮互学，不同层次的学生都有发展。更重要的是，这样的学习形式还让学生获得精神激励，提升自我管理能力。

第六节　做好"问题推动"的过程管理

在"零"作业改革中，需要以系统化思维去推动改革，抓改革的关键事件与核心要素，认可教师的每一点成就，提升教师的工作自主性和灵活性。对过程的精细管理可以为改革成功提供保障。

随着课改持续推进，势必会出现各种各样的问题和矛盾。课改的过程实际上就是问题探索和问题解决的过程。为了及时发现改革中的问题，也为了了解课改的成效，以便调整思路，在推进"零"作业的过程中，我们注重组织相关人员通过各种方式，如开座谈会、做问卷调查等，收集改革数据与信息，并及时进行总结反思和反馈，从而保障了改革的顺利推动。

比如，在2012年4月9日，山东省利津县北宋镇实验学校组织了"零"作业问卷调查及学生座谈会，调查完成《课堂自主学习指导纲要》过程中的问题、学生对"零"作业的看法等。

学校对六至九年级的学生发放调查问卷450张，回收450张，调查显示，有85%的学生认为在课堂上有足够的时间完成《课堂自主学习指导纲要》，15%的学生认为大部分内容可以在课堂上完成，教师布置书面作业或者隐性作业的情况为零。此外，学生普遍反映，实行"零"作业之后，教师的教学方式发生了根本性变化，课堂气氛也较以前更加活跃。这表明，"零"作业改革落到了实处，绝大部分教师已基本适应新课堂，做得非常扎实。

调查内容有这样一项:"零"作业改革以来,你在学校的心情如何?有86%的学生选择了"良好",11%的学生选择了"较好",3%的学生选择了"一般"。可见,"零"作业让学生的心情得到了放松,对学习充满信心。

学生还提出了一些意见,比如,希望老师继续保持现在的教学方式,让学生自主学习;希望老师上课幽默点,课外活动时多布置些实践性、探究性问题;希望老师在学校里也给学生读课外书的时间,开放学校图书室;等等。

2012年5月10日,学校又向学生家长发放调查问卷350份,收回289份,回收率在80%以上。从这个调查中发现87.8%的学生家长了解学校的"零"作业改革,家比较偏远的约12%的学生家长表示不知道或不甚了解"零"作业改革,有79.5%的家长表示支持和配合。

有84.1%的家长表示,不布置课下作业并不等于放纵学生,通过一段时间的实践得出结论,学生课下负担减轻了,学习成绩并没有下降,相反,学生有了自主学习、自由掌握的时间,他们的学习能力反而提高了许多。12%的家长觉得无所谓,这部分学生家长认为孩子的学习自觉性一直比较高。只有3.9%的家长表示反对,其原因是自己孩子的自我约束力太差,在没有作业压力的情况下,学习成绩严重下降。这部分学生家长建议学校专门拿出方案对孩子进行学习指导。

同时,学校又了解到教师在改革的具体操作中仍然存在不少问题。比如,部分教师没有认真学习学校下发的要求,导致所设计的《单元自主学习指导纲要》《课堂自主学习指导纲要》仍然以练习题为主,成了变相作业;部分教师不能合理安排时间,再加上同学科教师分工合作不够科学,导致两个纲要达不到应有的效果,甚至还起了反作用;没能充分发挥小组长和科代表的作用，两个纲要什么时候该发、什么时候该收不明确；等等。

有了问题就得想办法解决。首先，学校又对两个纲要的使用做了详细说明，并编制成学习材料印发给教师学习。其次，召开课堂教学改革专题会议，共同研讨出现的问题。最后，学校还选出落实比较好的教师成立了"课堂教学改革共同体"，专门发现课改中出现的问题，并把发现的问题都作为一个小课题，分给每一名成员去研究解决办法。

学校对两个纲要的使用要求如下：教师在每周五之前把下周的《单元自主学习指导纲要》设计完成；每周一由各小组长下发，小组长要对小组成员的使用情况做出评价；周五，各小组长收齐交给科代表，科代表交给老师，老师点评后装订成册，并作为常规材料上交。

《课堂自主学习指导纲要》的数量要与课时数相符，须当堂使用，绝对不准提前和拖后下发。另外，学校还对两个纲要的印刷做了明确要求——由各年级主任把关，不合格的一律不给印刷。

在教学常规工作检查中，学校把两个纲要作为重要内容，从质量到数量提出了详细的要求。

经过一番努力，教师们的理念与教学方式均发生了一定的转变，有相当数量的教师开始注重提升自身的专业素质，提高课堂教学效率。同时，学校管理者也更清楚地看到了改革推进中的新问题。比如，教师对教学原则理解不透，对课堂五大环节运用不熟，导致课堂低效；课堂教学设计与学生的思维发展规律不够契合，仍较多关注形式；教师在课堂上对学生的过程性评价不到位，不能做到关注每一个学生；等等。

针对新问题，学校又召开课堂教学改革共同体会议，研究解决办法，还专门邀请县教研室的各科教研员做指导……为了能够使每一名教师都能理解和运用新的教学模式，学校开展了"三课活动"：一是各学科组推选两名教师讲"下水课";二是由各学科组选出一名优秀教师上"示范课",教导处组织教师进行观摩;三是每学期都组织全校教师上"达标课"。另外,学校还尝试了更多的激励措施,努力让更多的改革相关者参与进来。比如,与兄弟学校建立了发展共同体,教师可以采用互访方式,展示自己的改革成果,教师们在活动中收获了信心,不断优化自己的改革策略;学校紧紧围绕改革大力提倡教师读书,开展变革论坛、课例研究、论文比赛、专家名师报告会等活动;等等。

第七节 实行"零"作业,学生课外怎么过

学校在实行"零"作业改革的同时,还要规范办学行为——在双休日(节假日)不得进行任何形式的补课活动。调研发现,改革也会带来诸多的负面影响,比如,学生的惰性随着课业负担的减轻充分表现出来。部分自学能力不强、自制力差的学生,双休日在家长时间看电视、偷偷去网吧玩游戏等,家长难以管束。还有的学生玩"野"了,由于缺乏指导与督促,打破了正常的生活规律,成了"散兵游勇""野孩子"。甚至有些学生结伙外出,有了危害社会的违法行为。

面对这种情况,必须衔接好学生的课内课外生活。怎么办?要发挥家长委员会的桥梁纽带作用,挖掘家委会成员的智慧,加强对学生双休日生活的指导。

一是倡议学生家长让学生分担家务劳动或者其他力所能及的帮助父母的劳动,体验父母的辛劳。

二是指导创建合作学习小组。学生可依据就近原则、自愿结对原则组

成学习互助小组。学生自行选举小组负责人，自行制订活动计划和安排活动内容，自行确定小组纪律和要求，自行接受家长和老师的监督。比如，学习一段时间后可以打打球、玩些游戏，还可以搞一些服务社区的公益性活动。

三是建议家长精心策划，让孩子们双休日的生活内容丰富起来。如几个家庭可以联合组织读书交流会、诗歌朗诵会等活动，融知识性、趣味性于一体，改善亲子关系。家长一旦想办法利用双休日了，便会觉得这段时光是丰富多彩的，是最凝结全家人智慧的，是最快乐、最有效益的。

四是家委会组织社会实践活动，学校教师参与其中做好服务工作。学校可委托家委会组织学生利用双休日开展社会调查、参观游览、探索大自然等活动，激发学生热爱自然、保护环境、热爱祖国的美好情感。还可以成立一些社团，如小记者团、社会调查团、志愿者服务队等，参与相应的活动。通过参与一系列的活动，学生视野会变得开阔，把书本的知识学活，锻炼自己的创新和实践能力。

实现了"零"作业，学生就有了更多的自由时间，这为孩子们提供了比较充足的个性化发展空间，学校、教师、家长、社会应分别承担起自己的一份责任。只要我们的观念更新了，积极开动脑筋，一定会有办法让孩子快乐地、有意义地度过自己的节假日。但也要提醒一句，在任何活动中，都千万不要以家庭作业的形式来"绑架"学生。

第八节 "零"作业，让学习变得丰富而美好

综合建构学校课程体系一直是诸多校长的办学理想，"零"作业的实施为该理想的实现赢取了空间和机会。

一般而言，北宋镇实验学校的校本课程主要包括科技探究类、人文社会类、艺体综合类、综合实践类等几个大项。另外，学校还有传统的读书节、体育节、科技节、艺术节等节日，也可以看作学生全体参与的课程。

实行"零"作业之后，学校就能够开发实施更多的适合学生发展需求的校本课程，多元化的、丰富的课程和活动能够有效激发学生的学习兴趣，开阔学生的视野，促进学生的全面发展与个性张扬，创新精神和实践能力也可以得到培养与提升。

学校校本课程实施的基本原则是：结合当地的文化传统，根据学校现有的教育资源，最大限度地去改造、丰富学校的课程和活动，使学生在"零"作业之后能够充实地度过每一天。

因此，如何挖掘地方资源和校本资源，如何合理有效地开发和利用校本课程，就成为"零"作业改革的重要课题。

以山东省利津县北宋镇实验学校的改革为例。学校每学期都会组织教师参加学校或教研组的校本课程建设创意大赛，目的是激发教师开发与实施校本课程的积极性与兴趣。学校还邀请专家讲课、指导，从而规范课程纲要的编写、校本教材的开发，提高课程实施与评价的科学性与适切性，从而让课程更贴近学生。

比如民间游艺课程。学校体育组的教师把地方传统游戏作为校本课程

开发的特色资源引入了学校。有的教师把"海陆空""跑围城""跳房子"等当地民间游艺广泛地在体育课的准备部分、结束部分加以设计应用，使学生自然迸发出参加体育活动的热忱，积极主动地参与游戏，使身体肌肉和各器官机能和谐调动起来，取得了比玩体育教材上的游戏还好的锻炼效果。

有的年级利用上午、下午的两个阳光大课间组织民间游艺展示月活动，每周一个项目。比如，第一周为"跳绳节"，第二周为"丢沙包节"，第三周为"陀螺节"，第四周为"跳房子节"……通过评比展示来创新活动形式，鼓励教师和学生一起活动，一起制作简易的游戏器械。这样的课程开发，让学生在享受乡土游艺活动的同时，提高了大课间活动的参与度，还融洽了师生关系。

有的音乐教师与语文教师合作，把传统文化经典诵读与游艺活动整合起来，创生了很多有趣、有意义的课程，如切西瓜赛唐诗、七星异彩赛诗会、编着花篮诵经典等。

"零"作业改革推动了课程改革，重构了学生的校园生活。实施《双休日（节假日）生活指导纲要》就是这一改革背景下生成的又一改变学生课外生活方式的创新举措。它的内容主题来源于教材，而具体实践又超越教材。它的实施主要依据如下几种理念：超越传统学科，关注新兴的、综合的、有差异的学科；超越基础技能，关注学生未来必备的综合能力与品质的发展；超越彼此割裂的各学科，关注跨学科的主题和问题；超越对学术内容的掌握，关注与课程内容有关的现实生活和世界；超越既定内容，提供多元学习选择。总之，力图为学生提供真正有价值的学习内容，让学习变得丰富而美好。

《双休日（节假日）生活指导纲要》与《单元自主学习指导纲要》以及《课堂自主学习指导纲要》一起，把学生课前、课上与课下的时间联系起来规划,从课程观入手补充教学所缺,从而走上了教学改革课程化的理想道路。

这些创意迭出、精彩纷呈的课程真正地把自主、健康、成长还给了学生,让教育回归了本真、回归了自然、回归了生活和儿童天性。学生接受到优质教育,学校的教育生活变得丰富而精彩,课堂教学也从最初的"因困而变",顺势而为发展到走向卓越,走向课程优化,真正关注人的发展。

第九节　越来越多的童年

美国作家尼尔·波兹曼曾深深地忧虑于"童年的消逝",疯狂的大众传媒和成人化的期待让童年过早地远离了正在成长中的青少年儿童。而伴随着城镇化的进程,伴随着合班并校的推进,伴随着学校学习任务的扩张,学生正在远离"阅读青草阅读蝴蝶"的空间,也正在失去"一个人面对着天空发呆"的时间。中小学生学习和生活生态的恶化成为一个不可回避的社会问题的同时,人们也在呼吁着来自学校教育内部的理性应答。

即便在《国家中长期教育改革和发展规划纲要(2010—2020年)》中,将"调整教材内容,科学设计课程难度""提高教师业务素质,改进教学方法,增强课堂教学效果,减少作业量和考试次数""培养学生学习兴趣和爱好""充分发挥家庭教育在儿童少年成长过程中的重要作用"等义务教育的诸多领域和实现目标统一纳入"减轻中小学生课业负担"这一个主题之下,我们是否意识到了,责任该如何担当?而更重要的是,路径该如何寻求呢?

笔者从2007年开始教一个班的英语课，与山东省利津县北宋镇实验学校的老师们努力用"零"作业支撑学生应有的童年经历，并以嵌入课程的课堂教学改革来努力靠近教育的本质。

"零"作业，在这样的教育理念与选择之下，笔者和老师们一干就是八年。而这八年，是伴随着质疑、伴随着自我怀疑走过来的，即便得到了省教育厅以及社会各界的肯定，但不绝于耳的质疑声还是让北宋镇实验学校的师生们感受到了巨大的压力。

然而，对比之下，笔者却看到了"零"作业承载的堪称"伟大"的价值，得此判断的依据在哪里呢？

我们试着从一个反例说起。

某校一位初中二年级的学生家庭作业很繁重，虽然单学科作业并不多，但是在语文、数学、英语、物理、生物、历史，包括美术等学科都有作业的情况下，学生写作业往往写到晚上十一点多。其实我们可以不必停留在课业负担重等问题上，我们可以深度地透视其中的问题。

为了保证完成更多的作业，学生家长和学生都选择了一个非常简单有效的策略"先做会做的作业"，因为作业量达到了学生根本没有时间就某一个问题深入思考的状态了。如此一来，学生晚上四个多小时做的作业大都是已经会了的，也就是在重复自己的已知而不是探究新的未知。而对于实践性的、探究性的、有思考价值的作业，学生选择了延迟去做或者干脆不做，久而久之，学生深入思考、深入探究的意识和能力就这样消磨掉了。

其实，作业量越大，学生就越容易进入机械重复的状态，不自觉地走到了浅层次的学习中去。

我们还依稀记得一个关于考试的忠告：先做会做的。

是啊，从写作业到参加考试，老师传递给学生的信息就是功利至上、思维次之，学生牺牲了深刻的学习过程换取了单位时间里的学习数量，这样的学习价值取向牺牲掉的将会是一批批孩子的思考力。

2002年获得诺贝尔物理学奖的小柴昌俊教授认为，走别人的路是愚蠢的，探知未知的领域，没有人教你，也不知结果会怎样，但要珍视这种探知的直感和欲望，而这种直感越磨越有价值。不分白昼，从里到外冥思苦想，能萌生灵感和创意。这是基础研究，一百年后也不知其有没有实用价值，但这是对人类文明和知识财产的贡献。

我们，还有我们的学生，还有基础研究吗？能够在何时，在多大程度上对"人类文明和知识财产"做出贡献呢？

当写作业变成重复别人乃至自己的路的方式，继而引导学生远离冥思苦想、远离百思不得其解的"研究之魅"时，我们还能对大量的作业等闲视之吗？

从这一点上来说，笔者提出并实践了整整八年的"零"作业改革，就不仅仅是减轻了学生的课业负担那么简单，我们要换回的是真正的有意义的学习，甚至是我们即将缺失的民族的思考力。

那么，"零"作业改革真的能够承载这样的历史感吗？

学生说得真好："自从老师们不再布置课下作业，我们自主学习的时间就更多了。自习课是我们自己的时间，利用自习课，我们学会了很多东西，包括给自己制订一个新的学习计划。自习课上，我们可以预习新课，这样，在上新课时就能分析得更透彻明白，加深对课文内容的理解，还可以复习学过的知识……我们根据自己的计划去学习，按照适合自己的方法去做，不但使我们充分利用时间，提高成绩，而且让我们学得比较轻松，做到劳逸结合，减轻了我们的学习负担。"

是啊，"零"作业不仅在于"零"，也不仅在于减轻了学生的课业和心理负担，最重要的是还给了学生对于学习的自主、支配权，学生能够张弛有度地对学习过程进行自我控制。

或许还有个问题，学生消磨、浪费了时间怎么办？是的，这种担忧不无道理，事实上也是存在着的。问题是，教育所面对的人、社会、自然是一个相互依赖的整体系统，三者之间是需要慢慢融合慢慢理解的。人具有主观能动性，但并不意味着人就能够占有这个社会、这个自然，必须经历一个具有反思性的结构过程才能够成为社会、自然的一员乃至主人。那么，充分的时间是必不可少的了。

从另一点上来说，人的兴趣是被唤醒的，可以被外界的刺激唤醒，更多的则是内心的需要。被自己自然唤醒的兴趣是持久的，是具有动力的。而这，也赖以对时间的拥有。

从这里，我们可以透视北宋镇实验学校"零"作业改革超越教育本身的哲学价值和学习意义，这是饱含着对人的内在需求充分理解和信任的改革。

"零"作业自然不会成为我们登上人类知识与文明顶峰的路径，但是，这至少创造了一种可能。我们可以相信，这扇门的推开，于平静中孕育着惊雷。

至此，我们还是从一个理性的视角来看待"零"作业，似乎还没有靠近北宋镇实验学校的课堂。然而，其课堂教学的改革因了"零"作业而成为另一种"生于人心"的必然。

笔者曾不止一次走进老师的课堂，在课后与老师们讨论的时候，往往无法很快地结束，因为老师们的研究热情太高涨了。笔者被感动着也被牵引着，很快就融入了研究的氛围，这就是北宋镇实验学校教学改革的独特魅力所在。

走进崔金英老师的语文课堂，和同学们一起学习《乡愁》，笔者参与到了这样的教学流程中：目标定向—学生先学—合作探究—点拨拓展—反馈评价—推荐阅读。学生在学习《乡愁》的过程中，将教材作为工具，以小组内、小组间的合作作为基本形式，通过大量的参与式学习，既体现了学生的自主感悟，具有强烈的人文学科特征；又有着理性的思辨，让课堂的深度得以挖掘；而通过学生的想象以及席慕容等诗人的乡愁诗的补充，拓展了课程空间。

鲜明的北宋镇实验学校课堂"立"了起来。北宋镇实验学校的教学既有教师个性的闪现，又有较为统一的实践规律，统一与释放在这里结合得极为紧密。

既有范式约束，又有个性张扬，这是学校教学改革必然的和合之路。脱离了范式的整体改革被证明是没有推进力度的，即便个别老师一时悟到了教学真谛既而生成了自己的教学主张也难以影响全校，更不可能改变学校教学全貌；完全刚性的教学模型推进，则忽视了教师作为教学改革主体能动性的发挥，千课一貌的现象是完全背离学校教学改革的价值性的。而北宋镇实验学校的教学改革因"零"作业而产生，又注入了基本规范的约束，因此，成为意义深远的开放性教学范型。

赵艳霞老师的一份物理学科的《课堂自主学习指导纲要》的内容就超过了4000字。

第一是目标定向。包括完整的知识与技能、过程与方法、情感态度与价值观目标设计。老师课前对学生在预习中提出的问题进行整理，上课时展示给学生。然后师生共同对这些问题进行分析、整合和升华，确定本节课的学习目标。

第二是学生先学。一是让学生读故事，回答问题；二是让学生思考自然界中的能量有哪些；三是让学生对下面的现象进行分类（略）；四是归纳总结，得出动能、重力势能、弹性势能的初步定义。这四个问题都是先让学生独立思考，然后分别由一名同学回答，其他同学补充，老师点拨，纠正学生描述中的错误或不足。

第三是合作探究。分别探究有关动能、重力势能、弹性势能的三个问题。这是学习重点，纲要中设计了大量的学生活动，让学生的探究得以实现。

第四是点拨拓展。都是开放性、发展性的问题或者题目供学生进行拓展性学习。

第五是反馈评价。学生利用所学的知识来解决实际问题，有利于及时巩固所学知识，增强学生灵活运用知识的能力和创新思维的能力。教师要做好"欣赏者"，与学生一起分享成功的喜悦。

我们看到，《课堂自主学习指导纲要》通过"以学定教"整体优化目标定向、学生先学、合作探究、点拨拓展和反馈评价（小学：课堂风向标、自主展示台、合作探究营、魔法炫秀场、七彩回音壁）五个环节，保障学生学习内容的当堂达标。其价值一是重视学生的课前自主学习。课堂学习任务的实质是将"学习点"拆成思考的问题，不仅仅是知识梳理，更重要的是认知铺垫。价值二是实现学习赋权。创造条件让学生充分地展示，以便了解学习进展，暴露问题。课堂上的问题呈现也是一种学习，课堂上由学生主持学习。价值三是利用好小组学习机制。使学生之间能够合理分工及互助，小组间产生有积极意义的竞争，决不放弃每一个学生。价值四是实现精神激励与自我管理。将学生精神品质的彰显、自我管理能力的形成等课堂生成效果表现得淋漓尽致。

在北宋镇实验学校的课堂上实现了从"课堂教学"到"课堂学习"的转型，课堂基本要素显现为前置性学习任务、诊断性预习梳理、关键性递进问题、针对性共同作业和生成性学习指导。整个教学过程成为一个完整的课程体系呈现在学生面前，学生有知情权，学生有对课程的整体掌控力。

我们还要再一次观照我们的学生，"零"作业背景下的课堂教学改革最终要在学生那里产生教育的意义，而学生的发展就在眼前。

林晓伟同学大声喊出了"零"作业万岁，他兴奋地说："实施'零'作业后，我们的学习环境得到了很大改善，大脑也清醒了，上课精力集中了，我们的学习成绩也不断提高。"

在北宋镇实验学校不是只有这一个同学有这样的欢呼，"零"作业以及"零"作业背景下的教学改革赋予了学生学习的自主权，学生从学习本身发现乐趣，凝聚为一生的发展动因。

当然，学生的发展受到多重因素的影响，单纯的一项改革不可能完成所有的教育任务，北宋镇实验学校正在努力向更宽、更深的方向延伸。如此一来，教师和学生双双减负，自由的思考回来了，智慧在这里产生，生命在这里绽放，公民在这里诞生。

第十节　"零"作业创好成绩

"接手的时候，学校成绩在全区排名落后，后来我要求老师们，自习课必须上自习，不允许布置作业，谁布置作业就小黑板通报，学生也可以举报。这样坚持了一年半，我们三个年级的成绩全部上去了。"北京市育英学校密云分校的校长李志欣（山东省利津县北宋镇实验学校原校长）在"我国中小学生'减负'问题研究报告发布会"上的发言引起关注。"零"作业是否可行？在什么前提下能有效运行？

其实美国很早就提出了"零"作业概念，这个概念一出现，各方争论不休。李志欣是在2008年提出来并且付诸实践的。他看报纸说，德国有专家提出，孩子的作业不要带回家，要在学校里完成。俄罗斯也有学校让孩子放学后不写作业，作业留到第二天早晨去学校写。在对待作业的问题上，各国都在探索。

优秀老师是没有海量作业的，优秀老师不靠大量的重复练习让学生掌握知识。李志欣提出"零"作业是要抑制各科争抢课外时间、作业简单、不创新的情况。他发现让老师布置作业，课堂效率就低，"零"作业给老师紧迫感，不断升级课堂效率。

家长确实需要一个接受的过程。"零"作业不是彻底不要作业。一说到作业，大家都认为写的作业才算，其实老师也会给孩子们安排回家看影视节目、读书、社会实践、研究性学习的项目。可家长总觉得看名著看经典不是作业。李志欣要纠正这个观点，作业不仅仅有书面的，个性化的活动也算作业。现在中考和高考的评价方式在变化，越来越重视综合素质。

有家长说"零"作业可能不适合自己的孩子，因为孩子没有自主学习能力。其实不是孩子不会自学，是家长没给他机会自学。一看到成绩不好就加码布置练习题，去课外辅导班。孩子需要有空间自己想办法补上短板。

家长看法

没作业会把孩子推进辅导机构

- **青岛高一学生家长　宋宁**

如果你的孩子回家没作业，第一天你可能坐得住，第三天你就该着急了。基础教育的知识点需要反复训练，孩子回家不写作业，试问哪个家长坐得住？上小学还好，家长能买复习材料自己布置作业，自己辅导，但到了初中，家长已经爱莫能助了，只能送去课外辅导班。一对一、一对多的辅导是给孩子量身定做的，按照孩子的学习水平分班、分组，肯定比完成老师布置的作业更有针对性，当然学校的整体成绩就提高了。我认为不布置作业是不负责任的表现,是老师把孩子推向了辅导机构。没达到减负的目的,孩子和家长负担都重了。

我的孩子上高一,我们在完成老师布置的作业的情况下还得去辅导班上三门课,如果没作业,那更得使劲补课了。

校长观点

学习能力强的学生会自己找作业

- **青岛二中校长　孙先亮**

"零"作业绝对不是回家不做题。我认为"零"作业对优秀的孩子会有效果,他们上课的时候特别会听讲,他们能在课堂上消化知识点,最重要的是他们会自己找作业,寻找自己需要加强练习的薄弱点或者是针对自己特别感兴趣的部分去延伸学习。在青岛二中,学生就可以利用"互联网+"来实现课后自己给自己布置作业。学生课后不进行练习不可能把知识掌握好,运用好,一定量的作业让学生保持熟练度,训练思考问题的能力。做题是为了更好地理解知识,不是为了做题而做题,我认为不能一提作业就觉得抵触,减负绝对不等于不做练习不写作业。学生的学习能力和自控能力不同,"零"作业的办法很难在学校全面推开。

将教师逼上了教改的快车道

- **青岛长沙路小学校长　高先喜**

"零"作业是一次具有颠覆意义的大胆尝试!李校长敢为人先的精神和前瞻的教育理念令人钦佩!从一定程度上讲,学生"零"作业的背后是将教师彻底逼上了教改的快车道,传统的教育理念、教学模式、学习方式、评价体系等必须得变!教师必须致力于构建高效课堂的实践和研究,课堂从重教转变为重学,从单一的拼时间,转化为有效的拼质量。

当然，"零"作业绝不是以牺牲或降低教学质量为前提的，学生在"享受福利"的同时，应该说，更大的责任或者说压力都集中在教师身上。教师的整体水平是不均衡的，是不是每位教师都能有效地扮演好自己的新角色，这个不太好把握。学生的需求、学习能力也是存在差异的，一定程度上的一刀切也是存在弊端的。还有，家长群体的接受与认可度，也是推广"零"作业时面临的挑战。所以，个人认为，"零"作业要以保证有效的课堂学习效益为前提，"零"的只能是书面作业，独具魅力的实践作业还是不可或缺的。学生作业量多的问题确实是具有中国特色的一种现状，减负也并非意味着不写作业，而是在合理控制作业量的前提下提高作业的内涵与价值。

作业管理是实现高效课堂的有效途径

- **青岛四十四中校长　张青涛**

乍看题目，会觉得"零"作业太抓眼球，容易引起争议。仔细读来，是李志欣校长在多年推行减负的过程中，不断实践并以课题进行探索的教学改革的一种方式和手段，是他在不同学校不同时期以不同形式探索高效课堂的成果。由此可见，他所追求的"零"作业的实质不是不布置作业，而是关注学生能力的发展，让学生动起来，成为学习的主人。

我们都知道，如果时间充裕的话，人可以学会任何知识。但问题是，我们的生命有涯而学习无涯，学生求学时期正是人生观、世界观与价值观形成时期。在急剧变化的今天，职业角色在重新洗牌，职业内涵在重新定义，人对未来的适应能力就显得尤其重要。

写作业是学生巩固所学知识的有效方式，也是学生迁移联系形成新知的重要方式。因此布置什么样的作业、布置多长时间的作业、如何让知识与实践在学生对新旧知识学习中有机结合是值得所有教育工作者好好思考的问题与课题。是让学生把时间花在刷题、固化自己的思维上,还是让学生有时间梳理形成自己的学习策略,培养自己的高阶思维,以便更好地适应与引领未来呢？很多人认为分数高的人会是成功者,但对真正的成功者来说,研究实践的能力要比解考试题的能力重要。因为考试题的难易程度都是在预知的范围内,而实践问题是在不可预知的范围内,永远不知道得到哪些条件才能解决它,实践的能力要高于知识学习的能力。

著名心理学家斯腾伯格把学业上表现出来的智力称为"惰性智力"。他认为成功智力才是促使人达到人生中主要目标的智力,它包括创造性能力、分析性能力、实践性能力。想要学生成为最好的自己,必须在学业智力的基础上提升学生的成功智力。作业管理可以让学生有足够的时间在足够的实践活动和情境中去锻炼成长,从而让知识和实践构成学生思维成长的双螺旋。

第三章

"全学习",为学生的全面发展提供更多可能

第一节 "三重"教改行为，该改改了

一线教师似乎时常感到一种压力，或是一种挫败感。自己辛辛苦苦探索了多年的经验，却不断被某些专家否定，导致不少教师逐渐丧失自信心，见到人总是说："我们缺乏理论，做得很浅薄，请专家多指导。"也有一些优秀的教师，因为学校或教育行政部门以行政手段强力推行某种模式或特别的改革，而不得不被动改革，自己珍贵的教育教学主张和成果却得不到展现的机会。这些教师慢慢失去了个性，趋向众人，不得不"为他人作嫁衣"。

殊不知，任何一所学校，从建校起，因其特殊的地理环境、社会因素、当地风俗传统以及一代代人的更替生活，自然都会有契合自己个性特点的文化和道德习俗，有自己多年探索奋斗的智慧痕迹，有自己的治理价值观和生存之道。

最近笔者有幸走进4个地区的5所学校，走进他们的课堂，学习研究他们的课改理念和方案。在课改方案从理念到操作基本相似的情况下，各所学校却呈现出不同的状态。

有的学校克服种种困难（如师资老化、生源差等），唤醒全体教师课改的热情，教学改革全面推开，已经触及实质性操作层面的问题，如基于学校改革方案的学案的规范设计、小组合作学习的评价机制等。有的学校仍然囿于各种畏难情绪（如怕影响学生成绩、教师对改革有抵触情绪、怕上级教育主管部门批评等），仍没有达成全员课改的共识，不能下定决心，也不能找到合适的推行策略。这些学校对自己制定的课改方案缺乏系统研究与完善，使其可操作性不强，没有课改的典型经验。有的学校已经主动推行课改多年，有了自己的经验，但是蒙蔽于已有成绩，满足于现有成果，缺乏对课改理念与策略的深度思考和内涵探索（如课程整合、问题生成等）。有的学校已经有了成形的有效的课堂模型，但缺乏提炼与提升，不能化为可供全校推广的资源。

虽然都是基本情况相似的学校，但是不能按同一方式和策略来指导这些学校的课改，应该基于学校的不同情况选择推进策略，需要聚焦问题，锁定目标，基于主题，自主构建，分层实施。

比如，第一种情况的学校课改主动性较强，有自己的目标和策略，可以按照学校要求进行指导，为其提供资源，帮其完善策略，及时提炼成果，适度进行宣传。针对第二种情况的学校，希望上级教育主管部门转变对项目学校的评价思路，从校长开始，进一步解放思想，加强重视程度，理清改革与质量的关系。同时，学校把自己的课改实施方案梳理清晰，使理念符合实际，寻找科学有效的操作策略，让骨干教师走出去，加强针对性指导，聚焦课改主题，迅速培植典型。第三种情况的学校需要进一步反思梳理过去课改的经验与问题，传承已有课改的先进成果，重新寻找新的课改切入点，高位引领，突破课改表层现象，走出课改高原期，切实培养部分骨干教师作为课改先锋，认真研究学习课程标准与理念，精心设计课改的各项工作，探寻有效的课例研讨机制，让课改走向内涵质量发展阶段。第四种情况的学校要意识到自己已有现成的课改经验可向全校推广，帮助这些骨干教师从理论到操作层面对其经验进行系统提炼与梳理，形成实际操作手册，通过课例研讨的方式在学校全面推广。

同时，要找到这些学校在课改过程中真正弄不明白的问题，如学校课改方案理念雷同，每个学校的个性到底是什么；课改方案实操性怎样修正才能适合不同学校的实际切入点；如何从每个学校的历史传统出发，寻找本校优秀教师的智慧财富作为教学改革的依据与基础；问题设计、学习方式、展示反馈、评价理念怎样才能和谐科学；课堂教学与学生课外学习、教学改革与课程改革、教的方式与学的方式、教学观念与学生学习习惯、备课方式与课堂教学方式、课改理念与学校治理机制等如何能实现有机融合；能不能正确理解课堂改革与课程改革的关系以及改革与教学质量的关系；等等。

总之，理清学校的传统历史文化，明确学校课程与教学发展的传统、优势与困难，才能发现学校教学改革的依据与资源，激发学校由内向外、自下而上的变革，促使学校直面课程与教学实践中的关键问题。切莫拿一些拼凑的所谓完整且先进的理论或现成的方案指导学校改革，更不能把它们当作适合所有学校的"真理""灵丹妙药"强行让学校或教师就范。"重结构轻内容，重形式轻内涵，重统一轻个性"的教改该改改了。

第二节　教改需要教师的真实参与

笔者一再提醒教师们，课堂既魅力四射又问题迭出，课堂教学中蕴含着无限的可能和不确定，只有全身心创造属于自己且属于学生的课堂形态的教师，才会创造出一片崭新的教学天地。这才叫真正的教改行动。

课堂教学展现了师生在生命交流中不断成长的过程。教师能通过自己的学识、才情、人格、道德、涵养唤醒学生成长与生命的自觉；教师能启发学生的心灵与精神，引导学生发现、拓展其创造性和实现其求知探索的欲望。

教师的智慧能引爆课堂的创造性。教师能创造令学生终生难忘的学习场景，让学生体验到思考的艰辛与愉悦，领悟到生活的意义和人生的价值。学生的活动特征与能力发展方向，在很大程度上关乎课堂教学的质量，而课堂教学质量又关系着学生道德品质的塑造与幸福指数的提升。

令人尴尬的是，这些本来属于教师所享有的经验和精神财富，不少教师却不知珍惜，不懂得积累、管理和提升。那些缺少自信的教师，常常期待专家对其实践经验进行梳理提炼，渴望领导给予关注重视，憧憬报刊媒体给予宣传推介。这就缺失了自我总结、自我提炼、自我提升的历练。这或许是这些教师教了一辈子书，却还是一个没有自己的教学主张的"教书匠"的缘由吧？其实，也是教师没有真实参与教改的结果。

几年前笔者曾经听过几位"课改成功"学校校长的讲座，很为他们铁腕治校的勇气与智慧叫好。这些校长坚信，对于教育教学改革，学校不能出现旁观者，每一位教师都要责无旁贷地参与；只有如此，改革才能顺利进行，才能获取成果和效果。他们不怕得罪人，虔诚而又切实地用实际行动描画着教育教学改革的图景。有的学校一跃成为全省乃至全国的课改名校，实地参观考察者络绎不绝，校长成了名校长，不少教师也成了名师。但静心一想，笔者觉得在这些学校，于多数教师来说，改革其实是外力管控下的一种行动，或者说是校长一人思想导引下的行动。

观摩这些名师的课，在惊叹其异于常规的教学行为、艳羡其改革成果的同时，笔者常常会发现一些不合规律的问题。每一位教师都有其特别的地方。学校统一要求、总的模式框架下的课堂教学改革，其效果肯定因人而异，也许某些教师能够领会要求、把握好模式，并指导学生在这种模式下更好地学习，但其他教师呢？

笔者认为，学校内部的改革，尤其是课堂教学的改革，应该从管理驱动走向研究驱动。教师有兴趣去研究和思考课堂了，就会主动地去变革自己的课堂，营建自己的课堂文化。作为校长，他应该做的，就是构建一个引导、促进教师自主思考、参与研究、追求学习的平台，迅速捕捉教师的创造性经验，并进行整合、提炼和推广，在可能的情况下，将其变成学校突破困境的教改研究项目，以此聚合一部分有志于这一教改项目的教师共同攻关、协同解决问题。这样一来，学校有多少基于问题解决的类似项目，就会有多少创造和收获。如此，才会有越来越多的教师愿意参与到教改当中来。

教师教学水平的提高是一个厚积而薄发的过程，课堂教学不只是一种简单的技术操作。只有拥有广阔的专业知识背景，教师才能透视并了解教育的本相，才能理解课堂的真谛，使自己的课堂教学充满智慧与活力。遗憾的是，我们的很多教师不想、不愿，更不能做到汲取新知，丰富和提升自我，致使其文化知识积累不仅没有增加，反而在逐渐减少。

德国教育家第斯多惠曾提出："教师要团结互助、互通有无、取长补短，经常交流教学经验，双方相得益彰，提高教学水平。青年教师应该每星期抽出一个晚上的时间约请几个知心朋友欢聚一堂：研究基础学科，按顺序探讨，最好根据一个教师的教学笔记进行研究；交流经验，尤其是一些细节……每月用一天的时间或半天的时间参加教师联合会的活动，参加所有小组的活动。"在团队学习的浸润与影响下，个人成长才会有丰厚的土壤与适宜的气候。而这样的组织，这样的生活，才是教改所需要的环境与生态，唯有一批批学习型教师、学习型教师团队活跃在校园，奋斗在课堂里，教改才会真实发生，有持续的生命力。笔者提出"全学习"教改理念，意义就在于此。

基于以上认识，笔者所在学校教师们的学习方式是相对灵动的。教师领袖成长俱乐部、青年教师成长协会、未来教师发展联盟等民间学习型组织，思维对话、结构化教学等项目化研究团队在校园里活跃起来。读书与反思、学习与研究、改革与创新的风气日趋浓厚。

教师们主动申请走出去学习，学习归来后撰写学习心得，组织微论坛，与其他教师一起分享自己的学习收获。寒暑假期间，总校名师来分校进行"全学科"聚焦问题培训。教师们还利用学校购买的"超级教研室"线上课程，在办公室电脑或手机终端上进行专题学习。

为了转变自己的教学方式，适应"全学习"理念下的教学改革行动，年轻教师与总校教师们同课异构，共搓技艺；中年教师们到外地学校，与那里的教师同课异构，互学齐研；老教师们也不甘示弱，在校内开展同课异构活动，总结提炼自己的教学经验。

明天的课堂是什么样子呢？我们不期望它能在一天或一年之间发生根本性变化，我们只希望一线教师明确自己的课堂教学方向，敬畏自己的课堂教学价值，坚定地走自己的路，不再过多地依赖他人，听命于他人，走学习与研究的道路，开始珍惜和尊重自己的发言权，让自己的知识合法地进入学术台面，并能够被深入挖掘、被表达、被系统化，从而能被教师群体所传承和发展。这样的教师队伍，才是我们理想中的教师组织，这样的教改，才是成熟教育最重要的表现。

第三节　"全学习"理念与课堂要素解读

"全学习"理念的由来

北京市育英学校的校训是1952年六一儿童节期间毛主席为学校写的题词"好好学习，好好学习"。这是"全学习"理念的学校文化与历史传统根据，作为它的一所分校，密云分校需要积极践行与发扬它的办学理念与文化内涵。

2015年5月，习近平主席在致国际教育信息化大会的贺信中提出"建设'人人皆学、处处能学、时时可学'的学习型社会"的观点。这是"全学习"的时代背景，也是未来社会需要的全新理念。

"全学习"理念也正好适应北京市新中考改革的理念。新中考方案明确指出，今后的中考将注重考查学生9年义务教育的积累，注重让学生掌握基础知识、基本技能、基本思想和基本能力。重视发挥考试的教育功能，在各科目考试内容中融入对社会主义核心价值观和中华优秀传统文化内容的考查。扩大选材范围，突出首都特色，贴近生活，注重实践。较以往相比，中考考得宽泛了，这就需要老师在日常的实践中改变原来的习惯，积极探寻课程建设与学习方式的新理念。

"全学习"理念的基本内涵

刘云生老师曾经在2001年第4期《辽宁教育》上撰文《全学习：新时代的学习理念》，对"全学习"概念的基本内涵做了阐释，笔者深受启发。近年来，我国从西方引进了不少有关"全"的新概念，如"全语言""全智能""全民教育""全育人"等。"全学习"是从这些新概念引申出来的。"全学习"思想在我国也有其历史的积淀。它散见于我国古代典籍中，如"博学之，审问之，慎思之，明辨之，笃行之"（《中庸·第二十章》）。

"学习是全面的也是完整的，是复杂的也是具体的，是整体的也是个体的，是传承的也是创造的，是自主的也是内省的，是现时的也是终身的。"

笔者认为，在学习方式快速迭代的今天，教学需要关注如何培养孩子的能力，激发学习的动力，关注孩子的终身学习，应该创设"以学习者为中心"的环境与文化，丰富学习资源，支持"多种学习方式"，促进学生自我学习，满足学生学习与生活的生理与心理需求，面向未来学生学习的需要，为学生的全面发展提供更多可能。

"全学习"课堂要素解读

具体到"全学习"的课堂，受特级教师崔成林教学研究成果启发，结合笔者多年的实践经验，目前把其操作要素锁定在成果指标、优质问题、学习活动与嵌入式评价四个方面，现分别予以解读。

"全学习"的课堂成果指标是指预期的学习结果，是学生在一节课中应当知道、理解或能够做的事情，它是完成某项学习任务的结果。

具体需要注意以下四个维度的设计。一是行为主体，关注谁来学。学习者是学生不是教师，如"我能""我们组能"等，旨在说明"学习行为的主体是谁"。二是行为表现，关注怎么学和学到什么。可操作的具体行为如"写出""列出""解答"等，旨在说明"做什么"。三是行为条件，关注范围条件。如"根据参考书""按课文内容"等，旨在说明"在什么条件下做"。四是表现程度，关注学到什么程度。如"没有语法或拼写错误""90%正确""30分钟内完成"，旨在说明"有多好"。

所谓"优质问题"也可以理解为"核心问题"，是相对于课堂教学中那些过多、过细、过浅、过滥的提问而言的，是指在教学中能起主导作用，能引发学生积极思考、讨论、理解的问题。

问题设计要凸显"思维成果"，变封闭性问题为开放性问题；不要内含答案，明知故问，让学生简单迎合的问题；把记忆性问题变为分析比较、异同对比、分类和寻找例外情况的问题；不要只求答案，更要关注如何得出答案；设计"宏大"或"本质"的大问题，大问题没有简单"正确"的答案，能激发思考，需要讨论和探究，触及学科的核心，引发出其他问题，挑战未经验证的假设，质疑某些想当然的观点。

学习活动包括学生个体的学习活动、群体的协作活动、师生的交互活动。教学设计的核心是活动任务的设计。比如协作学习活动设计的基本流程可以是：确定学习内容—明确小组成员分工—搜集学习资料—小组合作完成作品—展示学习产品—师生评价总结。探究式学习活动设计的基本流程可以是：问题假设—设计实验—实践验证—形成结论—反馈评价。

教师在设计一节课的整体活动时要注意有计划、分步骤、递进式的特点，首先确定好主问题，再确定活动任务、组织形式与活动方法。每项活动均按此步骤执行设计。

"全学习"课堂的评价叫嵌入式评价，它不仅仅重视评价这一动作，还要求设计好量规，将评价融合到教学的整个过程之中。评价不再是学习的终结，而是改进学习方法，提高学习能力的载体。它主要用于学生自我评价、自我反馈，是内在评价而不是外加评价。而评价量规是指向学生的问题解决活动，是给学生搭建前进台阶，让学生拾级而上。完整的评分规则包括三个部分：等级、要素和指标。案列展示如下。优秀（4分）：完整、清楚、合乎逻辑。良好（3分）：本质上是对的，但不完整或不完全清楚。中等（2分）：含糊不清，但是有弥补的余地。较差（1分）：与方案无关、不对或没有解释。

以上四个课堂要素构成了"全学习"课堂的基本框架，也确定了教学的全新理念，让课堂学习由浅表学习走向深度学习，由任意为之走向专业设计，让"为什么教""教什么""怎么教""教得怎么样"这几个问题有了更加清晰、更加有效、更加科学的解决策略。

第四节　在教材的破与立中提升教改品质

下面以初中英语的对话教学设计为例，谈谈"全学习"下如何通过对教材的整合处理来提升教改品质。

根据对自己多年教学的反思和对同事课堂教学的观察，笔者发现大多数教师在准备课堂教学对话时基本仅是围绕教材和教参，首先确定好教学重难点，然后再选择相关的操练方式，目的主要放在了任务的顺利完成和内容的熟练程度上。也就是说，在英语对话教学设计和课堂具体实施上，往往"教什么"和"怎么教"是教师关注的重点，忽略了追寻对话教学的"高品质"目标。而想要追寻"高品质"目标，则须站在课程的高度上，遵循"全学习"教学改革新理念，在教材的破与立中寻找突破。

基于课程标准整体设计对话教学，再造课堂流程展开对话

课程标准限定的是学生的学习结果，基于课程标准的对话教学设计，就是教师根据课程标准对学生规定的对话结果来确定教学目标、明确评价方案、设计对话活动。

因此，笔者在准备对话教学时，打破了原先传统的课堂教学流程，把课堂按照对话内容、功能和特点进行流程再造。新的课堂流程共分五个环节：目标定向、学生先学、合作探究、点拨拓展、反馈评价。

为了使课堂对话更加高效，实现对学生课堂互动的可控性，笔者开发了与课堂流程相一致的学与教的载体"课堂学习模板"，其明线是学生学习的流程，暗线则是教师教学的流程。以此引导学生发现问题、呈现问

题，然后在课堂上讨论交流、合作对话。内容不仅有适合学生操作的学习目标，而且提供了根据课程标准和学生学习实际而设计的对话文本、对话方法和形式等。

这样，整堂课的活动不再是按照教材顺序展开，而是根据对课程标准、教材、教学与评价的思考，以及对学与教的过程、课前自主学习与课后巩固的思考，整体地进行了一体性设计。师生不囿于教材，根据课堂流程自由展开对话，容易建立新旧知识之间的联系，随机产生灵感，促进生命的相遇，生成一些精彩且充满智慧的课堂对话。

把对话导入现实生活，艺术形式和手段实现对话创生功能

英语学习大体上可以概括出下列一些普遍规律：由原结构到新结构、由单模式到复模式、由接受到表达、由模仿到创造。英语作为一种语言，来自生活，必须还原于生活。英语学习是艺术性活动，艺术是生活的结晶。因为语言的学习、发展及运用，既具有艺术的所有基本特征，例如创造、美感、节奏、灵感等；又涉及学习中各种专门艺术形式和手段，如英语游戏、英语歌曲、英文诗歌、英语图画、英语情景剧等。其内容都与学习者的思想、感情、修养等相和，使其产生共鸣。

为此，笔者就经常把这些英语学习的艺术形式和手段作为设计对话的载体，努力创设情境，把文本知识与现实生活对接，模仿和再现英语文化语境，由生硬的、枯燥的文本导向鲜活的、生动的生活。这样，学习者就会很容易进入真实的、自然的、自由的语言对话之中，进入艺术再创造的角色，在不知不觉中掌握英语。

这种形式的对话教学，同样打破了教材的编排顺序和内容，根据需要重新寻找和创新对话形式和内容，给学生提供了较大的活动空间和想象余

地，激发了学生主动说英语的积极性，开拓了视野，增长了见识，了解了英语国家的风土人情、人文历史、社会文化。利于学生灵活运用学过的知识，能够增强学生审美能力与合作精神，训练了学生良好的心理素质，对话品质自然得到提升。

以"学习型组织"为载体，捕捉生发资源，建构对话新意义

笔者创建了一种课堂组织形式 "学习型组织"。它是按照教学相长的原则组建的管理单位，在综合分析学生特点的基础上，将班级中的学生平均划分成相对平行的十个左右的单元合作学习小组，每个小组一般由四人组成，涉及A、B、C、D四个层次。每个学习小组就是一个"学习型组织"，每个"学习型组织"都有自己的组织文化，有自己的组织结构。

这就方便了对话的具体操作，英语对话教学中常见的师生对话、生生对话、生本对话，很容易就形成了一个以学生为核心的完整的网状对话结构，打破了传统教学中单一的师生对话以及合作学习中单一的生生对话，有利于最大限度地提供学生对话合作的机会。

比如，在笔者实践的课堂教学的五大环节中，"合作对话"环节主要是实现生生对话的场域，学生在这一环节里，以"学习型组织"为基本单位，或在"组织"内部两两对话、四人对话，或"组织"之间展开对话。在对话的过程中，首次机会要让给水平稍差的学生，一人代表本组发言时如果有漏洞或不足，本组内其他成员可以及时补充。鼓励"组织"内部的创新与生成，如果"组织"的某一成员有创建性发挥，就当堂为该"组织"加分，并计入课堂评价档案。奖励不以个人为单位，而以"组织"为单位，A层学生与其他组A层学生比，B层学生与其他组B层学生比，每个人都有赢得第一和获得表彰的可能。

这样的课堂，教师面对的不再是一个个的学生，而是一个个的小团队，学生之间的对话也是以团队形式出现，因为每个团队都有严密的组织原则，加上多元评价思想的渗透与以人为本、民主思想的观照，课堂上的对话就实现了师生、生生平等。和谐的师生、生生关系，激发了所有学生主动参与对话的愿望，每个人在欣赏和尊重中主动向对方敞开心灵的窗户，在对话中提高了英语学习效果。

"全学习"下的教改行动，需要基于课程的高度创造性地运用教材，在对教材文本的重构解读中实现与新课堂的再度巧妙融合。如此，才有能力提升课堂教学品质，实现教学的有效性，让新理念下的教改真正能够落地。

第五节　建构"问题"为主体的"全学习"课堂

"全学习"理念下的课堂教学尤其重视优质问题的挖掘与呈现，心仪巧妙且科学的提问方式与技巧。

过去以"教师"为主体的课堂行为，教师处于绝对权威地位，学生失去了主动和自主学习的权力和意愿。课堂不是以思维性"问题"为主线，而是跟着教师的讲授学习知识，听不明白的即是课堂"问题"。而以"学生"为主体的课堂行为，尝试以学生学习与成果展示为主，甚至让学生走上讲台主持课堂教学，教师走下讲台，做学生的帮助者。

在大家纷纷推行以"学生"为主体的课堂改革中，笔者发现了一种普遍性的现象，为了尽快在全校落实以"学生"为主体的教学行为，学校往往"强迫"全体教师整齐划一地采用统一的教学模式控制教师的行为，目的是"逼迫"教师给予学生更多的自主学习时间，以此落实以"学生"为主体的要求。

对于这种要求全校所有教师在统一模式的框架下实施的教学，存在抹杀教师教学的鲜活个性，忽略教师应起的引导与影响作用的弊端。在这样的课堂上，学生就像驯兽师训练出来的动作程式化的动物。实际上，以"教师"或"学生"为主体的课堂都是"专制"下的思想禁区，都不是心灵自由的课堂。

"全学习"理念下的课堂则发现了一个新大陆——问题主体。其实课堂既不应以"教师"为中心，也不应以"学生"为中心，在课堂上教师和学生应该同时专注于"问题"这一主体，从而自觉地内生一种新的课堂秩序。在这样的课堂上，教师不再依赖教材来维系教学，师生都在追求高品阶智力和精神愉悦感。教师不会通过控制学生思维来管理课堂，而要用专业魅力去牢牢抓住孩子们的好学之心。教师的"教"始终追随着学生的"学"、服务学生的"学"，师生共同沉浸在思维碰撞的极度兴奋中。

"全学习"理念下的教学设计将"学习点"拆成有思考价值的问题，实行学习赋权，通过学生不同的学习方式，不断暴露新问题。于是"问题"就成为课堂的主体，成为师生、生生思维碰撞的导火索。这样，伴随着"问题"这一主体的真实存在，课堂上教师可以当学生，学生可以当教师，彼此借助"问题"向对方表达自己的见解、展示自己的思维成果。

当然，无论是教师还是学生，在设计问题时，都要努力避免大量机械训练的存在，不要把"问题"与"习题"混为一谈。要关注知识的来龙去脉与相互联系，为独立思考和探究新问题创造机会。

在这样的课堂上，学生不仅会自己去发现问题，生成精彩的观念，掌握其中的规律、性质和联系，还必须用语言独立地、清晰地表述自己探寻问题的过程与思路。

因此,在"全学习"课堂上对于设计或提出的问题,不仅仅局限于"弄清楚知道什么"的诊断性问题,主要是检测知识与掌握情况,展示学生当前的学习现状。还十分注重关照具有"挑战学习者思维"的开发性问题,这些问题引发好奇和探究兴趣,展现学生的精彩观点和思维依据。如应用型的新情境问题:你能把这个方法运用到你自己的某些经历之中吗?如果……这些事实会发生什么变化?分析型的比较、对比、推测性问题:这个与……有哪些相似之处?如果……哪一件事情不会发生?评价型判断、反馈性问题:对……有更好的解决方案吗?如何为自己的……立场辩护?创造型新产品之假设性问题:你不同的想法或思路是什么?你能否起草一个建议书?

在以"问题"为主体的课堂,"问题"会把学生引进一个比他们的经验和自我世界更宽广的世界。教师也不会被边缘化,教师的任务主要就是引发课堂主体,把自己的"知识与生活"与学生的已有经验巧妙对接。由是,教师和学生就能够直接进入彼此的思维系统与生命背景中。

笔者认为,一节课的最关键、最核心、最精彩的地方和价值就是不同的问题能生成、精彩的观念能诞生,是批判性思维的培养与绽放,是教师和学生处理这些问题和观念的过程与智慧。新课程改革倡导自主、合作和探究等学习方式,提倡培养批判性思维,培养创新能力和综合实践能力,无疑是正确的。

因此,想要打造好"问题主体"的课堂,首先要引导教师始终鼓励学生运用批判性、创造性、多元性的思维去进行质疑,鼓励学生在学习过程中提出问题、探寻假设、找求合理性。教师需要从常规思维转向反思思维和批判思维,宽容学生的错误,把课堂上的错误当作教学的重要资源,不去控制学生,要求学生学会做自己思维的主人,不畏权威、不受束缚,努力创造自己理性的、恰当的思维秩序。

"全学习"理念下的课堂有一些理想化的诉求：需要摒弃匆忙的行走习惯而要返回学生内心，邀请学生检验自己的生活；需要直面生命个性并关照学生的真实兴趣和情感；需要创造机会让学生生成观念、敢于质疑，构建自己的立场；需要尊重和欣赏学生的选择和幼稚，把错误作为教育资源和真正学习的起点；需要让自己的学科得以拓展，跨学科整合课程，为学生提供更有意义、更有价值的学习。

打造以"问题"为主体，实现生命对话的课堂是今后教学改革的必然趋势，它便于课堂展现"思维与对话"的内在品质，最大限度地促进学生的学习，让课堂上思维可见，学习真正发生。

第六节 "自主学习"是"全学习"课堂学习方式的前提

"全学习"课堂上的学习提倡改进教学方式，希望教师转变角色，从学习的组织者、指导者和促进者的角度来组织教学，教师要引导学生采用问题导向式、小组合作式、主题探究式等更加主动灵活的学习方式，提升学生的整体学习能力和素养。要改革学生评价方式，全面真实地记录每个学生的发展。

笔者认为，上述教学理念应该是以学生自主学习为前提和基础的。笔者不提倡整堂课上充满以小组为单位展示学习成果的所谓"合作学习"，即使需要这么做，也应该是建立在课前自主学习或课上自主学习与思考基础之上的。因此，想要提高自己的课堂效率，让"全学习"理念真正有效落地，务必首先研究与探索自主学习的奥秘，而不是被一些新理念迷惑。之所以有此观点，也是源于当下对自主学习的一些误解与低效实施。

"全学习"下的自主学习具有主动性。当学生对学习产生浓厚兴趣，体验到学习这一脑力劳动给他带来的愉悦与享受后，学习活动便不再是一种负担，学生就容易做到自主学习。让学生充分认识到学习是自己的事情，是一种义务和责任，由此学生会对学习产生积极态度。这种情感驱动下的学习才是一种真正有效的自主学习。

"全学习"下的自主学习需要尊重差异性。每个学生都是独立的生命个体，他们天生都有一种展示和表现自己独立的学习姿态的欲望。但是，当下不少学校不给学生自习时间，不少教师包办代替严重，导致学生的学习缺乏逐步独立的过程。同时，面向全体学生一刀切式的教学方式，忽略了学生的个性，不能做到尊重差异，也影响了自主学习的独立性。

"全学习"下的自主学习需要有思维含量的优质问题。笔者一直提倡"问题主体"教学，教学中的问题发现与设计至关重要，因为产生学习活动的根本原因是出现问题。课堂上应该把问题看作学习的动力和起点，并力争做到问题是贯穿于学习过程中的主线；同时，要注重学习过程中生成的问题，并创造机会让学生体验、分析、表达这些问题。

大家比较下面两组问题。第一组，"不听老人言，吃亏在眼前"，年轻人应该服从父母吗？年轻人在什么情况下不服从父母是正确的？第二组，什么是健康的饮食？一顿健康的晚餐应包括哪些食物？很显然，每一组的第二个问题都比第一个问题更优质。第一组中的第二个问题是把记忆性问题变为寻找例外情况的问题；第二组中的第二个问题不只是求答案，更关注的是如何得出答案。

课堂上少有自主学习的场景与机会，不外乎这三个原因：一是教师信奉讲授式教学，习惯告诉学生答案；二是过于强调合作学习的方式，课堂追求表面的热闹与形式；三是教师不懂得如何适时点拨、引导与点评。这三个原因都赋予了教师话语与行为的主导地位，催生了低阶认知思维问题的流行与课堂行为结果，限制了学生自己的话语权和学生自主学习的空间。

另外，有些教师对自主学习也有一种偏见，认为自主学习就是让学生自己背诵、阅读、做题等，导致其不能关注到课堂上学生对提出的问题，通过自己的独立思考有一些见解；解答问题时，能用多种方式表达自己的见解；讨论问题时，能向同伴提出自己有建设性的意见。而这三个特点，笔者认为也是自主学习的显著特征。

"全学习"课堂践行"以学习者为中心"的教育理念，其课堂的指向重点是培养学习者的学习能力、思考能力、学习兴趣和自我约束能力，而不是知识的机械灌输。这样的课堂，其教育目的是造就终身好学会学的自主学习者，对学习有持久的好奇心，而非被动的学习者；学生可以参与教学，课堂上自主、合作、探究，有质疑和发表观点的自由和权力，而不是一味地服从或适应教师和教材等。说到底，就是教师主动给予学生学习的自主权和选择权。

那么如何竭尽全力寻求方法去满足学生的需求，从而能够创建积极的自主课堂呢？

一是教师要创造让学生有足够的安全感的情绪环境，使学生爆发勇气勇敢地去迎接学习中的挑战。教师还要创建一种承认自己知识的漏洞或学习中的过错的交流场景，把宽容学生的错误作为一种课堂学习资源。

二是教师要努力使教学生动有趣，注重设计的问题、任务与学生的生活链接。有机会用自己所学的知识来做事，能让学生感受到学习的过程是有趣味、有意义、有收获的。

三是教师要乐于给予学生所需要的额外帮助，以某种建设性、富有激励性的方式给予学生及时、准确的反馈，不断给学生创造各种学习的机会。

四是教师要使学生感到自己有价值，有与他人联系的机会且受到尊重，教师要始终支持自己的每一个学生。不论是与学生在课余时间交往，还是通过所讲的课程与学生对话，都要关注到各种水平的学生。要大胆赋予学生某些职责，让每个学生都有事做。

五是教师要培养学生的选择能力。让学生拥有参与、选择课堂活动的权力，与教师共享管理课堂的权力，教师与学生共同创造一些课堂活动，让学生进行自我评价。

最后，笔者仍然强调一个观点，要想探求更多的学习方式，那就必须首先把自主学习的内涵弄清楚，保证自主学习的质量，这也是"全学习"教学理念的重要观点。

第七节　"全学习"让课堂变得更"丰富"

"全学习"理念的基本内涵是什么？又有怎样的课堂实操流程？

"好好学习，好好学习"是北京市育英学校的校训，同时也是"全学习"理念的学校文化与历史传统根据。作为北京市育英学校的一所分校，密云分校一直积极践行与发扬学校的办学理念和文化内涵。

"全学习"思想在我国有其历史的积淀，散见于我国古代典籍中。前面已经提到，学习是全面的也是完整的，是复杂的也是具体的，是整体的也是个体的，是传承的也是创造的，是自主的也是内省的，是现时的也是终身的。

杨四耕教授认为，在学习方式快速迭代的今天，教师在进行教学设计时，要关注学习方式的多变性和情景性，学习时间的灵活性和组合性，学习空间的立体性和舒适性，学习资源的丰富性和易得性，让所有的时空都成为课程场景，让展示、发布、分享的孩子的作品成为校园里最美丽的景观，让时空展现出生命成长的气息，促进学生好奇心、创造力的培养。

北京市新中考方案明确指出，今后的中考将注重考查学生九年义务教育的积累；重视发挥考试的教育功能，在各科考试中融入对社会主义核心价值观和中华优秀传统文化内容的考查；扩大选材范围，突出首都特色，贴近生活，注重实践。与以往相比，新中考改革考试内容更加宽泛，这就需要教师在日常实践中积极探寻以多种学习方式为特征的课堂教学。

基于以上背景与内涵，"全学习"课堂追求的是采用多样化学习方式，呈现"以学习者为中心"的课堂教学样态，课堂因此变得更加丰富、更加智慧、更有深度。下面介绍"全学习"课堂流程的实际操作要求与标准。

一是成果目标。教师诊断学生在单元自主学习中的学情，根据课程标准，师生共同确定本节课应达成的预期结果，引导学生认定目标。成果目标也就是课堂学习目标，要求设计要适度，有可操作性和检测性。

二是情境导引。教师根据预期结果、学生认知水平与身心特点，创设各种情境，激发学生的求知欲和学习兴趣，点燃学生的思维，使学生积极主动地参与课堂教学。

三是思维对话。教师以问题引导学生，巧妙设置1—3个有思维含量的主问题，以挑战性任务或活动引导学生与文本、同学、老师等对话，逐步达到深度学习状态。同时，要利用好现代化信息手段辅助教学。课堂以自主探究为主，学生在自学的基础上，以讨论、交流、竞争、辩论、分工等形式进行小组合作学习。学生的展示形式灵活多样，有个人展示、集体展示，有组内展示、组间展示等。教师要走到每个小组中，认真倾听、观察、点拨、强化、评价、落实，帮助学生进行有效活动，产生对话、激发思维、解决问题，避免虚假和浅层次学习。

四是拓展提升。教师要突破传统教育教学观念，选择多种途径和手段，主动挖掘非常规教学内容的学习价值，拓展日常教学内容的边界，为学生提供更加广阔的学习资源和学习选择，培养学生的应用、分析、评价、创造等多种能力。

五是知识建构。教师以思维导图形式或师生更喜欢的方式，引导学生对知识进行梳理归纳。教师可先行设计知识建构工具，并教会学生运用，引导学生进行知识建构与归纳。

六是反馈评价。课堂上，教师的评价反馈内容要突出本课重点，题量、难度适宜，体现科学性、层次性、针对性、时效性。根据教学实施情况，教师自行安排，可以安排在本环节检测，也可以安排在其他环节检测。

七是学教反思。针对本节课教、学、评的情况，师生课后共同反思，学生针对本节课的收获、问题、解决办法进行反思，教师针对成功、不足、改进措施进行反思。

以上七个流程环节，都有规则评价的要求，均指向学生的学习活动与任务，教师要有对应的明确、清晰、可操作的标准与证据，评价包括自我评价、他人评价、小组评价、教师评价。

当然，"全学习"的课堂还提倡多种学习方式在课堂内外的呈现。比如，有的教师会设计各式各样的学生活动，课上让学生动口、动手、动脑，多实践、多表达、多展示。课堂上，学生设计方案，开展科学制作、小组竞赛、协作互助；课下，学生做手抄报、自编自导自演话剧或舞台剧、朗诵诗歌、问卷调查等。

"全学习"教学理念的提出，让学校出现了丰富多样的学习方式以及相应的课程，如场馆学习、行走学习、实践学习、社团学习、整合学习、影视学习、仪式学习、服务学习、讲堂学习、节庆学习等。"全学习"鼓励学生个性成长，尊重学生的选择与多元兴趣，促进学生德、智、体、美、劳全面发展。

多种学习方式的出现，实现了学习场景的相互融通，各种资源引入学校，学校的课程内容得到极大拓展；学习方式更加灵活多元，将知识学习与社会实践、社区服务、参观考察、研学旅行等结合起来；学校实施扁平化管理理念，鼓励学生自主管理，根据学生的个性、兴趣和能力组织学习，教育变得更加智慧，让学生站在教育正中央。

第八节 "全学习"需要从单一目标走向"全局性理解"

"全学习"理念下的教学，需要教师拥有广阔的专业知识背景与宽容愉悦的生命底色，如此，才能透视并了解教育的真相，使自己的课堂教学充满活力；需要教师拥有教育智慧，能创造令学生终生难忘的学习场景，让学生领悟到生活的意义和生命的价值。在"互联网+"时代，快速提高教学能力，既不能丢弃传统的学习方式，又要快速适应新时代的需求，学会运用新的工具来寻求提高课堂教学效益的多种渠道。

有一位老师曾经说："这个暑假我得与我的学生一起去学习'雅思英语'了，学生的知识与视野现在都超过我了，我都不懂'雅思'是什么，怎么再与我的学生对话啊？"还有一位老师说："开学的第一节课，我都会这样对学生说，我们是朋友，是师友，我们需要互相学习，我不会的也会向同学们学习的。"

为什么会有这样的情况呢？因为对于现在的学生来说，学习不仅仅发生在课堂上，任何的情景中都能学习，学生可以在网上、手机终端上进行线上学习，慕课、直播课堂、社会大课堂等，现在是如此丰富。不少自学能力强的学生可以借助其他多种形式的学习工具和资源学习，他们不再仅仅从学校、课堂、课本中获取知识。这是一个"全学习"的时代。

因此，作为育人目标与学科育人价值的具体体现也顺势而为，从"双基"目标到"三维"目标，再到"核心素养"目标。当然，作为教师，我们首先需要理清两方面的问题。一是"双基"目标、"三维"目标和"核心素养"三者的关系。简单地说，它们不是谁代替谁，谁否定谁的关系，而是育人目标、学科育人价值在不同教育阶段的具体体现。二是学生所学知识是为了当前分数还是为了未来生活。

这就需要教师的关注点迅速转变，从关注知识点、了解专业知识、看重学业成就转到关注育人、素养上来，从教学走向教育；从关注什么知识最有价值转到关注谁的知识最有价值、什么知识最有力量上来，多关注与生活相关的知识、知识内涵的掌握和知识的实践运用等，也就是让知识成为素养，变成智慧。

教师应该有一种自主意识，突破传统教育教学观念的局限，主动挖掘非常规教学内容的学习价值，去拓展日常教学内容的边界。

教师要勇于面向新兴的、综合的、有差异的学科，进行跨学科的课程整合；勇于超越区域性学习观念、对单纯知识的掌握以及既定内容的学习，直指能够面向世界的学习理念，关照现实世界与未来生活的内容，为学生提供多元的课程菜单与学习方式，供学生选择。

教师还应该从"未来智慧"的视角看待教学，用"全局性理解"来重构学习的知识。

《为未知而教，为未来而学》一书的作者戴维·珀金斯认为，"全局性理解"包括深刻见解、行动、伦理道德和机会四个方面。比如，民主概念是如何体现"全局性理解"的呢？

深刻见解：民主的相关概念为我们提供了关于不同国家和人民的状况、关于世界一体化的深刻见解。

行动：对民主概念的全局性理解让我们能够通过主张解决哪些问题、追求何种方式来采取行动（例如，表明立场、表达抗议、经过深思熟虑后投票等）。

伦理道德：对民主概念的全局性理解能够激发对有效民主模式和民主实践的道德性追求。

机会：当今世界，有很多机会让我们能够仔细考虑民主问题，比如你的祖国发生了什么事、其他国家时局如何、某些机构空间的民主说辞，等等。

从一个问题、一节课到一个单元、一套课程，再到整体的跨学年课程，面向全球和现实世界，运用"全局性理解"这一概念来思考和实施我们的教学，一定会点燃创造性的开放性问题，让知识在生活中融会贯通，帮助教师建立一种新的单元体系，不断更新学科、重构学科，促进从"学习主题"到"学习工具"的转变，为有效教学创造良好的机会，从而为学生发展核心素养做好准备。

笔者所在学校依据上述理念，对初中语文教学进行了以"3+3语文课程改革模式"为基础的改革。简单地说，就是用规定课时的3节课完成基础课程的任务，用另外3节课开启阅读课程。这样，教师就不得不基于单元或学期、学年对教材进行课程整合，对于学生来说阅读量就上去了。同时学校为了推动阅读课程，在校园的很多地方都设置了流动图书馆，建立了温馨舒适的阅读长廊，开办了学生大讲堂等，用各种方式创造读书的氛围环境和学生选书、读书、表达与分享的平台、机会。学生阅读兴趣的激发与阅读量的激增、视野的开阔与表达、思维等能力的提升，倒逼教师不得不加强自己的阅读，转变自己的教学方式，不断调整自己的育人理念，以适应个性鲜明、问题不断的学生的需要。

新理念下的学生与教师之间的关系，不再是"一滴水"与"一碗水"的关系，也不仅仅是知识与知识的关系，还有心灵之间的交融、思想之间的碰撞。教师要学会搜集整合大量关于课堂的有用信息为我所用，学会运用线上学习的方式快速领会一些名师的经典教学经验与成功案例，还要积极主动参与或承担学校的一些教学改革项目。这对于快速提升教学能力，做到从"单一目标"走向"全局性理解"，大有裨益。

第九节　开启"全学习"生态系统，促进学生的全面发展

北京市育英学校密云分校通过全面开启"全学习"生态系统文化建设，丰富学习资源，提升教育的意境与品位；带动课程发展，引领教与学方式的创新；促进管理革新，增加师生家校协同互动。从课程出发来设计校园文化环境，建设人人、时时、处处皆学习的文化场景，为学生的全面发展提供了更多的可能性。

课程理念空间化

该校基于"全学习"理念，对空间功能进行整体性再构和一致性运营，将课程理念和学习方式转变为看得见的空间课程，让空间最大限度地

满足不同学生的多元化发展需要，实现空间重组带动资源的链接，使学习无处不在。

走进学校，你会看到"六艺庭院""桃李满园""曲水流觞""濯缨水台"等温馨舒适的空间，既能休憩闲谈，又能交流互动，还能学习展示。此外还有不同大小的"学习岛"、学习区。这些空间的存在，让孩子们与老师们走得更近，让他们有更强的学习驱动力。

比如，阅读学习不仅仅是在课堂上或图书馆中。密云分校创新打造了"一所让学生不愿回家的学校"的全阅读学习空间的设计流线，以"读书、读人、读景"为线索，创设厅中读、廊内读、梯边读、窗前读、园中读、亭下读、溪边读……营造学校全阅读的学习氛围，吸引学生注意力，激发学生阅读的热情。早晨、中午、课间，学生一进入这些空间，便一下子浸入阅读的世界里，一种理想的阅读学习文化生成了。

把校园打造成学生的根基

该校还是一所学生走后多年，还愿意回来寻根的学校。校园在物质环境上通过观、闻、触、听，形成学校文化的观念、历史与传承，唤起学校的"文化的力量"。学校文化的物化形象不再是口号式的、现成的、一成不变的广告宣传语，而是多年后学生们寻母校时，心里长成的根。

学校的办学理念里有一种迫切的渴望，就是想尽力留下孩子们成长的影子，留下他们文化的根。学校的每一处景点，每一个空间都要留下学生的作品、痕迹与故事。学校开启"全学习"生态系统，目的也是让每一个学生都留下尽可能多的可以供今后回来寻根的空间。

在学校大门口，有已毕业的王其然同学题写的六个红色大字"祖国 真理 责任"，是他毕业时留给母校的礼物；学校每一届每个班的毕业照都会被悬挂在班级外面的墙上；学生合作完成且一起签上名字的"成就梦想"大型绘画，装裱在楼梯旁边；学校各类景观的名称都是学生亲自撰写的……

学生写的字、画的画、创作的作品等设置在学校的不同位置，这预示着一种特别的理念：成就每一个人。学校本就是学生自己的，这是对学生的尊重，也是这所具有光荣历史传统的学校送给学生的终生的珍贵礼物。

教学发挥创造力

在该校，多种学习方式的出现推动了教学方式的创新。校园的每一处节点都成了课程开启的学习场，使得学校环境不仅要满足空间功能，还要有相应的课程内容，这显然又会极大地推动教学方式的创新，激励教师热衷于学习与研究。"全学习"理念已成为师生们不断发挥创造力的思想源泉。

在知行楼的二层，靠近初二年级六班的后门附近的展板上，每隔一周或两周，就会有一张班报张贴在那里。班报里面的内容以家庭教育为主，主要是告知家长如何与初中阶段的孩子沟通、如何指导孩子的学习，以及如何关心孩子的身心健康、如何教给孩子做人的道理等。"静待花开"是蔡老师的教育理念，是一种非常有智慧的教育策略，展现为人之师的一种胸怀。蔡老师践行"全学习"理念，在工作中创造性地将"全学习"理念运用到班级文化建设、教学创新、课程建设和育人方法中。

在初一年级的走廊里，一个初一学生跑过来说："校长，我认为现在的学生自主能力不强，我想组织一个社团，锻炼一下自己的自主能力。"笔者说："好啊！"该生转身跑回了教室，兴奋地喊："校长支持我办社团了！"

鼓励学生自己主动地组织社团与活动，是该校学校文化的一部分，是一种美好的教育，也是"全学习"理念的体现。当把自主做事的权力还给学生时，他们会迸发出令人想不到的热情，创意层出不穷，他们的勇气与担当精神自然会爆发。

学校与家庭共育合作

在每个周末的固定时间，走进该校图书馆——知书楼里面，你会看到家长们在安静地读书。一些平时专注于做家务、习惯于侃大山和逛商场的家庭主妇们，开始充满勇气地走进学校，安安静静地虔诚地阅读着。这些平时忙于柴米油盐酱醋茶的妈妈们，为了与孩子们共同成长，力求先改变自己，多么令人感动啊！这就是"全学习"理念的感召！

"全学习"生态系统推动学校与家庭开展跨界合作，完善学校治理结构，增加家长在学校决策中的参与度，学校与社会、家庭形成良性互动。"全学习"型家庭逐渐增多起来。

在北京市育英学校密云分校，正发生着一些感人的、美好的故事。这是一个花园、一个学园、一个自然之园。没有强行的学习音调，但学习却在自然地发生。

参考文献：

［1］刘云生.全学习：新时代的学习理念[J].辽宁教育，2002（4）：30-33.

［2］内尔·诺丁斯.批判性课程：学校应该教授哪些知识[M].北京：教育科学出版社，2012.

［3］里德利等.自主课堂：积极的课堂环境的作用[M].北京：中国轻工业出版社，2001.

［4］戴维·铂金斯.为未知而教，为未来而学[M].杭州：浙江人民出版社，2015.

第四章

文明，学校文化建设需要追寻的核心概念

第一节　行走中的文明

著名作家刘亮程的散文《弯曲的乡土路》中有一段话，大意是乡村的小路是弯曲的，不像现在的高速公路这样笔直，因为高速公路追求最短的距离、最高的效率。而乡村的小路是人走出来的，人在走的时候会保留自己的一丝敬畏或尊重，如绕过一棵树、一片菜地、一堵墙、一个坟、一弯水坑。高速公路代表了现代人在大地上行动的粗暴和野蛮，弯曲的乡土路是一种行走的文明。

记起鲁迅先生《故乡》结尾的一句话："其实地上本没有路，走的人多了，也便成了路。"高速公路自然多是为了促进经济社会发展而造的。大凡是路，不管是人修的还是自由走出来的，肯定都隐含某个目标或方向。不管是有意绕过一些事物还是顺应地势环境，都有人文情感的存在，预示着人生的路不会一帆风顺，所绕过的、所顺应的，都体现生存的智慧，都表明生命的追寻。路与人合一，达至目标与心灵的默契。

"弯曲的乡土路"是一种行走的文明，"人走出来的路"是一种行走的精神，而有一所学校——北京市育英学校，校园里的路别具一番风味，与前两种路的文化存在形式有所区别，它是有风景、有故事的，也是有感性、有温度的。笔者认为应该将其定义为"行走中的文明"。

学校里有水泥路、石子路、砖瓦路、石板路、泥土路、木质路等，学生从学校不一样的路感受人生不一样的路的哲学意味。学校既有笔直的大路，有曲径通幽的弯弯小道，也有需要跨越一块块石板而过的路，还有缓缓而上的梯形路。有的路在果园农田里，有的在树林花园里，有的在山坡上，有的在水池边，有的在亭廊广场里。师生行走、徜徉在这样的路上，能感受到浑厚大地的自然温度，校园生活的温馨和谐。

其实最让人震撼的，是走在这些路上，师生可以欣赏到的校园里春夏秋冬四季交替的美妙风景：春天百花齐放、百鸟鸣啭；夏天绿茵惬意、细水潺潺；秋天层林尽染、硕果累累；冬天简洁静穆、白雪素裹。还能体会到"朝吟风雅颂，暮唱赋比兴，秋看鱼虫乐，春观草木情"的雅致之趣。

你会发现路边有各种座椅，笔者细细数了数，不下二十种。有围在圆桌四周的藤椅；有用学校枯死或修剪下来的树木做成的木质椅，有长条的，有圆墩形的；有石质座椅，也是圆形的长方形的都有。更让人惊奇的是，一些大树的四周都有用木板做成的座椅，有单层的，也有双层的；在园林四周的一些砖砌矮墙上，也间隔着设计了木质的可以坐的位置；亭子里、长廊两边、广场里都有不同形式的座椅；一些路的拐弯处，也都设计上别致的座椅。校园里的路主要是方便学生行走的，方便学生进入教室、会议室、实验室、操场等常规的学习、实验、锻炼、活动的场域。校园里，路的旁边为什么放置了这么多形态多样的座椅呢？这里面是不是有更丰富、更深邃的内在意蕴和用意呢？

漫步在那片桃树林里，春天会欣赏到满树粉红的桃花，夏季会看到挂满枝子的桃子，不禁让人想起"桃李不言，下自成蹊"的诗句，学校的校风"静静挂在枝头的桃子"由此而生成；那片银杏林里的路四通八达，走在上面能感受到银杏树高洁俊逸的品质与品行，在秋天还能有幸踩在由银杏叶铺成的金黄金黄的地毯上。如果三五成群，你可以找到你喜欢的象棋、五子棋、围棋等各种棋桌，两人对弈，同学观阵，正所谓"楚汉相争传千古，双方博弈不服输；运筹帷幄中军帐，保车护帅谁胜出"。走在学校北边那条长长的木制路上，右手边是潺潺小溪，在一排海棠树的下面，自北而南曲曲折折地流淌，五月到了，美得令人惊艳的"海棠花溪"如神话般呈现在眼前，海棠花瓣落满了小溪，如一条高贵的紫色飘带伸展开。往左拐，是学校图书馆思贤楼的后方，这里有个动物园，里面有孩子们每天喜欢来照顾的小兔子、鸽子、羊驼、火鸡；还有一个水池，假山上的"泉水"哗哗地泻进里面，池里的鱼群便热闹了，莲花在涟漪中晃动。信步拾阶而上校园的后山，山顶豁然开朗，这里也布设了很多座椅，有鱼形的，有方形的，有圆形的，亭子中央有棋桌棋盘。四周山坡上，是腊梅丁香，绿松翠竹。

你可以走在葡萄、紫藤、凌霄、蔷薇架下的小路上，随时坐在两边的连椅上，谈天说地，绘画赏花；你可以走进农场的田间小路，去识别孩子们亲自侍弄的蔬菜庄稼，分享他们劳动时的快乐；你可以走在英雄大路上，回望林则徐、雷锋、杨靖宇、焦裕禄、钱学森、袁隆平等这些中华英雄人物的丰功伟绩、民族气节、爱国情怀；你可以走在书法墙边的小路上，边走边欣赏中国书法的发展史，还有古今书法大家的书法艺术作品……在育英学校，这样的场景，这样的地方，真是太多了，每一次行走都被其变幻无穷的魅力深深地吸引。

这让笔者想到了一种教育——休闲教育。新时代的教育应该全面开发学生的感官、情感、智力、审美、思维、身心、合作、创新、实践等方面的综合素质。休闲教育有利于实现了解世界，亲近大自然，表达真善美的教育目的，有利于把学生从繁重的课业学习负担中引到有趣有味有得的课外生活中。该校的校园就创造了这样一种休闲教育的文化环境。

当下，学校外部全面取缔不合规的学科类辅导，校内严格管控家庭作业的数量与时长，孩子们的休闲时间一定会变得多起来，但是不少家长却变得异常焦虑，就怕孩子一旦闲着了，不知道如何处理这些"多余"的时间，一时迷失了方向。

殊不知，孩子们在学校学习是成长，休闲则指向另外一种成长。休闲不仅是休息，也是一种发展机会。在该校的校园里，孩子们在课堂学习之余，其独立生活能力、交往合作能力等，会在休闲时间获得。这样的校园使孩子们劳累的身体得到休息，使紧张的精神得到松弛，有利于他们始终保持饱满的精神状态继续学习。

文明行为与精神不是单靠说教就能培育成功的，需要创造空间和机会。比如，该校专门为孩子们安排了快乐大午间，让学生自主安排时间、内容和地点。自由支配，这就给孩子们创造了和别人发生直接或间接关系的机会。既有小学生、初中生，又有高中生的校园生活，也是社会生活的一个组成部分。在没有别人干涉、管束之下进行的活动，最能真实地反映一个人的道德素养水平。快乐大午间是对孩子文明素养的一个考验，也是加强其文明修养的极好机会。

该校的这些大小、宽窄、高低、方向不同的路，均指向了大自然，指向了学生发展核心素养，指向了每一个鲜活的生命，把日益增多的休闲时间转化为个性化发展的资源，引导学生以闲育德、以闲启智、以闲健体、以闲尚美、以闲悟劳。

这是一个可以静下来用心体悟，慢下来用脑沉思，停下来用情把玩的自然之园、文明之园。这样的路，是实现立德树人目标必走之大道。

第二节　文明在这些"座椅"中滋养

笔者见过很多校园，大都很阔气，有平整的广场、宽广的硬化路面、一排排的树、宽阔的草坪。走在这样的校园里，心情自然舒畅，精神也会为之振奋。但是总觉得缺少些什么，也许是一种人性的温暖，也许是一种心灵的渴望，也许是一种精神的安放，也许是一种休闲的期待。

孩子们来学校是为了学习，这个道理谁都知道。北京市育英学校于会祥校长这样认为："孩子们也是来生活的，是来寻求伙伴，体验做人的道理的。"孩子们一进校园就会径直奔向自己的教室，为什么没有可以游览漫步的地方呢？下课后便是走向卫生间、老师办公室，再急忙走进教室，为什么没有休闲聊天的空间呢？放学后自然是迅速收拾好东西，离开教室便匆匆回家，为什么不打开封闭的校园，满足每一个孩子的个性化需求呢？

很多校园里似乎只有通往教室去学习的路。同学们再累也要回到教室才有座椅，还是统一型号，给人冷冰冰的感觉。笔者经常看到一些同学席地而坐，因为整个校园里没有让他们休息放松的地方和设备。有时到一些偏僻的农村学校，笔者还能看到质朴的孩子们蹲在教室的墙根底下。看到此情境，眼圈便红起来，这让笔者想起了自己的童年时代。记得小学课桌是粗糙的水泥板，座位是两人或三人一起坐的长凳。这样的学校环境给人一种气氛，学习学习，分数分数，抓紧抓紧，快跑快跑。

上文中所描述的校园为什么是那个样子？用两个词就能回答得理直气壮：成绩、安全。是的，为了成绩，为了安全，这是绑架理想教育的两根绳索。但是，有没有更好的解决途径和教育使命，让心灵离开囚禁之地，拥抱每一个美好的生命？在北京市海淀区万寿路西街11号，有这么一所学校，颠覆了学校文化的固有模式，生成了一种全新的文化样态，完全改变了学生的学习、生活方式。

当走进这所在北京堪称最美的校园里面，你会发现路边、花园里、树林内、农场边、亭子里、水池边、山顶上、长廊两边、广场里都有不同形式的座椅，甚至一些路的拐弯处，都设计上别致的座椅。如果评选校园座椅数量的话，育英学校拿个冠军没问题。

一次参加完初二学生的课程展示会，笔者随着一个男孩子走了出来。男孩子突然快速走了几步，然后便坐在一棵银杏树下面的座椅上，开始系自己的鞋带，原来他的鞋带开了。

你或许会以为这没有什么大惊小怪的，但是笔者却十分惊喜。在设计校园文化时，该校有一个理念，就是"为了学生而设计"，校园是属于学生的，是为了方便学生的学习与生活而存在的。原先被冬青围绕着的绿化空间全被打开，变成公园式的灵动的空间。学生们可以在这里上课，可以来这里散步，可以坐在这里说些悄悄话。这里面有各种各样的植物，有可供学生发布成果的展示台，有可以随手取得的书籍。

上面所说的那个男孩子，跑到有座椅的地方来处理自己的困境。这个地方在图书馆的南方，有三棵银杏树，银杏树的四个边沿设计了上下两层的木质写字台兼靠椅。那么这个地方的功能就多起来了，可以方便学生休憩、聊天、阅读、写作业。

笔者特意邀请这个男孩再做一次系鞋带的动作，为他拍了一张照片。此时，有一个老师走过来说："真是处处为人着想啊！"是啊，如果校园里没有这样的设施和地方，这个男孩也许就会直接弯腰或者坐在地板上处理自己的鞋带了。

我们应该时常叩问自己的内心：我们的精神与灵魂是否真实地与学生渴望的样子接轨？是否在真实的情境中邀请自己高尚的思想与自己的本性和谐地融入学生的心灵里？

我们是大千世界的一部分，心与心之间有灵犀，物与物之间有联系，但是这个道理却容易被人遗忘。我们做教育的人不能忽略一个问题：在孩子成长的过程中，不能让校园文化与他们内在的天性分离。因为一旦孩子的生命因为功利性的东西独立于他人的生命，与大自然的环境剥离时，他们心灵深处的召唤与智慧会缺少完整性与自觉性。当他们原始的灵魂与外界失去了联系时，教育的目的便会被忽略，甚至被掩藏。

北京市育英学校的校园是一个时时处处尊重人性、激励个性、唤醒礼仪、修炼文明的理想之地，是培养德智体美劳全面发展的育人圣地。从这里走出去的学子，一定是有文明、有教养、有社会责任感的人，他们一生都对自己的母校心怀眷恋，这些曾经坐过的、靠过的"自由座椅"会邀请他们随时回来看看，这是他们寻根的地方。

第三节　文明之美，要多驻足欣赏

过去没有照相机或手机，看到有趣、漂亮、有价值的事物时，我们往往会驻足欣赏一番。因为离开后，可能再也没有机会遇到它们。而现在，当遇到美好的事物时，我们习惯立即把它们拍下来，希望在闲暇时专门欣赏，但是一般没有这样的闲暇。

微时代带给我们的是一种表象的自由和丰富，太多的事物让我们忙于收藏，生怕它们丧失掉；太多的收藏让我们感到拥有，却耽误了阅读、欣赏、思考与想象。

在北京市育英学校的校园里，有趣、漂亮、有价值的事物随处可见。如果你用心去思考、感悟，其背后的原理与内在的美好自然会跃入发现和感知的喜悦之中，这便是育英校园里的文明之美，它让你豁然开朗、赞叹不已。育英校园里的文明之美会化作光芒，指引着这里的人前进。

文明之美成为一种默契。主动向老师问好；随手捡起吹散的垃圾；就餐秩序井然，主动回收餐余垃圾；爱护学校公共财物，随手关灯、关水……一切都是一种常态，文明行为随处可见，善良之举蔚然成风。

文明之美成为一种习惯。早晨的教室安静有序，诵读声声；志愿者们中午按时到位，桶前值守，整理图书；快乐午间各得其乐，兴趣与好奇有了自由的安放处；下午社团活动积极主动，志趣课程上热情洋溢，自学答疑有序自觉……所有的不约而同，都是文明和文明的相遇。

文明之美成为一种约定。在大厅里挥毫泼墨一番，弹奏一首钢琴曲《爱的致敬》，欣赏同学们的书法、摄影等创意作品，坐在舒适的藤椅上叙谈着憧憬与未来，尊重与尊严在这里油然而生……缘石物语，石不能言最可人，美妙的音乐和动听的旋律适时响起会更加动听迷人。没有刻意的约定，无言之教的妙处在这些大厅里呈现出来。

有一次，一位后勤师傅手里拿着一只鸽子走过来，笔者问："它不会飞了？"师傅说："它迷路了，找不到家了。"课间，两位老教师稳步跑来，说："我们每天坚持跑步。"继续健康工作是他们的夙愿。晚上，办公室的灯光仍然亮着，年轻教师的勤奋体现育英人一代代传承的精神……文明就在你的眼睛里，在育英的校园里，你可以时时处处发现文明之美。文明之美在于不动声色的善良，在于默默无闻的奉献，这才是育英人的品质之本、高贵之处。

费孝通在其80寿辰的聚会上，意味深长地讲了一句16字箴言："各美其美，美人之美，美美与共，天下大同。"因此，请不要因为兴奋、满足或愤怒、无奈忙于"收藏"。学生，就像那些平凡的小花和小草，会毫不遮掩地争奇斗艳，有趣、漂亮、奇特、任性。差别在于他们每个人有没有自我察觉，是被人接纳还是忽略，是被"收藏"起来还是被仔细欣赏。

人与万物的交流就是诞生文明之美的源头活水，你看到了美，才会觉得这个世界值得好好欣赏，这个校园值得好好呵护，我们的友谊值得好好珍惜。

找回美的感觉其实很简单。去观赏一片叶子，去闻一下路边小草的气味，去与那些花鸟虫鱼说说话，去支持身边的同事朋友们，去看去听那些真善美的故事……

这种转瞬即逝、理所当然的文明之美，其实就是所谓的"传统文化"，具有很大的影响力，将这里的人、行为和观念都裹入明天的目标。

一所学校的文明之美是一种行为文化的外化，它反映了在一所学校的历史发展中，在长期的教育实践中，所有教职工和学生创造积淀并共同遵循的办学思想、价值观念、学校作风与传统、行为规范和规章制度的总和以及体现上述内容的各项物质载体和行为方式。

当被师生认同后，具有特定行为文化内涵的学校形象就会以微妙的方式来沟通人们的思想，使其产生对目标的认同感，从而形成一股强大的凝聚力量，团结全体师生员工，规范师生的行为，使学校管理产生巨大的整体合力，推动学校的不断发展。

不要忙于拍照，因为忙于拍照，便无暇去观察和感悟。生命之美很短暂，只有我们每个人都去珍惜、去感受、去采撷，文明之花才会次第开放，香气缭绕，整个校园才会和谐静美、昂扬向上。

第四节　文明是天性的回归

犹如暗夜里的满天繁星必将照亮漫漫长旅，文化，正是学校的一座精神路标。

具有"文化自觉"的学校，会清楚地知道自己在秉承什么，知道自己采用怎样的理念去贯彻学校的方方面面，去影响全体师生的生活。它关注的是呼唤教育教学的精神追求，崇尚扎根于心灵深处的对自由、尊严、纯真和诗意的文明祈望与眷注。

在学生们最喜欢的快乐大课间，笔者在校园里溜达，满眼的风景让人目不暇接：打篮球的、打羽毛球的、打乒乓球的；读书的、下棋的、弹琴的；赏鱼的、玩沙的、聊天的……干什么的都有，这个时间是他们的自由时间。

此时，笔者看到几个男生手里各拿着一个矿泉水瓶子，在树林里翻开石板，寻找着什么。出于好奇，笔者走过去问他们："在干什么啊？"几个男生走近笔者说："老师，我们在找虫子。你看，这是蜘蛛，这是蚯蚓，这是蜈蚣，还有，这种虫子像蜗牛，但不是。"笔者跟他们开玩笑："你们捉住这些虫子后，喂它们吃什么啊？"一个男孩说："我们喜欢研究昆虫，我们有这方面的书，知道它们吃什么，怎么喂它们。"

笔者想，在北京市育英学校的校园里，发生这样的事情是不奇怪的，老师们任由同学们去发现、去探索，让他们的好奇心有更多通道得到满足。这些男孩如入无人之境，任意在石板下、树根下、墙根下翻腾、挖掘、探寻，老师们没有去制止干涉，而是放纵其行为，甚至有意鼓励他们。这是在尊重孩子的自由与兴趣，保护孩子的好奇心与求知欲。可喜的是，孩子并没有把这些地方弄得一片狼藉，而是把石板、砖瓦等放回原处。他们把虫子放进装有黄土的瓶瓶罐罐里，这些虫子俨然成了他们的朋友。

笔者带着羡慕的心情离开他们。在二十世纪七十年代，笔者的童年生活就是这样的。为了捉一种地下的小虫子，笔者发明了一个办法，抽出嫩草最里面的芯，把它放入很小的圆圆的虫子窝里，就像在池塘里钓鱼一样，目不转睛地盯着小草叶，一旦小草叶抖动，立即用手提起，虫子就死死咬着草尖被钓上来了。

美好的童年让笔者忘记了自己的年龄，信步走在学校的长廊里，这里有对诗的，有说笑的，也有读书的。此时笔者听到有个女孩子的声音喊："老师，你看，我们怎么办？"笔者转身一看，是两个小学女生，穿着红白相间的校服，正小心翼翼地捧着一只不会飞的幼鸟。稍矮的女孩子说："老师，我俩发现了这只不会飞的小鸟，就把它捉住了。我们把它放到学校的鸟笼子里吗？"笔者说："你们怎么不放了它？"她俩着急地说："不行，小鸟不会飞，怕被野猫吃掉。"稍高的女孩子说："我带它回家吧，好好养着它。"笔者说："可以，找你班主任老师商量一下。"她们小心翼翼地双手捧着幼鸟，走向了班主任老师的办公室。

该校的校园里有一百多种植物，是鸟的天堂。两个女孩子与一只幼鸟的故事，真切演绎了"人之初，性本善"的人性之美。育人之道，在于显明或恢复我们自身本有的光明的性德，在于我们自己和他人都回归圆满的本性。北京市育英学校于会祥校长认为："学生和美好校园环境的互动交流使得学生的成长更具精神品质。"笔者想，这就是育英学校校园里孩子的天性得以敬畏、志趣得以发展、文明得以回归的珍贵的思想源泉。

该校的校园就像是一方池塘。学校的使命，就是要在池塘里注入适合各种生物生存的一汪净水、活水、深水。"如果你在地里挖一方池塘，很快就会有水鸟、两栖动物及各种鱼类，还会有常见的水生植物，如百合等。你一旦挖好池塘，自然就开始往里面填东西。尽管你也许没有看见种子是如何、何时落到那里的，自然看着它呢……这样种子开始到来了。"在梭罗的笔下，池塘就是种子诞生信仰的地方。

好学校的价值在于引导和发掘人性之美，让学生知道等待和希望，要为学生创造一个可以自由呼吸自在生长的文化生态环境，赋予学生赖以生存的阳光、空气和水，像一方蓄满了爱与美、尊重与文明之水的池塘，把生命带向无限的辽阔与高远……

第五节　文明，是一群理解生命真相的人在燃烧

在校园里徜徉，太阳照在身上，笔者感受到阳光的爱，听到花草树木在窃窃私语。以前，笔者习惯于接受它们对自己的付出，认为理所当然，不懂得回馈。这是不对的，花草树木给我们带来了美好的环境，让我们感受到舒适，看到漂亮的风景，我们应该好好去欣赏，也给它们一些爱。它们与我们，苍穹与众生，是一体的。

在北京市育英学校有一群人，他们是真正理解生命真相的人，他们每天都在燃烧、发光，他们的精神感染着这里的所有人，引领大家奔向明天的目标，一起创造一所文明的学校。

在中国，"先生"二字是一种尊称，是对父兄长者和老师的称呼。"大先生"更是对有德业者的尊称。《礼记·曲礼》中就有一句"从于先生，不越路而与人言。遭先生于道，趋而进，正立拱手"。这里的"先生"指的就是老师。只有人格、品德、学业上能为人表率者，才能称为"大先生"。

王晓燕老师退休后返聘，仍然奋斗在三尺讲台上。笔者对她的印象是特别爱学习，每天都背诵唐诗宋词。四大名著、《论语》中的名句，她信手拈来。她特别爱跑步，每天坚持晨跑一万米。"腹有诗书气自华"，她健康阳光。

一天，她邀请笔者去听她的课，说是用一种大学老师上课用的教学法：以诗解诗。这是一节探索课，课堂上，王老师用不同诗人的诗解读教

材上陶渊明的诗《饮酒》，用经典解读经典，从心中流淌出来的诗词，如行云流水。

每天下午放学后，她都为学生答疑解惑。看着她春风似的笑容，感受到她严谨治学、深耕教研、研究真问题的态度，笔者说："我们应该称王晓燕老师一声'大先生'。"

在该校，像王晓燕老师这样的"大先生"还有很多，他们以身作则，为人师表，做学生为学、为事、为人的榜样，成为学生树立理想信念、刻苦学习、奉献祖国的引路人，把学生培养成为德智体美劳全面发展的社会主义建设者和接班人。他们都是理解生命真相的人。

《生命的真相》一书提出了一个命题："如何才能过好这一生？"该书作者徐秋秋指出人生的三大维度：爱、事业和自我。这三个维度被满足后创造出来就是我们的幸福感、成就感和愉悦感。

爱，来自关系的滋养，这与书中提到的"归属感的需求、秩序感的需求和平衡感的需求"相呼应。王晓燕与那些诗词歌赋的作者、自己单位的同事、自己的学生和亲人们都建立了和谐良好的关系。曾经有一届学生集体签名，为王老师颁发了"全宇宙最优秀教师"的奖牌，这块来自非官方的奖赏是最为珍贵的，这是对王老师爱学生爱事业的最有意义的回馈。

事业，体现你的热情和使命。现实中，很少有人能够在自己年轻时就知道自己想要做什么，想要过什么样的生活。大部分人被命运推动着往前走，因此如何寻找到工作的意义，是每个人都应该思考的问题。奥地利作家斯蒂芬·茨威格认为："一个人生命中最大的幸运，莫过于在他的人生中途，即在他年富力强的时候，发现了自己的使命。"王老师发现了自己的使命，她把干事情作为一场心灵的修行，自己的学养与周边这个世界，与这个世界里的人的需求都建立了息息相关的联系。

自我，要学会爱的能力，爱别人更爱自己。我们每个人都渴望被认可、被接纳、被赞美。英国著名作家王尔德曾说："爱自己，是终身浪漫的开始。"王老师每天学习的状态，每天跑步的精神，每天认真工作的样子，就是爱自己的表现，她正在与自己谈一场宏大的生命热恋。她有爱自己的能力，也有爱他人的能力。

笔者理解的生命的真相是，无论处于人生的哪个阶段，都要有重新出发的勇气，去找寻生命的意义。爱、事业、使命是文明的重要内涵，也是诞生文明的重要源泉。如王晓燕老师，能够从生活的混沌中清醒而自知，穿透那些复杂问题的表层，找到自己突破的方向和成长的力量。

文明，就是一群理解生命真相的人在燃烧。《生命的真相》中有一段话："幸福快乐的人并非从未经历过伤痛，只是他们在回想或再现过往记忆时，可以拿到生命附赠的资源，重组过往历史，结束过去生命故事的章节，重建人生故事的新主线。"是这群人的光明、热量，铸就了育英这所拥有光荣历史传统文明的学校的丰碑！

第六节　永远的文明——写在北京市育英学校建校 73 周年纪念日

北京市育英学校校园的中央有一个塑胶操场，里面有十几组篮球架，每天中午或晚上，会有很多学生在这里打篮球，他们吵吵嚷嚷，切磋球艺。在操场的西北角，有两棵并排着已长得很粗壮的白蜡树，历经春夏秋冬，总是望着这些快乐的孩子们尽情地玩耍。

它们的枝头靠得很近，但又分别伸向西南与东北两个相反的方向，好像害羞的样子。有的同事称这两棵树是"夫妻树"，也有的同事称它们为

"兄弟树"。但是不管是"夫妻树",还是"兄弟树",它们都在以树的形象,诠释着一种精神,那就是:日夜相伴,守望相助,风雨相扶持。

金秋十月到了,校园中的两棵白蜡树又开始闪烁着炫目的金黄,在湛蓝天空的映衬下,呈现着动人心魄的辉煌。它们给育英学校的师生们带来了无尽的欢乐和畅想。很多同事都喜欢为它们拍照,记录下它们每天的变化,在自己的朋友圈里晒晒。

一天,笔者也选了几张它们的照片,欣然地发在了自己的朋友圈里,并美其名曰"两棵树的日子"。低头看手机中的回应信息,笔者突然发现王晓燕老师发来了一篇她多年前写的文章,从中笔者知道了这两棵白蜡树的故事。

那是二十一年前的1996年,学校全面升级改造,小操场也在大修,这两棵白蜡树正处在操场的中央。为了使操场更加宽敞,领导决定砍掉这两棵碍事的树。教生物的寇淑清老师知道了这个消息心急如焚,一次次地找到校长,恳切地请求保留这两棵树。

我清楚地记得,一天下午,我俩站在窗前,寇老师说:"不行,我还得找校长去,豁出命也得让校长答应别砍树,这是咱育英学校的宝贝,留在操场中间,会给运动中大汗淋漓的孩子带来阴凉,是孩子们的福音树!"她边说边往外走去。

过了大约一个小时,见寇老师如释重负、满面春风地回来了。她高兴地告诉老师们:"这下好了,领导终于同意了!"那一刻,我看到了寇老师脸上的喜和累。什么是育英精神?这种勇于担当的责任感和使命感,在一个即将退休的胖胖的平凡的女教师身上,体现得是那么真切和深刻!又有五六年没见寇老师了,你可安否?有一个人此刻在感念你。

读着这位老教师为了留下两棵白蜡树执着请求校长的故事,笔者不禁感慨万千,油然而生敬意。这是育英精神啊!

此刻，记起了育英学校的两位老教师，一位是黑老师，一位是傅老师。笔者曾经看到过学校校史馆里珍藏着的黑老师当年的备课本，上面的正楷字是用钢笔手写的，一笔一画，一撇一捺，行行规矩，字字俊美。

从朋友那里听说黑老师已过世，傅老师还健在，在美国他女儿家里。可以说，笔者与两位老教师虽交往不多，但成了忘年之交。下面是笔者六年前写的一篇文字，作为对黑老师的纪念，也作为对傅老师的祝福。

2015年9月10日，是中国的第31个教师节。下午四点半，学校组织召开了教师节庆祝大会，散会时已经接近六点钟了。

按照我和爱人的生活习惯，在这个时间要到校园里小学部教学楼后面的小操场上散步。刚走进场地入口，抬眼看见同事小高老师也正在散步，旁边还跟着一位白发如银的老太太，我们认为是高老师的母亲。

于是我和爱人紧赶几步上前打招呼："这是……"

高老师马上说："这是咱们学校的老教师黑老师。"

我和爱人齐呼："黑老师好！"

黑老师一直和蔼地望着我们，脸上挂着平静的微笑。

我们边走边交谈。

我们了解到黑老师是北京市育英学校的老教师，已经80岁了。但是黑老师耳不聋眼不花，尤其是她的牙齿，洁白而完美。这让年轻的老师羡慕不已。

我们都向黑老师请教如何才能保护好自己的牙齿。此时，有一位老者笑盈盈地走过来，他精神抖擞，同样是耳不聋眼不花，牙齿洁白而完美，背笔直，走起路来很轻松。

黑老师笑着说："这是我老伴，他姓傅，今年83岁了，也是我们学校的老师。"

傅老师主动与我并肩前行，述说着他们的故事："我俩都是回族人，我们对育英学校很有感情。学校原先都是平房，房与房都用连廊接着，下雨天老师们都不用打伞。后来财政部把西边那一片地用了，学校的这些楼房是他们给建的。东边和北边的这些住宅小区原先都在校园内，以后住户越来越复杂，为了安全，才修了院墙隔开。

"学校国学馆前墙上的《弟子规》就是黑老师写的，我们夫妻俩幼年时的家规要求是：每天做完学校作业后，要练习书写毛笔字、打算盘。久而久之养成了习惯，一直坚持到现在。"

我说："现在的孩子练字的少了，很多老师写的字也不好，教写字课的老师也不够用。现在的孩子啊，都迷恋网络和手机。"

我们不断地感叹中国传统文化的逐渐缺失，毛笔字快被大家遗忘了。

黑老师在旁边一直安静地听着，微笑着望着我与她的老伴。

她说："傅老师还喜欢剑法，他常把练剑中运用的气功介绍给我，写书法和练剑是我们健身养性的主要方式，我们把书房命名为'正气书屋'，也称'剑兰宅'。"

傅老师说："我们在假期或双休日，义务辅导咱学校的几个孩子练书法。每星期四下午，在咱学校的老教师活动中心志愿给老教师们上书法课。李老师，您先等等，我回家给您拿一本我俩的书法作品集，请您指教。"

我赶忙说："太好了！我毛笔字写得不好，但是我也喜欢书法。"

接着我又立即补充说："我也回家，把我最近出版的一本论著《博弈中的追求》送给您，请您二老指正。"

过了半小时，我们又相聚在这个小操场上。

傅老师从一个白色塑料包里拿出一本绿色封面的集子，名称是《习墨拾遗》。接过作品集，我一页一页地翻着。那工整、苍劲的一幅幅作品，尤其是那些几百字上千字的小楷长卷，让我赞叹不已。

除了感叹书写功夫之外，我好像看到了两位老教师数年如一日坚持练习书法和剑法的情景。他们淡泊名利、弘扬正气的精神，可谓"剑锋显正气，慧墨藏书屋"。

我与傅老师互相交换了住址和电话号码，两位老教师住在七号楼二单元401，我们住在九号楼二单元401。我还知道两位老教师在80高龄还用上了手机微信。

我和爱人一起说："好有缘啊！我们一定亲自去拜访两位老前辈，求一幅作品。我们微信联系吧。"

两位老教师携着手，平淡悠然地离开了操场。

我却陷入了沉思：不管这个世界如何纷扰，我们总能遇到执着而又有信仰的人。一个人的心在岁月的打磨下变得玲珑剔透，岁月便不再是让人变老的利器，而是拂去我们身上尘土的清风。

回到家，晚上八点了，我给傅老师发了一条微信："傅老师、黑老师，教师节快乐！"

晚上十点十五分，收到黑老师的回复："谢谢您的祝福！您的宝书写得很好！我们已经读完了第一章，我们俩交换着，一人读一人听。"

我失眠了。

两则故事说完了。此刻的自己，不自觉地依偎在两棵白蜡树旁，虽然没有机会认识或遇到更多育英的老前辈，但是笔者已经从黑老师、傅老师身上，感受到了老前辈们心灵的清澈、丰盈与善良。他们让我们知道什么叫执着追求，什么叫孜孜不倦，什么叫痴情不改，什么叫矢志不渝，什么是有意义的人生，什么是有价值的生活。

这两棵白蜡树其实就是那些为育英付出全部的老前辈们，他们的精神仍然站立在那里。

如今已经长成栋梁之材的育英学子王耀斌同学的一首诗，很形象地描述了所有育英人的文明品质，展现了所有育英人眷恋母校的浓浓真情。

> 校园中的两棵白蜡树，
>
> 儿时的我，仰望你的高度，
>
> 现在的我，怀念你的当初。
>
> 风雨几十载，让我谨记：
>
> 无论何时，都要傲然立矗，
>
> 漂泊多少年，是你，让我懂得，
>
> 无论到哪儿，都要把根留住。

是他们，从育英走出去的一代代学子，奠定、承载、创造了育英学校永远的文明；是他们，打动、感染、推动着一代代育英人走向更美好的人生。

第七节　文明，在有意义的生命片刻中孕育

笔者认真阅读过一本书，书名是《行为设计学：打造峰值体验》，其中两篇序言里的话让笔者对每天的生活体验有了改变的信心，也有了改变的策略，更有了对文明校园的深层理解。

序一是物理学家、畅销书作家万维钢老师写的，第二段话给笔者以启迪。"有些瞬间给你留下了美好的回忆，有些瞬间让你充满荣耀，有些瞬间给你带来了影响一生的启示。我们在某种程度上就是被这些瞬间所定义的，它能告诉你到底想成为什么样的人，你到底能做什么，你到底想要什么，你到底能承受什么。也许人生的意义就在于体验这一瞬间。"

序二是心理学者、进步空间创始人刘轩老师写的。第十段打破了笔者

过去的认知。"我们一生中的每一天，都充满了各种稍纵即逝的片刻，而且多半不会给我们留下任何印象。但当我们回顾一生时，往往会发现，那些改变我们最多的，都是一些'有意义的片刻'。当我们理解了这个道理时，就可以采取行动，主动设计我们生活中的各种经验，为自己、他人，甚至我们的工作/品牌，创造出有情感、有力量，让人一辈子难忘的'片刻'。"

该书中也说，我们经常是"配合演出"的任命演员，许多时刻我们都是在被动接受，而不是主动创造。所以，用心咀嚼生活中的点滴，从平凡中创造出充满力量的片刻，对我们人生的整体幸福感非常重要，而这些也都符合积极心理学领军人物马丁·塞利格曼博士所提出的PERMA幸福方法论，提醒我们"更加用心地对待每一刻，有意识地创造真正属于自己的幸福生活"。

其实，我们身边的学生，常常主动为自己的老师创造一些这样的"有意义的片刻"。记得2022年元旦那天，早晨，笔者在办公室里处理事情，门是关着的，过了不久，笔者听到外边有声音，感觉有几个学生在小声说话。笔者走过去打开门，让自己吃惊的是，几个初一的男孩正在给笔者张贴春联，字是学生亲自用毛笔写的。笔者陷入了深思，这几个男孩平时比较调皮，因此笔者遇到他们会与他们多交流两句，有时拍拍他们的肩膀，有时摸摸他们的头发，有时关心他们的吃饭情况，有时鼓励他们玩耍……这些不经意的互动，可能给他们带来了欣喜与荣耀，因而他们也给笔者带来了欣喜。于是，笔者回到办公桌旁，用毛笔在裁好的红纸上写了十几个"福"字送给他们，并告诉他们也送给他们的班级。

其实，这个场景就包含这本书介绍的打造让人难忘的峰值瞬间的四种因素。第一种是欣喜，即制造惊喜，给对方超乎寻常的感受。第二种是认知，即让人获得一个洞见，意识到自己的潜能。第三种是荣耀，来自认可，来自里程碑的设立，来自关键时刻表现出的勇气。第四种是连接，即和他人联系在一起的感觉，共享美好或痛苦时刻。笔者与上面几个孩子互动的场景很形象地展现了这种时刻，因为欣喜转变了笔者和学生的认知。学生们认为，原来校长这么平易近人，关怀宽容他们，与他们平等交流，从而带给他们在班级、在学校里的荣耀感，产生改变自己、勇于沟通、积极上进的情感和行为。这些孩子与笔者的生活、生命从此联系在一起，他们总是出现在笔者的视野中，主动与笔者打招呼，分享他们生活中的故事。笔者看到了他们惊人的变化，他们变得越来越知礼。笔者认为，这其实也是文明在校园里孕育的机遇。文明的言行不必非要有什么仪式感，文明就发生在这些不经意的生命片刻中。

笔者也转变了认知，原来还可以这样与学生交流，原来每一个学生都是可以改变的，原来校长还可以这样干。认知的转变为自己的职业生命带来了荣耀，有学生的尊重、认可，萌生了更加关爱孩子、热爱教育的积极情感。日常与孩子们进行交流互动，走进孩子们的心灵世界，从而与他们建立深厚的友情，有利于提升他们的社会交往素养。

这些孩子们给笔者呈现了一种新的生活方式，这给自己今后的教育人生，包括自己的生活，都会带来另一种生命体验。比如，几个有上进心的年轻教师找到笔者，希望作为老教师的笔者带带他们，帮助他们进步。其实，这给了笔者一次打造巅峰时刻的机会，是给自己创造文明的生命片刻、修养自己心灵的机会。笔者会与他们一起确定阅读计划，帮助他们修改文章，与他们一起探讨课堂教学，推荐他们的文章发表，庆祝他们的收获，等等。这些都会给我们彼此带来欣喜，让彼此感觉动力满满，感觉责任重大，能够沉浸于当下。这些行动让我们产生新的认知与转变，收获了信心与成长，这种认知时刻带来巨大的正能量，会有很多的顿悟、创意与发现，甚至可能会有突破，实现快速发展。共同努力带来的收获、成果与成就，反过来点燃起彼此的荣耀感，让自己更有勇气追求更高的目标，完成更大的任务。还能加深彼此的感情，构建基于共同愿景的学习文明共同体，与社会更广范围的人建立连接，产生共同使命感，为自己的理想而勇于奋斗。

有了观念的转变，更加珍惜每天的每一时刻。看到校园里的美景，笔者会欣喜地选好自己思考的角度，用手机拍下来，闲下来会翻出这些照片欣赏。当有学生想与笔者握手拥抱时，笔者会热情地还以真诚的握手、热情的拥抱。有朋友来北京找笔者，笔者会与他们小酌一杯，畅谈自己的人生经历，聆听他们的创业体验。从此，笔者会收到爱人给自己的温馨微信，笔者也会发给她关心的话语；笔者会在晚上等着很晚回家的正在热恋的儿子，也会给家乡的朋友时常打几个电话。笔者会因为想念逝去的亲人独自流泪，也会关心亲人们的下一代的学习与发展。

作为一名老教育工作者，笔者为自己设立了目标——多帮助支持年轻老师提升专业水平，多关心照顾学生，让他们健康成长。笔者认为，如果要实现上述小目标，就要共同营建一个文明校园，就要用心地、刻意地打造"有意义的生命片刻"，体验人生的幸福。

第八节　文明，就像"静静挂在枝头的桃子"

厚植文化生态底色，营造良好育人环境，是校长必须深度思考的时代命题。其中，尤以打造优良校风为关键要务。因为，优良校风既是学校管理的重要成果，又是学校精神和优良传统的行为表征；既是学校办学的指导思想和培养目标的集中体现，又是培育优良学风、教风的根本保证。可以说，优良校风彰显着一所学校的精神面貌、办学水平和育人境界。

反观"团结、勤奋、严谨、求实"八字校风，基本代表了育英学校过去乃至现在的工作样态，也无疑是育英学校多年办学实践的风格写照。这八个字所凝练体现的育英精神，是我们必须承继和发扬光大的。但时代在发展，社会在变革，在与时俱进、铸造特色中完成立德树人的根本任务，更是学校教育实践必须秉持的工作理念。如果我们的思想与行动拘囿于八字校风，不思改造与改变，学校改革创新的时代特征和瞩目未来、革故鼎新的进取意识就不能显现。北京市育英学校校长于会祥一直觉得，"八字"不能完整地体现和阐释育英学校独特的历史品质、改革实践过程与未来发展理念，不能准确地展现学校历届校长、干部和广大师生的作风、教风和学风。育英学校应该有一个与众不同的校风，而且它就是育英学校镌刻着自我风格特征的一种精神样貌和价值取向。

基于此，于会祥校长一直在思考育英学校的特质到底是什么。伴随长期的思考与学校改革创新的实践，备受尊重的老校长——育英学校的第一届校长韩作黎先生提出的办学理念一下子惊醒了于校长。韩校长说："一切为了孩子，为了中国的明天。"其实，感染着于校长的那股无形的力量就是韩校长的这句话。这句话一直在静悄悄地指引着学校发展的方向与目标，它告诫我们，学校的教育应该是指向学生的，应该始终把对学生的做人教育放在第一位。

于会祥校长认为，学校的校风不是校长拍脑袋想出来的，而是学校历届领导班子、全校师生用脚走出来的，是根植多年形成的价值引领和愿景，是师生价值观念和行为方式的总体概括和规范，从而以此密切联系教师、学生和家长的价值观和信念，确定人们的道德责任和义务。学校会以此为指引，谋求为全体学生提供支持的机会，在力所能及的范围内去做促进学生发展、满足社会需要的一切事情。

在学校的花园里，有五六十棵桃树，它们是建校时栽种的，几十年来，一直生长在校园里。一到秋季，果实挂满树梢，但没有一个学生去采摘，而是让桃子静静地挂在枝头上，久而久之，自成一道富有韵味的风景。

"静静挂在枝头的桃子"，这是多么富有诗意的表达啊，用它概括校风再合适不过了。校风是校训的拓宽、延伸和具体化，体现了学校的办学品位与格调。1952年，毛泽东主席为我校题词"好好学习，好好学习"，学校始终保持着这一优良的传统，永不忘记老一辈革命家的谆谆教导，它在激励着和劝勉着学校的教师和学生奋发向上。

征集广大师生、校友、家长的意见和建议后，"静静挂在枝头的桃子"作为学校的校风就被确定了下来。它有三层含义：对于校长来说，"要心无旁骛，静心办学"；对于教师来说，"要以身示范，为人师表"；对于学生来说，则意味着"懂规矩，有教养，守礼仪"。这种诠释凸显出学校的价值诉求，是学校在办学过程中长期积淀而成的具有行为和道德意义的风气，是在校内乃至社会上具有一定影响并被普遍认可的思想和行为风尚。学校的办学理念与改革实践自然指向了自己的培养目标：培养"行为规范、热爱学习、阳光大气、关心社稷、勇于担当"的国家栋梁之材。

学校里的桃子没有人摘，反映的是孩子们的自律；大同学不欺负小同学，反映的是对弱势群体的关爱；对刚入学的小学生提出的要求"吃好饭"，反映的是健康是革命的本钱。不盲从，从日常生活的小事入手，让孩子慢慢体会，切身感受，逐步培养起优秀的习惯和高尚的品德。学校大胆进行教育改革与创新，校园的每个角落、细节都体现了学校的用心育人。学生们有各种机会可以得到锻炼，提升自我，自由地展示自己的兴趣和爱好，个性得以绽放，快乐成长，慢慢树立起正确的人生观与价值观。

它同时也彰显出了学校领导低调的工作作风和专心办学的精神，教师誓做学生健康成长引路人的教风和学生自律、自主、自强的学风以及学校积淀的传统文化精神、学术追求风气和氛围。

"彼其忠实心诚信于士大夫也？谚曰'桃李不言，下自成蹊'，此言虽小，可以谕大。"（西汉·司马迁《史记·李将军传》）比喻一个人做了好事，不用张扬、夸耀，向别人邀功，人们就会记住他。只要能做到身教重于言教，为人诚恳、真挚，就会深得人心。只要真诚、忠实，就能感动别人。"投我以木桃，报之以琼瑶。匪报也，永以为好也！"（《诗经·卫风·木瓜》）意思是你将木桃赠送给我，我拿琼瑶回赠你。不是为了报答你，欲结深情永爱你。"投我以桃，报之以李。"（《诗经·大雅·抑》）意思是你送我桃子，我回送你李子，礼尚往来的意思。

古人对"桃子"的比喻和赞美，很好地解释了"桃子"的品质与精神。"静静挂在枝头的桃子"还意味着学校诚心、静心、潜心志于办好学的勇气与智慧，表达师生间、学生与母校间的美好情谊与良好关系，教师享受着"桃李满天下"的满足感和成就感，学生享受着教师真挚的关爱与小心的呵护。

优良的校风一经形成，就会构成一种独特的教育心理环境，成为影响整个学校生活的重要因素。在各种场合，在各个不同的校内群体，在各种课程与教学活动中，都可以觉察到它的存在，觉察到它的作用。校风"静静挂在枝头的桃子"一经提出，便引发了全体师生和社会的关注、讨论与广泛认同。它感染着一批批育英学子们，引领着全体师生员工，唤醒着每一位家长，这是一种守望教育。育英学校在良好校风的熏染下，形成了自己独特的群体规范、共同的情感气氛和行为方式，产生出一种强大的向心力和内聚力。

虽然它显得那么安静、那么低调，但是这正是尊重教育规律、遵循学生成长规律的具体表现。给孩子时间，静静地等着孩子成长、成熟。它更蕴含着一种强大的生命力，在这种环境中养成的行为文明和良好习惯使人终生难忘，将成为这个学校里每一个成员自觉奋进的动力，从而推动整个学校的繁荣和发展。

"非淡泊无以明志，非宁静无以致远。"为了祖国、真理、责任，一代代育英学子在潜移默化中孕育出丰硕果实——那静静挂在枝头的桃子，成为大气而不张扬，对他人、对社会、对国家有用的人。这一优良的校风，闪烁着个性、尊重、平等、自由、智慧、勤奋、勇气、担当的光芒，它必会被一代代育英人守护并传承下去。

第九节　每个人都是知识文明的传播者

在日常听同事们的课时，经常看到老师会邀请同学到讲台前为其他同学讲解问题。此时，老师变成了听众，学生俨然成了课堂里的"小先生"。更多的老师在课堂上喜欢采用小组合作的方式组织学生学习，有些环节也采纳了相互为师的方法。

有的学校，会创造条件设计"学生讲堂"课程，鼓励学生根据自己的兴趣，把自己阅读的书籍、研究的课题、思考的问题，整理成讲稿，做好课件，在事先预约好的某个空间为来自其他班级、年级的同学授课，就像一名"小教授"一样。

以上两种情形，一种在课内，一种在课外，学生均成了知识的传播者，这是当下学校教育进步的表现。这两种情形展现了学校教育者有意设计的教育方式，或者说是教育策略。

其实，这遵循了陶行知先生的"即知即传人"的"小先生制"教育思想。何谓"小先生"？陶行知先生是这样说的："生是生活，先过那一种生活的便是那一种生活的先生，后过那一种生活的便是那一种生活的后生，学生便是学过生活的人，先生的职务是教人过生活。小孩子先过了这种生活，又肯教导前辈和同辈的人去过同样的生活，就是一名名实相符的小先生了。"

《论语》中曾有记载："子曰：三人行，必有我师焉。择其善者而从之，其不善者而改之。"《礼记·学记》中也记有"教学相长"的主张："学然后知不足，教然后知困。知不足，然后能自反也；知困，然后能自强也。"战国时期荀况在《劝学》中说："青，取之于蓝而青于蓝；冰，水为之而寒于水。"中国早期的这些教育主张，应该可以视为"小先生制"诞生的文化土壤，是中国古代"小先生制"思想的萌芽。

当然，这种教育思想或学习方式，不仅仅呈现在课堂上，也不仅仅是教育者刻意设计的。在校园里，每天都会出现这样的学习场景。在"互联网+"时代，整个世界都是学习的资源，时时处处都有学习的机遇，学生已经不单纯依赖老师和课本来学习知识了，他们获取知识的渠道可谓丰富多元。他们依据自己的兴趣和机遇所学习的某些领域的知识，可能远远超过老师，在某些层面，他们的学习速度比老师更快，学习能力比老师更强。因此，师生意义已经发生了质的变化，的确达到了韩愈在《师说》中指出的境界："弟子不必不如师，师不必贤于弟子，闻道有先后，术业有专攻""无贵无贱，无长无少，道之所存，师之所存也"。

文章《借助四种远古比喻，重构学习场景》中说，学生在一个设计得好的空间能够体验四种首要的学习模式——大卫·索恩伯格将此描述为"关于学习的远古比喻"：篝火、水源、洞穴以及生活。篝火是指一群人围在一起，听一个人讲故事，获得新知；水源是指一群人朝着一个共同目标前行，一路上产生各种交流；洞穴指一个人在洞里反省思考；生活是指去应用和实践学到的知识。可见，这四种学习模式包含了完整的学习过程，即获新知、合作交流、独立思考、实践应用。

第一看篝火场景。在校园里，几个同学坐在银杏树下的座椅上，在大厅里的钢琴旁，在图书馆后面的山顶上，在树林、果园、农场、动物园、水池边，其中一两个学生主持，其他学生要么在认真倾听，要么在做作业，要么在讲解问题，要么在对弈，要么在观赏研究动物，要么在拍摄春天的美景。这些悄然存在的情境，是一些去权威化的篝火场景，某同学通过思考、观察、操作等行为提出一个好问题，激发同伴的好奇心，在此基础上大家展开讨论，讲述者就成了"小先生"，倾听者就是"学生"，沟通与合作也会随时发生。

第二看水源场景。笔者发现一些初一学生围在一堆石头前，走近看，老师正组织学生在石头上进行绘画创作。有一群学生走进学校博物馆，笔者也跟随进去，原来他们邀请了党政办的老师来给他们讲解学校的红色文化历史，他们手里都拿着一张彩纸。笔者也拿过来一张，内容设计如下。

历史之旅（地点：校史馆）

今年是纪念毛主席为育英学校题词"好好学习，好好学习"70周年。请参观校史馆，记录你印象最深的一件事、一句话，或一幅图，并说说为什么它让你印象深刻。

文化之旅（地点：图书馆）

穿梭在书架之间，哪一本书会在你的指尖停留？请在馆藏图书中挑选一本作为你本学期的阅读书目，并简单介绍一下这本书。

寻美之旅（地点：校园各处）

漫步京城的最美校园，每一个不同角度都有全新的风景。请用照片、图画、文字等形式记录你眼中的校园最美之景、文明之景。

健康之旅（地点：操场北侧篮球场）

文明其精神，野蛮其体魄。请在跳绳、投篮、跑步中任选一项，并记录下自己的成绩，在运动场上尽情挥洒你的汗水吧。

这样的活动或课程，其场景中是有目标的，学生个体能够在认同小组或团队目标及核心价值观的基础上，积极主动承担分内职责。教师参与其中，帮助学生建立深刻的情感链接，实现共同发展。在寻求水源的路上，每个人都有与他人对话交往的机会，他们不仅要考虑如何解决问题，同时也要学会合作。

有条件的学校可以建设文化校史馆，创建非遗特色文化体验连廊，利用走廊、架空层等灰色地带，与课程、文化相链接，将原有的走廊打造成一个学习大街，利用架空层一角打造放映厅、课程展示厅等，这些都是学生个人或团队寻觅水源的好地方。

第三看洞穴场景。在校园的花园一角，你会发现有一两个学生在静静地读书；在图书馆后面的座椅上，你会发现几个学生围坐在一起静静地做作业；在小溪旁，你会发现两个学生在聊天；在花丛里，你会发现有一个学生藏在里面，他们在玩捉迷藏。当然，走进图书馆里，你会发现更多的学生坐在某些角落里，正在全神贯注地读书、浏览百度信息，有的在沉思。

洞穴是让人静心思索的地方。这些地方可以培养学生的各种思维能力，有助于帮助学习者更加积极主动地建构意义、解决问题、合理行动。相对封闭的洞穴空间，激发学生独立思考的能力，方便学生在此进行自主学习，满足学生个性化的学习需求。

在校园里，教育者应该有意设置类似的相对封闭或半封闭式的空间。在校园里的一些地方装设座椅，甚至可以安放各类棋盘、各种模型、科技玩具等物品，创设可以安静阅读、绘画、实验、写字等的空间，建设动物园、花园、果园、树林、农场、水池、喷泉、小溪、瀑布等景观场域，这些地方变成了一个个"学习岛"。即使是开放空间，也会成为学生的秘密封闭空间，因为这里的场景会深深吸引着他们来观察、思考，这些地方给学生提供个性化学习的场所，促进其深入探究。

第四看生活场景。生活是指去应用和实践学到的知识。在生活场景中，学生可以获得极为丰富的学习体验，能够参与并投入旨在产生新颖且有价值的成果的实践活动。不同于生活经验的获取，生活场景提供真实的学习情境，让学生参与并实际践行，强调培养学生的创新能力。

比如，利用公共区域为学生创新活动提供实践场所。创作实践区是学校开展实践活动的重要平台，学生可以根据自己的兴趣及特长，选择不同的主题进行项目式实践探究，将无限的想象变为现实。跨学科学习区的设立可以充分激发学生学习和实践探究的主动性。通过劳动教育也能够带给学生"真实性"的体验，让学生在劳动中学习，在劳动中成长。生活场景将与"真实"相链接，鼓励学生敢想敢创，真知乐行。

初中毕业班的同学们在完成化学老师"改良土壤酸碱性"的项目化任务过程中，了解了土壤的酸碱性和土壤的肥力与植物生长的关系，亲手在校园里移植绣球花，并能够根据对绣球花花色的期待改良土壤，为最美校园的土壤改良留下宝贵经验。尤其是老师与学生一起动手把实验成果"绣球花"栽在学校的农场里，完成了学习与生活的对接，把这一系列行为上升到爱校、期待美好未来等有意义的教育元素上，可谓应用与实践知识的经典之作。

侯景皓同学还欣然写了一篇《绣球花语赋》，读来让人感动又敬佩。这篇赋被刻在一块木质牌子上，放置在绣球花海的旁边，永远留在校园里。《绣球花语赋》原文如下。

春时雷动，欣欣向荣，植绣球之苗，望缤纷于道路；恰中考之时，期鲤跃于龙门。

瞻彼来时，蒙以养正，相从以类，教以成性。于斯园也，天清破晓，日耀明空，山楂树满，银杏枝摇。余音犹记，远思迢迢。忆往昔，白鸽迅羽争飞跃；念旧日，碧空佳景正逍遥。中秋夜雨，万千荧芒璀璨；寻宝乐游，三五同窗共招。问道路畔，风引万籁声动，知乐园中，岁寒三友相邀。同乐廊前曾记否："一两知己同品喜怒哀乐，三五好友共赴学海书山。"此团聚之花语，千帆竞渡，凝心聚力，共克难关。

寄余高志，临风雨，见虹霓。东风染卷，碧水涟漪。春雨点墨，晴云织衣。师言循循，书声琅琅。平身正意，笔墨书香。人情可怀，师恩难忘。朝披霞彩，夜游辰光。同行无阻，挑灯明芒。志学此际，莫负众望。九载韶光，不负年少；一朝风起，定上云霄！此希望之花语，不忘初心，砥砺前行，再创辉煌。寓吾学子，立惊涛，展鹏程，以心为境，以身鉴行，以目为镜，以音袭明。乘风破浪，继往开来。好好学习，关心社稷。修能养才，立德树人。勿忘校训，永忆师恩。大道无边，不惜朝暮；广汉无垠，共赴征途！此永恒之花语，师生共济，薪火相传，生生不息。唯吾校吾师之九载哺养，可昭育英风雅之正意，方吾国吾民之数代春秋，乃承中华崛起之长鸣。桃李天下，杏坛春风。百日誓师，万里前程。振心明意，文以记之。

从以上介绍的课堂内外教育者有意设计的教育场景中，从校园里适用四种远古比喻的学习场景中，我们都看到了"每个人都是知识文化的传播者"理念的现场情境。这说明，教育是明媚的，凡是尊重规律的实践，不管是在古代还是现代、未来，都是最迷人的。我们的学校教育应该有这样的敏感度和境界，为每一个学生创造条件和机会成为"小先生""小教授"。

这是尊重学生、以学生为本的教育思想，是师生、生生平等的具体表现。这种学习方式能启发和解放学生的创造力，能发展学生的自主、合作和探究能力，利于学生反思调整、全面发展，最终落实学校立德树人的根本任务。

第十节　文明，尊重学习者的内在生命运动

苏霍姆林斯基说："学习要在一种多方面的丰富的精神生活的广阔背景下进行。"该校的课堂学习也因此正在发生着静悄悄的革命。

大家都明白，现在的老师不再是纯粹的知识传授者，因为学生的学习不仅仅发生在学校的课堂里，原先一个个学生安静地认真听老师讲解的场面很难再现，思维活跃、敢于表达自己观点、勇于展示自己个性的学生让课堂变得难以驾驭。

因此老师也必须是一名学习者，其担当的角色也需要与时俱进。在新的课堂生态下，育英学校的老师开始变为教学和课程资源的整合者，他们的任务主要是管理时间和空间，整合教材，提供课程。他们还是学生情感的点燃者、学生好奇心的守护者，是学生兴趣的引渡人和发现者，是自主管理智慧的提供者和服务者，是帮助学生运用工具对接学习资源和自主学习的创领者。

为此，笔者邀请到数学教研组组长江丽华老师，与她进行了三轮对话。伴随着我们之间对话的进行，笔者越来越有一种感觉：在育英学校的老师身上，蕴含着一种文明精神，就是让学习者的内在生命运动得以回归，时时处处尊重学生的学习权利，尊重教育教学的规律。

与江丽华老师的对话（一）

关键词：等待 倾听 简洁

李：工作二十多年，你积淀下那么多丰富的经验，如果不进行系统梳理就散落了。你需要再一次提升，再一次跳跃，从而实现自己生命成长的一次超越。在职业生涯的中后期，能够再次实现一次成长的飞跃，我觉得这是了不起的。你的生命活力，你对教育的理解力，是一种强大的推动力量。你对教育有更加深刻、更加辽阔的理解，从而走进了令人向往的教育"桃花源"。

我原先就是一个农村学校的普通老师，伴随着一项教学改革走进全国教育圈的视野。我认为这是一个突破的路径，我希望我身边的老师也有这样的突破。这样，回想起来，才感觉干一辈子教育没有白干。到了你这个年龄，经验丰富，个性鲜明，但是仍然感觉自己的教学主张还没有形成，我知道这对于一名长期站在讲台上的老师并不是很容易的。因此，我想以自由对话的方式，与你聊聊基于你个体理念的专业问题。我听你的课有很多感触，我筛选了三组关键词等待、倾听、简洁，就从这些关键词开始我们的交流吧。

江：我的语言简洁，可能是因为从入职开始就感觉自己的普通话不太好。

李：我感觉你简洁的语言背后是一种等待。等待学生去思考和认识，等待他们的表达。先就关键词说说你对等待与倾听的理解，你怎么践行等待与倾听这两种技巧。

江：我在课堂上还真是这么做的，但是最初不是有意识地这么做，一开始就是觉得自己的普通话不太好，我的听力也不是很好。记得有几次校长跟我说"我叫你好几次，你怎么不理我"，我说"我的耳朵听不见"。

我开始慢慢地让同学们跟我表达得慢一点，我自己表达得也慢一点，后来就习惯了"慢慢地"。另外，我在等待的过程当中确实是在倾听，双方都有很大的收获，因为我没听清楚学生的观点的时候，我没法跟上他们的思维；学生没听清楚我的观点的时候，也没法理解我的用意和我的思维。所以慢慢地，我就从无意识变成了有意识的，十多年来也确实是遵循了这个习惯，然后尽可能地用简短的语言来描述我的意图和目标。

李：我是这么想，你这么做的背后有一种理念、理论，或者是某一种观念的支撑，你能分析一下吗？

江：当然，你刚才提到了简洁。我们数学还是比较符合这样的理念的，我们数学老师都有一个比较明显的特征，就是崇尚简洁美。如果说语文是玩文学美、语言美的，数学就是玩概念美、简洁美的。其实我们数学知识的呈现，比如代数的结构，都体现简洁美，同时探询数学的结果也是一个趋近简洁美的过程。还有，数学从繁到简，从具体到抽象，也都体现了一个趋近简洁美的过程，你认同我这个观点和理论吗？所以我观察到，我们数学老师的表达基本上都比较简洁。我个人认为这是我们数学老师的美，这不是标榜我们数学老师啊，可能这个跟数学学科是有一定关系的，我是这么想的，就像我现在跟你表达一样，我也是用比较慢的语速。

李：我一直有一个观点，作为一个名师，他的教学风格和他的教学主张，一是与教材的关系，二是与课堂的关系，三是与他的整个处事风格的关系，要有一体化思维。你具体再说一下这个简洁之美，到底在课堂上，或者在一个人身上，或者在课堂的具体细节上，有几种呈现。就相当于春天的玉兰树开了几朵花，就是你简洁以后导出来的这个果是一种什么果？

江：刚才你说的那一点我比较认同，就是这个简洁美其实表现在为人处事方面也会是简洁的。

李：为人处事？

江：对，这确实是我没能提炼出来的，这是你帮我们提炼出来的。我再返回来想想数学老师，相对来说，凡是学数学的，说话表达、为人处事方面都还是比较简单的。我还注意到，其工作作风也简单明了，这个简单明了，我认为有利有弊。

李：什么事都有利和弊，看选择什么出发点了。

江：对啊，就是说，想问题太直接了，太简单了。其实还是跟我们数学老师的这个简洁风格有关系，如果这算一个弊端，也是一个需要改进的地方啊。这种为人处事比较简洁的风格，确实让我们数学老师很少有那种拖泥带水的习惯。

李：你觉得这种简洁，到底跟你的数学课堂有多大的关系？能否对你的为人处事做深层次的思考，比如和学生的关系，和教材的关系等？

江：和学生的关系也算为人处事的一种体现，用这种简洁的风格跟学生相处，也是有利有弊的。这样说吧，在师生相处的过程中，可能考虑的其他复杂的因素比较少，所以就能跟学生相处得很纯粹，但有时考虑情感方面的因素也比较少，所以跟学生相处往往考虑不到情绪的变化，对吧？但是在我的教学过程中，我只是让问题的呈现比较简洁，表述比较简洁，我背后思考这个问题的方方面面，我的思考还是比较复杂的。

李：这就深刻了，我就等着这句话呢，表面简洁的背后或内在是复杂。

江：对呀。就比如说，我看到的这个题就是一加一等于二，我的呈现结果非常简洁，我的表达结果也非常简洁，但是在思考如何解决问题的过程当中，我认为我并不简洁。还是思考得很多的，我不知道表达清楚我的意思没有。

李：明白，明白，就是你思维的逻辑性、敏捷性、全面性，以及前后的关联性等并不简洁。你简洁的背后，一定有你深层次的多年的经历。对数学学科本身，在数学核心素养上，都有一个完整的思考，才能换来简洁的表达。你对背后的东西理解得透彻，梳理得清晰，所以你能抽出里面本质的东西。

江：李校，你归纳得太好了，就这个意思。就是说，我认为，如果能很好地实现倾听、等待和简洁，其实背后是付出了很多东西才能换来的。

李：就是说春天开了一朵花，大家都感觉它很美，开得很简单，阳光一出，花就开了。但是背后，这朵花却需要经历春夏秋冬，经历风吹雨打，还要经历园丁的培育。

江：李校，咱们交流少，但是我觉得今天我收获很大，确实是。

李：《道德经》中说到了一个"道"，如果你理解了这个"道"，就能明白数学之道、育人之道。

江：我在教数学的过程当中，看了很多专家的文章，受他们的影响是特别大的。从数学知识与方法中，一定要看到一个数学规律，数学的本质是你能看到一些规律性的东西。这种规律性的东西，不是我们表面的理解，而是你发现的内在的东西。比如，当你教几何的时候，一定要看清楚几何的本质，就是研究图形的时候，一定是看它的位置关系带来的数量关系；看代数的时候，一定是看它的结构，看它的变化。这就是我们说的那个简洁美；那个结构特征很美，对吧？

李：雪花的结构都很美。

江：对，就是一定要看到数学本质的东西，它的这些规律性的东西。不是简单的模式，那个模式不是所谓的规律。

李：你用一个比较容易理解的、切入点比较小的案例，说一下数学的本质。

江：我不知道贴切不贴切。比如，研究一个三角形时，就是研究它本身，即研究它的边长，它的角度，研究它的面积和周长。然后，当加上另一个图形，就是两个三角形的时候，一定是研究它们的关系，这是我们几何研究的一个最本质的方法。在现场举很简单的例子，单独看你看到的是李校长，然后呢，我跟你站在一起的时候，别人看到的是江丽华学校的李校长。就那个意思，我不知道表达清楚了没有。这里还有哲学的一种意味。从这个意义上，咱们一定是有关系的。

李：这是"道生一，一生二，二生三"的妙趣啊。

江：我打断一下啊，其实我一直在想，这个"一生二，二生三"，其实比较契合我们数学当中的公理化思想。

李："三生万物"。

江：对，从我们数学的起源和发展看，是先规定这些是对的。在数学体系当中，我规定它们是对的，然后把这些规定作为我们数学的发源起点，开始不断地往下发展。比如，一开始就规定"两点确定一条直线"对的，然后在这个基础上，慢慢地发展我们几何体系。所以说，我们现在学的欧式几何，就是在这个体系当中是对的，这是我们数学当中的一个公理化思想。这个公理化思想也涉及数学的起点和本质的问题。

李：在代数上也有这种体会吗？

江：比如，代数上规定"一加一等于二"，然后所有的加减法、乘除法就能建立意义。其实我们数学当中的公理化思想，就有点类似于你刚才说的那个"一生二，二生三"。我感觉咱们今天的交流非常有收获。

李：刚才咱们谈得比较深刻。我读过一本书，说水也有生命。当你高兴的时候，你拍摄的水，结构图案非常美；如果你生气时拍摄，它的结构图案就不一样了。课堂就好比一滴水，也有生命。你的等待与倾听，会给学生一个暗示，一种影响，一次熏染。老师在等我，我就要认真地思考，老师在听着呢，我要大声说话。我发现你们班的学生说话声音都挺大。我听了这么多课，发现有些学生说话声音还是比较小的。这种等待与倾听，也是课堂上非常重要的策略。能不能说一说你的等待与倾听？回想一下，在课堂上有哪些奇妙的现象？

江：关于我的等待与倾听，在当时我们数学组评课时也说过这种习惯。我开始等待和倾听学生，反过来，他们也会等待和倾听我，是双向的。为什么我的学生上课回答问题时声音大？就是因为我每教一届学生的时候，都告诉他们，一开始是无意识的，我说老师耳朵不太好，请他们声音大一点。所以我的学生回答问题时基本上声音都非常大，然后慢慢地，他们也形成这种习惯了，这是其一。再比如说，我每接一届学生的时候，特别是在教学生回答问题的时候，都告诉他们"要先想一想，你再举手回答问题"，就是回答问题时不要脱口而出。脱口而出回答问题基本上有两种原因，要么是教师提问很低效，没什么思维价值；要么就是学生信口开河，没经过深入思考。这个习惯，我们从初一的时候就开始培养。在这个培养过程，我等待你，你也等待他，等待我。此处的等待有两层意思，我要等待学生听明白，等待学生深入思考后的回答；学生也会等待和倾听其他学生的回答，或者我的讲解。所以，基本上我每接一个新班的时候，都会培养学生的这个习惯。

李：后面怎么一步步强化？

江：我一般都会给一点时间，基本上一两个月。过一两个月就会好一点，我记得当学科主任的时候，就是从初一（起始年级）开始抓这个习惯。起始年级的学生容易出现那种不等待的情况。第一是学生不等待老师，他抢；第二是他也不等待那个回答的同学。所以我一般都是从初一的时候就开始，用一个月反复练习，我觉得需要时间。

李：你认为，如果学生不等待老师，不等待同学，会有哪些不好的结果？

江：人是要互相尊重吧。我在说话的时候，你是不是眼睛要看向我，这是眼神的交流，对吧？别人都说眼睛是心灵的窗户，我跟你说话的时候，你是不是看着我？这就促使你倾听和等待。第二，他的回答还没说完呢，你没等他说完，这就上升到人与人之间交流的基本礼仪和尊重上来，这是教育的过程。然后，最明显的是，他的问题都没说完，你听清楚他说什么了吗？在我的教学当中，如果我讲的时候，他们没听，我就会说："你们认真听老师讲什么了吗？老师课讲得是好是坏，你们听到了吗？"这是课堂里最起码的等待和倾听，我觉得要有一个训练的过程。

李：不等待的学生可能想展示他的个性，他的处事方式，因而忽略了倾听他人的想法。中国台湾有一个名师，他说大陆的学生上课的时候举手太快，因为他们没有进行更完善的思考。但是呢，我发现在咱们育英，很多课堂上学生都不举手。咱们先不谈这个。就是说你有没有着急的时候，或者有没有等不及的时候？

江：肯定有。我想呈现我的问题的时候，第一个举手的学生随便说或者瞎说的时候，我肯定有着急的表现。另外学生回答的不是我想要的答案的时候，我也会有着急的表现。我年龄大一点，也是老教师，我也会不断地修正自己。我尽可能从他们胡说的话，或者说错的话中去挖掘那些有价值的东西，不是一味去批评。我相信，他们说的话里面会有闪光点。

李：我觉得有时看着学生好像在课堂上对这个题目乱说一气，但其实他有他的思考。老师要有水平把他说的那些点抓住。

江：对，我从年轻教师到老教师，肯定也经历一个提升过程，所以我就会慢慢地去看看他们有没有可取的地方，有没有闪光点。他瞎说，也有瞎说的道理，只要他说，就说明他有思考，也说明至少这是他自己的想法，我相信"我思故我在"的道理。

李：只要思考了，就有价值。然后关键是老师能不能把这个道理引向需要解决的问题上去。

江：年龄大的老师一般都不会轻易地否认学生的话，一般他会去挖掘。

李：我发现有些年轻老师，对学生的一些表现，或者说突然说的一句话，真的不懂。我曾经听过一个老师的课，他讲了一些内容，然后学生说他看过一本相似的书，这个老师好像没听到一样。这么重要的一个信息，他捕捉不到。

江：上课时，我特别愿意让学生打断我，说："老师，我有个问题。"我比较偏向于我的个人风格，就是顺着学生的思维去延伸，这是我的一个习惯。"老师，关于这个地方我有一个想法"，听到类似于这样的打断，我是很兴奋的。即使我的进度没完成，也没关系。

李：我听你课的时候，也有这个感觉，我理解你这种理念。给人的感觉，就是顺着学生的思维走的，看不出你预设、雕刻的痕迹。但是，万一你这个学生跑了，跑出你的预设，完不成任务怎么办？

江：这可能跟课堂的管控艺术与经验积累有关系。学生思维开放发散之后，我要把它收回来。开放是为了更好地聚焦，就是即使学生偏离我的方向了，也应该先顺着他的思路走一走，再拉回来，再一次掌控秩序，把控好课堂，尽可能地完成教学目标。当然也会有那么几节课，当顺着学生的思路走以后，我的目标没有完成，我只能是下一节课再去完成，肯定不能经常这样。

李：还有什么方式？下一步要加快调整，还有什么办法？

江：我觉得核心的东西应该还是要在这节课讲完的，如果你要说有一个题没讲完，我会想这个题对我这节课目标的完成是否起到决定性的作用。

李：这是个关键点。

江：如果这个题承载着我的教学目标的话，而且对教学目标起着比较大的作用，那我会放到下一节的正式课堂上讲解；如果对我目标的完成不起比较大的作用，仅仅是一个巩固环节的话，那我就会放在课下或者单独辅导时讲解。

李：啥时候出手，怎么出手，一个老教师应该是游刃有余的。啥在课上，啥在课下，或者是在这个学期，或者是在这个单元，我不是那么机械。

江：我觉得老教师都应该有课堂把控的艺术。

李：不少的老师，比如定了三个目标，他就以这三个目标来定义它这个课堂的成功率、达标率。当时咱们谈到，有的学生确实有新的生成的一些思维、思想、方法，肯定是在师生互动的时候生成了一些东西。看似不在三个目标之下，但是不是目标也有生成性？

江：确实是这样。其实咱们这种观点，也会有预设和生成的一个关系在里面。

李：看似教案的三个目标没完成，但是呢，这节课会有意无意地完成另一个生成的目标。

江：有可能。这个观点我也是第一次听你这么说，确实应该会有目标的一个生成情况。

李：因为你的目标肯定是原来预设的，但是在沟通的过程中，与学生的思维或者生命的交往中，你得真诚地和学生交往，你得倾听他，等待他，就是说与学生有一种真诚的生命交流。

江：思维与生命，我记下来了。

李：肯定会碰撞出新的目标，这个目标呢，有时候是无形的，如果你有这种理念，你就不会有什么失落感了。目标没完成，你就会想，虽然这三个目标没完成，但是你意外地完成了另一个目标。然后没完成的目标，可以通过作业呀，单独找他辅导啊，答疑啊，甚至是放到单元练习中，可能就达成了。有可能这个问题当堂解决，也有可能搁置一段时间，我作为一个老师，始终是不会忘的。

江：但我们并没有上升到这样的高度，只是觉得要这么做。你还记得前段时间让教研组组长写的文章《双减之下如何对课堂教学提质增效？》吗？其实你当时推荐过一篇文章，我当时的第一反应就是我和特级教师的差别在哪儿？我认为，最起码的就是缺少他们的提炼和归纳能力。就像刚才你说的这个目标的生成，我认为是有的，但是我们没有想到说这个叫目标的生成，这也是我今天的一个收获。另外，特级教师总是有独特的视角，包括你啊。

李：有些老师备课的时候不重视目标，甚至不会设定目标。有的老师会被目标局限住，就一直向着目标前行，放不开。

江：确实，目标的预设和生成是一个思考点，其实也可以作为一个课题，是吧？

李：那你再说一下，今天就讲这一个话题。你再梳理一下等待、倾听、简洁三者之间的关系。

江：三者之间的关系，我从这个面上来说，就是能看到我的归纳能力不行，刚刚已经强调过。

李：就是想啥说啥。

江：其实这三个词还真有关系，对我来说，如果我不等待，我就倾听不清楚，更谈不上简洁的问题。这是最直接的逻辑关系吧。

李：所以这是一个循环定律，我不等待，我就倾听不明白，是吧？

江：我的倾听就做不到完美。

李：我有时候不倾听，我没听清学生的表达，没发现学生的真实的东西，我就没法用简洁的表达来呈现我的东西，我就会啰哩啰嗦。

江：学生们也不愿意等待。对呀，我觉得这也是一个循环过程，我觉得你这个问题提得非常好。

李：对话的第一个标题，就是等待、倾听、简洁的关系。

江：三者的关系，我看到的应该是这样，你提的这个问题非常有逻辑。

李：我几年前去重庆听课，发现一所学校所有的老师都是戴着耳麦上课。我认为可能有两个原因，一个原因是保护自己的嗓子，另一个原因是想通过耳麦让学生听得更清楚。

江：用耳麦声音就更大一些，但是我上课有一种感觉，有时候说话声越小，学生听得越好。当然这只是我的感觉，不知道背后的道理。

李：背后有啥？我给你读一篇文章，可能对你有所启发。

在听课时，我发现有些教师喜欢戴着耳麦讲课。目的之一肯定是想通过耳麦发出更大的声音，以便学生能听得更清楚，潜意识的理念是想用高音量来控制课堂，管理课堂。

殊不知，课堂上，教师与学生需要的是用心听、用耳听、用眼听，甚至用整个身心来听。

教师需要俯下身段、蹲下身子去平等地侧耳倾听，去听学生的学习成果表达，听学生之间、师生之间、人与文本之间的情感交流。倾听学生暴露出的问题，好有的放矢地再次组织新的学习活动；倾听学生不经意间提出的精彩观念，智慧地处理学生生成的观念和问题；倾听学生的态度和价值观，有机地落实学科育人的任务。

学生在课堂上，不仅仅是通过教师从嗓子眼中发出的声音，也不仅仅是用耳朵这唯一的器官来从事学习活动。他们同时需要把自己的眼睛、双手、心灵、大脑解放出来，用它们去倾听课堂的声音。他们需要在做中学、玩中学、错中学，需要倾听这些极好的学习方式所带来的体验。如此，他们的思维才能活跃起来，学习才能真实可见，变成学生自己的事。

戴着耳麦上课，良苦的用心可能阻碍了教育规律的良性运作。因为有了耳麦，教师会容易误解学生，错误地认为学生都已经听到了，甚至人为地认为学生听到了就学会了。它还屏蔽了教师的观念与行为，使教师不容易推行"以学定教""以学习者为中心""用所学的知识来做事"的课程观念。

这种观念也会让学生错误地认为，学习是以"听讲"为主的行为，对于其他让学习效果更好的方式，如交流合作、动手体验、展示反馈、创造迁移等了解甚少，学生在学习中难以锻炼能力、提升素养。

因此我建议教师们尽量不要戴着耳麦去上课，学生不是学习知识的机器，他们需要用整个人格、生命背景与情感智慧去引领、激励、唤醒。不要怕教室内学生太多听不到你说话的声音与内容，课堂上学生才是真正的学习者，教师只不过是学生学习的帮助者，学生学习的教练。

课堂上更多的应该是学生的声音，学生更需要的是他们有机会进行自己的学习活动。教师的轻声慢语也许更有教育的魅力与力量，一个眼神也能起到管理的作用。

请教师们走下讲台，走到学生的身边，走进学生的心灵，去用心倾听学生整个身心的声音。"倾听"才是教室里最美的姿态。让教师、学生都要学会"倾听"这一高超的教育策略，缺失了"倾听"，一切课堂改革都是虚假的行动。

江：太好了，这篇文章很好地诠释了我们对话的理念。尤其是今天我俩这种交流方式，也遵循了主题"等待、倾听、简洁"。

李：这种对话的方式可能比请一个专家讲座效果都好。因为内容都是生成的，因为你来之前我没有准备，你也没有准备，从这三个关键词开始，这些都是你自己多年探索积淀下的东西。

江：我特别期待下一次跟你交流，这其实就是一次很有效的教研活动。

与江丽华老师的对话（二）

关键词：安静 可见 转换

李：其实有些东西，大同小异。上周听了你一节课，感觉你上的课很有磁力、很有内涵，就像一幅中国山水画一样，有的地方有浓重的色彩，有的地方留有空白。

不少老师在课堂上总是在唠叨。指令不清楚、不简洁，还不完整，一看学生不明白，学生们还在思考的时候、做题的时候，他们又唠叨一句，再强化一下，他们以为是强化了，实际上影响了学生的思维，打乱了学生的进度。因为学生思考需要有一段不被切断的时间。对话的方式是一种平等的方式，是一种互相学习的方式，不是居高临下。

你这么多年实践的一些东西，通过对话的方式流淌出来，自由地流淌出来，就是非常自然的，不加修饰的，想说啥就说啥。这可以作为你这一个阶段对自己教学主张的一次梳理。

下面还是从三个关键词开始。在你的课上，有一些时间让人感觉非常安静，你不是在唠唠叨叨地想塞满课堂。你是怎么达到这个状态的？在这段安静的时间，你在干啥？你在想啥？

江：首先，我是这么想的，只有在这种安静的环境下，才能静下来想一些数学题，是吧？校长也曾经说过，对数学组的老师来说，无论有什么烦恼，只要做题就一定能静下来。老师做题尚且如此，学生更应如此！因此，我必须给学生一段安静思考的时间，安静是思考的力量！

学生在安静的环境中，我在干什么？其实我的大脑基本上都在快速地运转。因为抛出去问题之后，我会有各种预设，有我教案里原先预设好的，还有我在巡视的过程当中发现的一些问题，有现场生成的东西。在学生安静做题的过程中，我也要保持安静，共同营造一个安静的环境，促使我在课上思考再思考。所以，我此时一般不太说话，我不知道我表达清楚没有。

李：这是非常关键的。

江：我打个比方，说得简单一点。我把这个问题抛给詹静的时候，其实我俩之间有一个博弈的过程。就是我在看你做题的时候，可能发现你做出来的跟我的预设是有差别的。那么我需要在巡视的时候，让自己迅速安静下来。我要想你为什么这么想，你跟我的预设有什么相同的地方和不同的地方。所以呢，实际上我在给学生安静环境的同时，也给我自己一个冷静思考的环境，这是我最主要的一个想法。

李：也就是说，给你自己创造了一个机会。在观察的过程中，看着学生，不管是写啊，还是其他状态，从表现出来的信息，或者是激发你，或者是启发你，或者是唤醒你的预设，激发你新的思考。

江：是的，因为课上有太多的东西需要我再一次备课，再一次迅速做出反应。咱们都有过这种经历，如果老师一直在不断地提醒学生怎么做，其实自己静不下来思考，而且你也没法太关注学生生成的东西，因为你一直关注学生是否完成你的预设。但是当我安静下来的时候，我就有很多的时间去关注学生的生成，然后我会迅速调整。我不知道大家有没有这种感觉。

李：在课堂上，在安静的环境当中，有再次备课的行为，这是非常新的一个观点，我也是第一次听说。一般是教研组集体备课以后，老师再根据自己的个性特点、学生需求，再二次备课。但是你在课堂上会又一次备课。

江：我迅速调整，我在巡视，安静地巡视。

李：这种备课是在安静的时间，有可能是一分钟，有可能是三分钟，然后在这个短暂的一分钟或三分钟的时间里，有一个再次调整再次备课的机会。这是非常有价值的。

江：这其实跟现在对话的情境是一样的。您提供给我一个问题，我必须安静地听完之后，才能迅速而且正确地做出我的反应，这就是一个迅速备课的过程。

李：那天我看了一个名师的课，他抛出问题后，就巡视观察，收集学生的各种信息和数据，为下一步学生展示提供依据，实际上这就是又一次备课。在你的课堂上，有一种很好的回应语言。简单地说几句话，也是在安静的氛围中，因为学生是安静的，你的声音就是在这个安静的过程当中不断地调整。我觉得一次次收集数据，是为学生的展示，是为精讲点拨服务的。你调整自己的教学方式，做出新的反馈评价，又紧接着迅速调整，这是有节奏感的。我觉得这就是你课堂的一种风格，平时你感受不到，这体现了优秀教师的资质。

你再说说安静以后，是怎么处理的？有一种家庭教育方式很让人受启发，据说当你训斥了孩子以后，最佳教育时机不是训斥的时候，是训斥完了，孩子跑到你身边叫妈妈让抱抱时，这是最佳教育时机。其实你训斥他的时候没啥作用，是安静以后才起作用，实际这才是最佳的教育时机。

江：我刚才说，我抛出问题之后，给大家安静的环境和空间。你刚才说的这个安静，应该是不同于我刚才说的那个安静的环境。

李：对，就是这个安静的环境结束了。

江：对，安静的环境结束之后，应该说我已捕捉到了学生的信息。如果发现学生有闪光点，我就要抓住这个闪光点，一般不会放弃；但如果发现学生没有什么创新点，我基本上就拉回原来的教学问题。反正这两种情况常常在课堂中交织上演。

李：你举个例子。

江：比如说，今天讲概率，先回忆一下概率的公式，就两个条件，第一个就是出现的结果是有限个，第二个就是各种结果出现的可能性相等。课堂上让学生自主阅读教材并写出自己的批注、质疑和思考，学生提出了很多问题，其中有一个问题是这样的："如果结果是无限个，概率怎么求呢？"当时我心头一紧，因为学生提出的这个问题是我没想过的，但是这个问题非常有价值。于是我迅速跟听课的实习老师交流碰撞，顺利解决此问题。

李：但是有些课，老师不注意学生的发现，因为发现太多了，就会影响进度。与安静相近的词，叫沉默。安静和沉默，还不是一回事。有的人听课、评课的时候，希望课堂上非常热闹，而这有可能是表面的一种热闹。其实，有些情况下，沉默的课堂也是一种非常积极的、活跃的课堂。表面看很沉默，其实很活跃，我感觉到你的课堂是很活跃的，但是有些时候，课上是安静、沉默的状态。

江：是这样的，起始年级的学生容易活跃，至少表面上很热闹和繁华，比如高高举手之类的。我记得咱们数学组当时达成共识的一个做法是谁说话听谁的，谁说话看谁，记得吗？所以我从起始年级或中途接班，也就是当我进入一个新的班集体之后，都会在这个学习习惯上进行培养。不仅听，还要看对方的眼神。这个时候，其他学生都在安静地倾听。实际上，一个学生回答，大部分学生也跟着思考，就像咱们现在开会的场面一样，我是这么想的。

李：你怎么看出来那些看似沉默的人也在思考呢？

江：基本上是通过眼神的交流啊，跟学生相处的时间长了，就会读懂对方的眼神。当然也有学生可能一声不吭，咱们老师看他是否理解或者思考的话，就有可能换一个方式。

李：你说说细节。

江：我会提醒，比如说看到一个同学在走神，会悄悄地走过去，在安静的前提下，点下桌子也好，拍拍他的肩也好，其实是在做一个暗示。

李：你再说下，这个地方很重要，还有哪些方面？

江：我刚才谈到了提醒这个方法。我觉得老师眼里要有学生，三十多个学生，每一个小动作、每一个小眼神都装在老师的眼中。谁在做什么，谁在想什么，老师应该能够马上捕捉到。

李：你怎么能捕捉到？

江：其实除了通过提醒来捕捉学生是否在思考外，我还有一个自己独特的做法。比如，A生上来说他的想法，说完核心步骤后暂停一会儿，然后B生、C生、D生上来顺着他的思路来解读他这个想法，这种做法能捕捉到B生、C生、D生是否在思考，但是呢，我一般还会让A生收尾，A生会讲讲自己的思考跟B生、C生、D生是否一样，并进行总结。其实这个做法最早的出发点是不要被优秀生绑架课堂，但后来发现能调动很多学生的积极性。

李：你这个B生、C生、D生是怎么选出来的？

江：基本上有两个类型，第一个分层次，第二个分听讲不听讲，基本上是没听讲的叫得比较多，因为认真听讲的同学能理解A生的思路。A生基本上是优秀生，是引领大家往前走的，我一般不让A生马上下去，A生引领之后，他要在旁边看看B生、C生、D生回答得怎么样，最后大部分还返回A生这边来，所以A生基本上跟我是同台站着呢。

李：这种方式不会让学生走神，不认真听的学生也不得不听了。刚才说了两种方法，第一种方法是一种肢体语言，拍拍他呀，眼睛瞪瞪他呀，或者是伸个大拇指呀，甚至侧着身子呀；第二种包含情感因素，表现出对学生的尊重，这相当于一般暗示语言。我没有批评你，我也没有提醒你，但是却引导他们积极参与了。

接下来讨论另一个关键词：可见。我看过一本书，叫《可见的思维》，还有一本是《可见的学习》。在你的课上，学习是真实发生的，学生的思维，包括老师的思维，全部能够暴露出来，能看见。思维怎么能看见？我听你的课看到了你生成的思维，包括你的整个思维脉络，还有学生在下面的思考。你在课堂上经常说："把你的想法说出来，把你这个思路说出来。"你对学习的可见、思维的可见有什么看法，有什么做法，或者有什么体会？

江：我这个体会还真比较深，很多学生有这样的困惑，就是几何题不会做辅助线，学得再好的学生也常常问："老师，你能不能讲讲辅助线是怎么来的？"其实咱们的教学过程的确缺少这个环节，我一定要给学生讲清楚我是怎么想的。所以说，尤其是在讲几何的过程当中，我会告诉学生我当时是怎么想的，我在解这个题的过程当中遇到了什么样的困难，我又是怎么调整我的方向的。然后对学生呢，我也有意识地这么培养，就是你一定要讲你的辅助线是怎么来的。比如，求CD的长，如果你看到CD是一条弦，那你就想到以弦心距为辅助线；如果你看到的仅仅是一条线段，那你就应该想到跟直径构造一个直角三角形。你看到这个CD是什么样的，就决定了你用什么样的方法，所以我当时说的是"你怎么想的"。基于此，我在教学过程当中，从我自己开始做起，然后有意识地训练我的学生也这么说。因此我的课堂常常引导学生先说目标，再找方法。

李：《学记》当中有一句话"学然后知不足，教然后知困"，可见的学习就是要通过教，或者通过学生学，当然这里的学比较宽泛。回到你的课，我的体会就是让我看到、感觉到了从内而外的一种喷发，但看不到你备课的痕迹，你预设的痕迹，当然肯定预设了，所以这一点是非常巧妙的，实际上就是新课程标准倡导的"以学定教"吧，表现得非常到位。在让这个思维可见的过程当中，在启发学生的过程当中，你会有一些过渡的语言，就是一句话。因为这个可见，并不是说自由的就可见。你怎么让学生把你的想法呈现出来？你可以回忆一下。

江：昨天，我们组里几个老师在备课的时候，左民老师总结了一下我的课堂。她说那天大概有八位同学去前面发言，而且每一位同学的发言都非常精彩、简洁，逻辑清晰缜密。所以这也就是说看似把课堂交给了学生，其实学生的一举一动都是在我的预设之内的。学生在这节公开课上有这样的表现，肯定也是一点一点地培养出来的。接手这个班级的前两个月，不是一上来就有八个同学能站起来回答问题，更不是都能说得这么清楚，讲得这么明白。所以说，跟教师日常的训练是分不开的。教师有意识地培养学生讲清所思所想，这个见就是让思维表现出来，其实说白了，首先要让学生的脑子跟着老师动起来，其次就是要把想法表现出来。有了思考，才能说出来。这个见就是表现。他这次表现好了，用一些激励语言，下一次他还想表现。

李：关于你的激励语言，你能举几个例子吗？

江：比如竖大拇哥，还有，我经常说"你的这个想法特别好，我都没有想到"，给学生一种意识：我比老师都强，我比老师都厉害。还有就是说"咱们班今天表现比七班好"，就是班级和班级之间也在PK，其实他们在这个年龄段就是有一种争强意识，有想让自己更优秀的这种心理。有这样的想法，下次还想上去讲。

李：这也是一种课堂评价方式，叫什么评价呢？这是与学习同时发生的，是嵌入的，这是表现性评价的典型案例。对学生的表现，经意不经意地，通过语言、肢体都一一回应。你看眼神、眉毛、鼻子呀，都会动，都起作用。你还调动了声音的高与低，缓与急。这样的老师就是高手，整个的面部表情、肢体都会起作用，这些特异功能别人还学不了，因为有些是天生的。但是呢，如果有意识长期训练也能做到。

我确实注意到了，先分享七班一个同学的解法，这实际上是给八班一个挑战，让两个班比呢。另外，一般的老师快下课了，最后的作业就简单布置一下了。但是你怎么说呢，"第一个是仿照例题四，自编一道。第二个是从人大附中偷偷找了一道题，看看咱们的学生能不能做好"。就这两句话，也不一定得浪费多少时间。

江：提到人大附中的题，我们全体学生还真展开了激烈的PK。

李：你的语言有相当的挑战性，是不经意的语言，是自己的风格，你嵌入了非常巧妙的这种有挑战性的激励和评价。如果没有这句话，引不起学生这种好奇与大胆的尝试。

江：对人大附中的这道题，大家积极性非常高，说人大附中这道题他们都会做了。

李：数学老师在课堂上的评价语言的魅力也是非常关键的。另外，让思维可见、等待与倾听也是非常好的策略。没有耐心的倾听，没有耐心的等待，那学生的思维就出不来，也没有信心和勇气说出来。因为等待是一种尊重，是一种期待。它是互相的一个启发。

咱们往往说老师是主体，现在一般不说了，一般说学生是主体。你的课堂是以学定教，让学生先学后教，以评促教，评价与学习同时出现。师生共同合作，互相帮助。在你的课上，问题不是主体，主体当然一定是人。但是呢，你的课堂最重要、最核心的是大家都在干，老师帮着学生，学生互相帮助，是吧？你是不是有这个感觉？不是听老师讲，也不是单纯地赶着学生去学，而是一起去解决那个问题，所以我感觉这种课上可能还有第三主体。我不知道这个观点是否合适，只是琢磨这堂课是不是需要寻求这么一种状态：师生互相支持着、鼓励着去解决问题。在这样的课堂上，老师教着教着就不见了，老师作用很小，你达到了这个境界。你让学生上去讲题、演示的时候，会站到一侧，把重要的位置让出来，但是你让出来后，不像有的老师一样站在一边啥也不管，不是那样。你不光把讲台让给学生，还把下面的学生也放到重要位置。江老师，你注意到了没有？

江：嗯，对。

李：你为什么这样做？

江：最肤浅的一个想法就是，既然是我让学生去回答，他应该是这个课堂的中心。

李：以学习者为中心。

江：我都已经请他上来讲了，我也应该听他的呀，我不听他的，我没法做出反馈，对吧？另外呢，我觉得我能让他上来讲，是出于对他的信任。我出于对这个讲课的学生的信任和尊重，应该把这个舞台让给他。当然我站在这边也方便，我看得见，听得见，这也是一个原因。反正我现在还没上升到哪个理论呢，是肤浅的一个想法。

李：我说的问题是第三主体，就是强调在备课的时候，在分析教材的时候，设计问题是相当关键的。你设计不好问题，课堂上，思维的可见是实现不了的。

好问题的特点是有冲突性、情景性和产出性。比如就"二加二等于几"设计好问题，最好的办法就是现场建一个二加二的小组，就让学生在做中学，不是直接回答，他能做，现场做。你能举两个关于二加二的例子吗？说就行了，就是举例。但是最简单的，你知道二加二等于几吗？回答是四。而"你能举两个关于二加二的例子吗"已经关注到思维开发了，可以对话，可以进行课堂交流。现场建一个二加二的小组，不仅注重做中学，还能实现生生对话，能产出思维成果了。可见的学习、可见的思维产出的是思维成果。

江：我还有引导学生把想法说出来的方法，我不知道大家注意到这个环节没有。我告诉学生，我编题的灵感来自我阅读的教材。我觉得我在教学过程中，有意识地让学生知道我是怎么思考的，我的学法也让他可见。

李：你把很多观点整合到大脑里。

江：我把来自老师的、文章的、专家的观点，还有平常咱们的发言等转述给学生。在跟学生和同事交流的时候，我都会有这种表述，能让我的学法可见。

李：你的教法可见，然后转换成学法，是吧？因为这个方法可见，方法引导学生，牵着他。

江：我是有意识这么做的。

李：我有一个观点，看一堂课也是阅读一个文本。有时候听课，为什么感到有启发呢？你听课的时候最关键的，是要牵出自己的观点，让他的观点与你自己的一些观点相互碰撞，就是深度阅读和深度观课。实际上，你的一个特点就是通过向别人学习，生成自己的观点，然后再转化成课堂上的具体策略，最后学生会自动得出结论，产出他的观点。让课堂上诞生精彩的观念，这个也挺难的，但是，这就是我们追求的目标。这是课堂的核心，这样就跳出了题海战术。

我前段时间在咱们教研群里说了一个关于参与度和思考度的问题。这个参与呢，就是今天说的，高高举手大声吵不一定就是参与，沉默也是一种参与。只要认真倾听，就是一种参与，积极思考，就是一种参与。但是走神了，参与度就低了。就是说，你这堂课要抓着学生，不让学生走神，这个是很重要的。当然，从昨天开始说的这些技巧，都会督促学生，会让他们觉得不能轻易离开这个课堂。

与江丽华老师的对话（三）

关键词：阅读 建构 创造

李：数学教学，我觉得也离不开阅读。读材料、教材、试题等，都需要吸收、理解、分析信息的能力，其实这也是阅读能力。当然阅读能力不仅仅是指这些，关键是对概念、结构等的理解。我想请江老师从这个地方出发，从阅读出发，谈谈你的教学是怎样创设情境的。

江：从数学阅读出发，谈谈怎么创设情境？

李：是的，它们有什么联系，或者说你在解读教材的时候，看到一个概念、一个任务，或者是上课时讲一个题的时候，是怎么做的？

当然，你也不一定非得从数学阅读出发，以情境为关键词，谈一谈你的数学教学、数学课堂、数学问题也可以。你想想中考题，里面有一些阅读方面的问题，肯定是要创设一些情境的。当然，这个情境离不开阅读，离不开观察，离不开分析。分析也是一种阅读的能力，因为现在的很多题都是情境题，涉及生活的情境、跨学科的情境，或者某种思想的情境。

江：说数学阅读，我能说一点。说创设情境，我也有点体会。但是要说数学阅读跟创设情境的关系，对我有一定的难度。

李：你先单独说。

江：我先单独说数学阅读。从我个人来说，我读得比较多的是数学杂志，然后是数学教材。在数学杂志上，我读好的课例的教法和设计，读好的习题的编制，尤其是关于一题多解的习题编制，读一些前沿的观点。我在杂志上比较关注这三个方面：教法、学法和问题的解法等。迁移到我读数学教材上来，在我印象当中，于会祥校长来咱们学校之后，十一年来确实也让我对教材的阅读越发重视。记得当初数学组在于校长的指导下提出一个观点，是关于数学上的三读。读第一遍，你读什么，要达到什么样的效果，比如说第一遍就是像语文课上一样阅读，关注教材正文分几个段落，几个层次，说明了什么问题，这是我们数学当中的第一遍阅读。第二遍阅读比第一遍阅读上升了一个层次，是从数学的角度来阅读。从数学的角度阅读，我就更关注正文当中的逻辑结构和逻辑关系。比如说读完之后，我知道这个概念经历了一个什么样的形成过程，这个定理经历了一个什么样的产生过程。那么重点是第三遍阅读，在第二遍阅读的基础上还要深入，那么为什么还要深入呢？因为数学不仅是有逻辑关系的，还要挖掘里面的思维含量。所以说，第三遍阅读的时候，我们往往关注这里面有什么思维方面的东西，有什么有价值的东西。那么，这个时候，我们老师就开始自我培养对教材的质疑能力，对教材的理解能力，对教材的整合能力。我们数学老师阅读教材就是这么练过来的，同时也迁移到了学生的三读，学生基本上也按照这个流程来进行三读。

李：你怎么把老师的三读转化成学生的三读呢？这就是我刚才提到的，教师的阅读思维与情境有关系。

江：我一般从初一开始教的时候，就着力培养学生阅读教材的能力。开学初拿出一两个月，甚至半年的时间，在课堂上带着学生读，师生共读。在时间上有保证，从课堂上读十来分钟，发展到读半节课，再发展到读一节课，每周都如此，这是第一种方式。

李：读什么？

江：也是读教材。然后第二种方式就是老师引领示范。怎么引领示范呢？比如说我们学负数第一章，把教材投影到PPT上，我和学生一起来读，以身示范，还会跟学生交流一下读书的方法和感受，告诉他们我是怎么读的，我读到了什么，然后我也让学生谈谈他是怎么读的，他读到了什么。

李：你能举个例子吗？

江：我举一个很简单的例子，当时学单项式的时候，我读第一遍，读到的是它分为几个段落，第一个段落就是介绍单项式的概念，第二段是介绍多项式的概念，同时我要让学生谈谈他分为几个层次。学生分的层次有可能跟我不一样，他有可能说第一层次不是单项式的概念，而是一些实际例子，第二层次是单项式的概念，第三层次又是一些实际例子，第四层次是多项式的概念，学生看到的更多的是那些自然段。我偏向于数学中的一个知识点，一大块分一个段。那就从这里开始引领，首先允许学生跟我分段不一样，但是也要介绍我们数学中的分段跟语文的分段有什么一样和不一样的地方。然后第二遍就是注意这个逻辑关系，我会告诉大家自己为什么先讲单项式，后讲多项式，是因为多项式的概念是在单项式的概念上形成的。读第二遍时要了解它们之间到底有什么样的关系。第三遍读完之后，我就会提出我的问题，学生也提出他的问题。我记得刚开始阅读的时候，学生基本上没什么问题。然后我就示范一下，说教材叙述"数字或字母的乘积叫单项式"，怎么提问呢，对关键词提问，不是有一个"或"吗，那我要把那个"或"改成"和"，会是什么样。然后学生很快就受到我的启发，说要把那个"乘积"改为"除"会怎么样，就是这样慢慢地一点一点训练。我记得至少是经过了两到三个月这样的阅读训练，学生才慢慢了解了数学学科阅读教材的方法不同于其他学科，然后也会慢慢地主动质疑。好像只要一让我教的学生提问，他们的问题还真是五花八门，好多都是你想不到的问题，这与我引领他们学会阅读有关吧。

李：为什么学生会在你的课上提问题呢？

江：在我的课上，我会先教学生如何提问。我再举个例子，教"整式的乘除"这一章时，我会在课题呈现的时候特意设置一个环节，问学生："针对课题你会提出什么样的问题或有什么质疑？"学生就会提问："有没有整式的加减？有没有分式的乘除？"再比如说讲到一元一次方程，学生就会问："还有没有一元二次方程？"就是类似于这样，引导学生在关键的地方提问，最高层次的，我认为是引导学生在无疑处提问。我有意识这么做，引导学生在关键处提问，引导学生在无疑处提问，这是我一开始的一些做法。

李：我就是问一下，你为什么会引导学生这样做，学生为什么会按照你的引导做？

江：说实话，最初在阅读教材的过程当中，我自己能提出一些问题的时候，我还是很兴奋的。"单项式"那节课，我把"或"改成"和"的时候，我自己还是蛮感动的。同样，我让我的学生提问，他们可能也觉得他们的问题提得挺好的，能难倒同学，还能难倒老师，问题还值得去讨论，我觉得应该是这样。

李：我曾经接触了一个词"思维建模"。你自觉不自觉地通过阅读，建立了一个思维模式。然后呢，你又教学生学会思维建模。你能不能谈谈你的思维建模过程？你对此的理解是什么？

江：思维建模这个词，我是第一次听说啊。无论是阅读教材还是讲习题时，我都会告诉学生我是怎么读的，我遇到了什么问题，我是怎么想的。久而久之，我也要求他们说出自己是怎么读的，是怎么想的，问他们能提出什么样的问题。每次上课都会问学生有什么发现，是否能解决自己的问题。我自己是这么做的，我就让他们也这么做。我总是问他们是怎么想的，让他们跟我们讲一讲，这个算不算思维建模？

李：我觉得，是不是有一个认知结构的问题？就是说你的认知结构形成了你的风格，你对获取的一些信息进行整理、归类、改造、再创造。你提出问题，让学生也提出问题，然后让这种认知结构从低级向高级发展，这个过程中不断地进行建构，是不是有这么一个过程？

江：有，你这么一归纳，我觉得有。

李：然后呢，还有一个知识内化的过程，你阅读的过程就是知识内化的过程。你教学生时，把一些信息纳入、整合到已有的知识建构当中。你要把它们纳入进来，知识结构才能逐步从低级走向高级，从简单走向复杂。丰富原有的认知结构，这里面还有一个改造适应的问题。就是改变原有的结构，适应新的需求，这也是一个思维建模的过程。我发现你的课堂上这种改造、适应非常明显，常常改造创编一些习题，提出一些新颖的问题。我觉得这个过程中，学生包括你不断地发展新的认知结构。我觉得这是你课堂的本质所在。你的课为什么吸引人呢？大家可不是要看热闹。其实以前说的沉默啊，倾听啊，都只是表象，我更关注内在的认知、结构、内化、适应和改造，并且在不断地追求平衡，也就是说，一个动态的重建。我觉得在你的课上，你也是学习者，是吧？都是学习者，不是单纯的教者。通过对一些问题的操作，积极地建构新知识，通过改造适应，通过知识内化，达到符合当时环境要求的最佳状态，很平衡的一个状态，所以听你的课就感觉到每个学生都在动，整个一堂课感觉很平衡，即使你站在一个角落，离你远的学生仍然非常活跃。我觉得你的课有一个思维建模的过程，其实这是数学课堂的一个非常重要的功能，也是培养学生核心素养的潜在的一股力量。这与你平时的学习阅读，你的思维习惯，实践多年的探索和经验是分不开的，虽然对你自己来说，感觉是无意的，其实是无意插柳柳成荫。我说的这些，我不知道你怎么理解？

江：我实在没有你归纳得到位。因为思维建模这个词，我是第一次听说，我们数学上有建模。

我有几个想法。第一个是上面提到单项式的那件事，其实是由实际问题引入的。再比如生活中，车的速度是多少用 v 表示，走了3小时，那车走的路程就是 $3v$，那 $3v$ 这样的式子就叫单项式，都是由实际例子引入的。今天上课，讲的是圆柱的表面积，我提出："想要做一个圆柱形的包装盒，这个包装盒需要多少材料呢？"学生就开始把包装盒展开，查看需要多少材料，由这个计算过程得到了圆柱表面积的计算方法，可以看出圆柱表面积的公式其实是在解决数学问题过程中抽象出的数学概念，然后才有了这样的一个数学知识，这样的一个学习过程。从解决问题到拆分问题，我的体会是这样。

李：实际上你说的这个过程就是思维的过程。前面的知识与新知识重新联系，实现再创造，在不断地平衡当中去构建，这非常关键。

江：我现在觉得思维建模这四个字非常好。刚才你说的联系、再创造、在不断地平衡中去构建，体现了思维建模的一个过程。

李：接下来谈谈什么呢？阅读教材。于会祥校长说过现在的教材确实和以前的教材不一样。就是说，真正可以叫学材，因为从教材到学材，不是简单的一个字的改变，是一个理念、一种方式、一种策略的转变。但是呢，这个教材提供给老师的一些教法、一些学法，也会限制老师的教法和学法。江老师你怎么理解这个关系呢？今天的谈话思维碰撞得比较激烈。

江：你谈到过，于校长也谈到过，从教材到学材不是一个字的差别，是一个理念的转变，教材提供了学法教法，确实也提供了我们学科的思想方法。但是教材在有些方面也会有限制了老师或者学生的情况，还是因学情而定吧。比如说讲正比例，如果我的学生能力强的话，我就完全可以让他们自主阅读，甚至对比着反比例，对比着阅读都可以，对吧？但是学情比较薄弱的话，让他们读，我觉得在还是有很大的限制。所以呢，为什么我们一定要理解并且创造性地使用教材呢？先遵循的一个原则是，在我理解透彻之后，我还要看我的学情，这是非常重要的吧。

李：这种关系说得非常对。必须认真阅读教材，师生重视教材，还得基于学情来调整。

江：那我肯定是基于学情的。

李：前些天，王丁丁老师备了一节课，让我指导。教材中有个地方非常简单，按照教材设计激发不起兴趣来，我就给他提了个建议——改变活动方式。我说你让学生走到教室前面去，或者让学生做个小游戏，你说向右拐向左拐向前走，用英语说，其他学生认真听，然后这个学生呢，根据你的指令，立即转变动作。你说向右拐，再突然让其向左拐，他就跟着听到的单词去做。这样设计激发了兴趣。我觉得在理解教材的基础上，一些方式方法可以转变一下。不一定严格按照上面的方式方法，这就是基于学情吧。

江：我觉得应该把基于学情放在首位。

李：我们上学的时候就只有一本教材，学习就是看教材，就是学教材。课前预习教材，上课听教材，课后复习教材。现在已经变了，要举一反三。

我们开始下一个话题吧。你有一个非常重要的能力，就是对教材练习题运用得非常灵活，体现在创编、问答、解决等方面。因为我不是数学老师，我说不准啊。你是怎么做的？你为什么这样做？

江：我觉得，我对教材上的习题和例题甚至考题，基本上能做到融会贯通，还是基于我这么多年对教材的主动质疑的精神。我一开始阅读教材的时候，就会主动质疑。如果对教材不主动质疑，我就觉得我还有没读透的地方。所以慢慢地，我就养成了主动质疑的习惯，我不仅对教材的正文主动质疑，对教材的习题和例题也会主动质疑。

李：就是追本溯源，就像心理学中有一个元概念，总要追问背后的东西是什么，原来的东西是什么。

江：我确实喜欢改编例题，我对习题、例题，还有考题的融会贯通，首要的原因是我自己有质疑的习惯，就是对教材主动质疑，我拿到习题和例题，依然有主动质疑的习惯。另外，可能跟这么多年教初三也有关系。

我每次拿到一份试题，首先要看的不是这个题新不新。我拿到试题，首先要分析这个题来自我们教材中的哪个例题，跟我们教材的习题有什么样的关系，这是我要重点分析的。这个习惯也是我很多年来都坚持的。

李：就是说你有批判性思维的品质。然后呢，你就去质疑它，对不同地区的试题、不同时期的试题进行比较、批判。

江：对，你归纳得比较到位，我再进行改编。

李：批判、比较、创编。你创编的题万一不准确怎么办？

江：对于数学最后一道压轴题，我的创编能力还是不够。我曾经也是中心组的，但明显感觉到创编试题跟基本功有关，跟见过的题量有关，甚至跟会使用几何画板也有关。如果我能创编一个试题，基本上是因为我的思维自然地流淌到那儿了，我就会顺着这个思维进行改编，比如说这个点在抛物线上会这样，那么我会想把抛物线换成反比例会怎么样。当然，我也有改编不了的题，改编不对的也会有，改编完了我会自己做一做，肯定要做。目前我还达不到让别人做不出来我改编的题的水平。一般我是根据现有的能力来改编的。我不知道我表达清楚了吗？

李：我感觉在你课堂上还有一个现象，就是你的学生角色有多种，你的学生在课堂上会转换不同角色，是评价者、编题者、讲题者，还是质疑者。你是怎么做到的？它的意义是什么？

江：我是这么想的，确实我的学生在课堂上有多种角色，总的来说他们是学习者。多重角色是可以互换的，他们的每一种角色承担的责任和承载的思维是不一样的。

李：你说说，具体说说。

江：比如说讲题者，他承担的就是一个老师的责任，要负责讲清楚问题，对吧？那么在这个过程中他锻炼的思维，跟那个创编者是不一样的。创编者，他的思维一定比那个讲题者的思维还要高，我觉得他承担的责任和使命是开阔学生的视野。也就是说，讲题者和创编者承担的责任和承载的思维是不一样的，发展的空间也是不一样的。另外，我的学生多重角色的转换，是能看得见的，实际上他们的各种不同角色也体现了教学方式的多元化。

李：用一个概念表达，用一个词或一句话表达出来。

江：这个实际上是在"强调学生的主导地位"，是吗？这个概念是不是还不能说清楚？

李：现在呈现出两个大概念，还有一个与那个关于创编试题的事情有关，如教材与试题、不同地区的试题、不同时期的试题、试题与生活。你为什么有这样的思维方式？为什么有这样的做法？依据是什么？就是你要说清楚前后联系的逻辑是什么，需要一件拎起来的东西，即概念，统领起你的实践做法。

江：这个太烧脑了，你也帮我想想。

李：今天就是让你烧脑，就通俗地说一下就行。

江：真归纳不出来，我当时想的就是让我的学生处于主体地位，我是主导地位。

李：这种不合适。你的学生有多重角色，既是评价者，又是学习者，又是编题者，又是创造者，又是讲解者，又是质疑者。你把一个班的学生置于这么多角色中，不折腾他们吗？为什么要这么折腾学生？你的学生为什么那么认真地听，就是因为你在折腾他们，通俗地说，当然，我说折腾不是贬义词。

江：应该是想要调动他们的积极性，培养思维。

李：最终培养的是他们的学习力。

江：是的，是的。我的理论太缺乏。对，学习力。

李：不仅仅涉及学习的知识，还涉及学习的质量、学习的素质、学习的品质、学习的效率。你那个课堂学习的流量相当多。

江：流量，这是一个很时髦的词。

李：并且还有增量、创造，它们互相转化，这里有思维的转化、知识的转化、素质的转化，是吧？你的做法就可以上升到数学的核心素养层面。数学的核心素养主要有哪些？

江：我们有六大核心素养，就是数学抽象、逻辑推理、数学建模、直观想象、数学运算、数据分析。

李：实际上就是在创造空间、创造机会来培育学生的数学核心素养。你的课，可以说，达到了培养核心素养的境界。下一个概念实际上就是联系，与生活联系，与其他学科联系，这完全属于一个大概念的结构特点，注重联系的品质，通过联系，你就创编了，实际上是结构化。是吧，那么散的东西能不能联系在一起，然后通过一个概念是不是就结构化了？结构化了以后你就化为情境，一道题就是一个情境。化为情境，然后再干什么？再迁移，迁移应用。你创编了干啥，你不是应用吗？所以在迁移应用这一块也做得非常好。

江：加深对情境的认识，巩固解决问题的方法。

李：迁移应用，现在中考高考的很多题就是往这儿靠，对老师教学也是一个挑战。原先光说一加一等于二，教这个就行，现在光教一加一等于几不行，要创设情境。今后的试题会综合化、扩展性、先进性、创新性、生活化等这些特点会很明显。这些特点对咱们的数学教学有什么影响？对老师将来的学习、知识结构有什么影响？需要怎么做？

江：其实中考题中所谓的新题新在哪里呢？新在能看得见的情境发生了变化。但是往往这个情境的变化之中，有不变的。这就需要刚才我说到的迁移和应用能力。我为什么要进行创编呢？我创编的第一个目的就是让我自己和我的学生在面对各种不同的情境时，能快速找到不变的东西，学会去寻找不变的情境，就是变化之中不变的东西。在复杂的背景当中，找出我们认为不变的情境和熟悉的情境，这是第一个迁移。第二个迁移，就是无论处于什么样的情境，我还有一个不变的东西，就是解决问题的根本方法，就是我们数学当中的基本图形。基本图形、基本方法，就是所谓的通法，这个东西是接近本质的东西。比如说几何当中有比较复杂的图形，这个复杂的图形相当于情境是发生变化的，那么那种不变的东西，就是我要寻找的东西。当我寻找到那些基本图形时，那么解决问题的基本方法，也就是所谓的通法，就会管用，对吧？所以我的知识迁移，就是在复杂的东西当中去寻找那些不变的情境、方法。

李：以不变应万变。因为规律是不变的。

江：所以你寻找到了那些不变的东西，基本上就接近了数学本质上的东西。虽然每次咱们一看那些题都感觉那么复杂，其实再一看都是一些基本东西。

李：这是考验老师能力的，咱还是回到前面的阅读能力、阅读分析能力、建模能力，还是回到那个地方。你怎么把看似复杂的东西简单化？你怎么看出背后的规律、本质呢？这是一个老师非常重要的能力。包括在课标指导下，研究教材、解读教材，是吧？因为课标体现国家意志、国家标准，教材就是要践行课程标准。

江：我认为这两个能力需要老师的自我培养。

李：也需要引领，需要悟性。

加上这次对话，已经三次了。我们整理了大约两万五千字，你丰富的数学教学经验让我受益很多。谢谢你！

参考文献：

［1］徐秋秋. 生命的真相[M]. 成都：成都时代出版社，2021.

［2］奇普·希恩，丹·希恩. 行为设计学. 打造峰值体验[M]. 北京：中信出版社，2018.

［3］程振理. 陶行知"小先生制"教育思想探究[J]. 江苏教育研究理论（A版），2015（7）：54-57.

第五章

使命，解放教师职业生命的兴趣

第一节 让风格成为常态

有一种感觉越来越强烈地冲击着笔者的心灵,在与同事的交流中,笔者曾经流露出这样的话语:"为什么自己做了近二十年的教师,现在也是一名特级教师了,每天还会有一种不满足的感觉,沉浸在失落与后悔的情绪之中。"

这种感觉从笔者开始工作就有,看到教师们每天的工作与生活情形,可以看得出他们应该也会有与笔者一样的感受,这或许是教师职业特点独有的性质,是教师之所以产生职业倦怠和精神越来越疲乏的根源。一代代教师感觉如此,一名名教师感觉如此,这不能不引起我们的反思,尤其是引起学校校长的注意。

研读帕克·帕尔默的《教学勇气》一书后,笔者似乎领悟到了一点门道。帕尔默说,真正好的教学不能降低到技术层面,而是来自教师的自身认同与自身完整。好教师都有一种共同的特质,一种把他们个人的自身认同融入工作的强烈意识。教学牵动着教师的心,打开教师的心,伤了教师的心,甚至越热爱教学的教师,可能就越伤心。帕尔默的话揭开了文章开头笔者谈到的感受的秘密。

这就需要教师有勇气保持心灵的解放,即使力不从心仍然需要坚持,那样,教师、学生和学科才能被自然地编织到学习和生活所需要的共同体结构中,使自己始终感觉到一种自我完整感与满足感。

但是,长期以来,我们大多数的一线教师并没有感知到这些问题。他们每天只是在被动接受这些心灵折磨,很少去思考如何解决与避免,如何保持心灵的解放与坚守。仅有极少数对教学产生兴趣、相信教学有无限创造力的教师才会想办法自觉地去探寻和建构自己自身认同和完整的策略。这些教师就成全了自己的个性与风格，获得了成功与认同，收到了教学本身带给自己的幸福体验，他们就是我们学习与效仿的优秀教师群体。

但是我们又不能一味地去责怪我们的一线教师，作为学校的校长，应该为此做点什么，因为笔者自己深深明白不能产生自身认同与自身完整的感受是多么痛苦。笔者曾经写过一篇文章，题目是《教师的知识算不算"知识"》，里面有如下观点：教师是有知识的，尤其是他的课堂教学知识是无穷无尽的，是美妙动人的，这一点我们谁也不能怀疑。但是，有多少每天忙忙碌碌的教师认为自己的知识是有价值、有趣味的？

在现实教育场景中，很多教师并没有去主动重视、积累和管理自己的教育智慧，不少教师只是期待专家的提炼、编辑的宣传和领导的包装。有时候，等待光环加身的心情掩盖了对属于自己的那份独特的精神财富的敬畏。

我们应该开始珍惜和尊重教师们的发言权，让他们的知识合法地进入学术台面，并能够被深入挖掘、被表达、被系统化，从而能被教师群体所传承和发展。这样的教师队伍才是我们理想中的教师组织，是成熟教育的一种最重要的表现。

这就是说，我们要敬畏教师的教学思想，精心呵护他们的表达；尊重他们的教学个性，容纳他们的个性缺陷。而不是总是驱赶他们去研究专家的思想、效仿名师的风格、吸收外人的经验，如果那样，我们的教师每天都会处于永远不如外人的自卑状态之中，误认为永远消费他人的思想、知识，模仿他人的风格和模式，才是自己成长的状态。

笔者不断地和我们的教师说这样一种观点，我们虽然都是一群农村教师，我们没有华丽的外表，不常说标准的普通话，没有先进的教学设施，但是我们同样有睿智的思想、鲜活的个性，我们应该激活自己生命的内驱力，催生自己的教学个性并化为风格，让自己成为有思想的行动者。

于是笔者引领教师专业成长的落脚点就定位在了倾心打造教师的教学风格上。笔者的目标是用心培育教师的教学个性，让每一个教师都能发现自己的教学风格，让风格教学成为常态。

李霞老师在2011年2月25日的《中国教育报》上撰文诠释教学风格。她认为，教学风格是教师在教学过程中自然表现出来的一种稳定的个性教学风貌，也是一个教师趋向成熟的标志。它体现了一个教师独特的审美情趣、思想倾向、思维方式乃至气质、性格、能力、修养等众多的个性因素。作为学校管理者，应引导教师充分认识、把握自身的个性特征，并按照教学目的和审美要求将其一以贯之地运用于教学实践，使其努力形成一种独特而稳定的表现，呈现出浓厚的个性色彩，散发出诱人的魅力。

在笔者任职期间，坚持致力于此行动，为一些有个性且有风格的教师搭建平台。例如，学校有一个教师很有激情，笔者鼓励他研究并践行激情教学。品味他的教育箴言，我们就会有深深的体会："激情比学科知识、教学技巧、组织管理、友谊和趣味更重要。""富有激情的教师不仅关心学生的现在，更关心学生的未来。""最富有激情的教师是温和、认真、善于思考的人。他们对教学质量都耐心地坚持高标准，他们让学生们相信：每个人都能学好。"工作中，笔者会用激情去感染每一个学生，努力去关心爱护他们，让学生真正地发现学习的价值和乐趣。

试想，如果该教师一辈子都坚守并研究实践激情教学，那他一定能够成为一名了不起的教育家。笔者会组织有关专家和教师专门为他召开"激情教学风格研讨会"，努力鼓励他把自己的风格固定下来，使他的教学风格成为常态。并且这样的研讨会会定期召开，直到帮助更多的教师发现自己的风格，让我们的每个教师都有风格，让风格与每一个教师的教育教学生活相伴随。

当然，最理想的状态是教师自己能自觉地去发现自己的风格，固化自己的风格，发扬自己的风格，让风格教学成为一种形态、一种韵味。这可能就是笔者致力于"让风格成为常态"管理理念的终极愿景。

笔者之所以有如此意识与行动，一是鉴于自己实践的体会，二是认为教师这个职业是一个不成熟的职业。教师的教育教学有着非常强烈的个人色彩，教师进入教室，便进入他个性的天地。如果缺乏风格，每节课人云亦云，飘摇不定，那是对未来生命的亵渎。

追求风格，就意味着教师要把个人的自身认同融入工作，把自身的智能、情感、精神和意志等与学生和教学建立联系，这就是自身完整的过程。有了风格，就能分辨哪些是适合自己的，哪些是不适合自己的，教师感觉到不满足其实就是对自身完整的需求导致的。

让教学风格成为常态，就是呼唤教师去寻找一种与自我本性更加契合的教学方法，让其教学方式与自身达成一致。同时，也是为了寻求教师教学与学生生命相联系的真谛，如此才会实现真正的教学，产生一种深刻影响学生心灵的力量。

第二节　教学主张是教师的一张"封面"

一个教师经过多年的教学实践与历练，一定会慢慢生成自己的主张，形成自己的风格。而他的主张慢慢会与他做人、工作、教学、管理等的行为风格化为一体。待条件成熟了，他就会变成学生、家长、同事所敬佩，可供学习借鉴的教师，不仅仅在当地小有名气，还会慢慢在全市、全省，乃至全国变得越来越有名气。他的主张和产品，不仅仅适用于个人，他人也可以学习效仿；不仅仅适用于一所学校，对其他地区的学校也有较强的普及意义与价值。

教学主张可谓古已有之，可以说，一部教学史就是一部教学主张史。当然，这里讲的"教学主张"是狭义上的，是指主张者关于自我教学行为的、比较上位的、能涵括与统摄多种更为具体的教学认识或理念的总体性的教学观，它是对"教学是什么""教学该怎么样""教学往哪里去"等本体性（或根本性）问题的回应。一般而言，这样的主张可以用一两句概括性很强的话语来揭示与表达。

基础教育领域的教师，大多在循规蹈矩地遵循上级业务部门和学校的规定动作，教师没有意识提炼自己多年的探索，形成自己的教学风格，继而形成自己的教学法或教学主张。其实，理想的教育需要教师能够创立自己的教学法，构建自己的教学主张，即使普通教师也应该如此。当普通教师能够创立自己的教学法，能够按照科学和规范的程序对自己的教学经验、教学主张进行提炼和加工，并进行理性升华、理论提升时，也就象征着他已经步入成熟教师的行列，因为由此他有了自己的成果和产品。

笔者在自己的教育生涯中，比较心仪这种做法，力争在自己的教学实践中形成自己的风格和主张，不只是整体的教学观念，还包括具体的教学行为，如听、说、读、写等，笔者都会努力形成自己的风格，构建自己的做法。自己做了校长，也是注重引领教师走这样的道路。笔者一直提倡教师要有自己的思想和个性，有自己的知识与做法，鼓励教师成为专家型教师和教育家型教师。

笔者一直受天津的王敏勤教授主张的影响，认为教师应该总结自己的教学法。首先为自己的教学法取个名字。很多教师经验丰富、成果不少，但是却形不成一个概念来精准地说明自己的特点。起个名字下个定义，界定好这种教学法的内涵和外延，这样才能名正言顺。其次说明教学环节和操作程序，说明一线教师最需要的教学法是怎么操作的。最后阐述依据和创新价值，其依据可能是历史的传承的，可能是现实的面向未来的，也可能是理论的，或者几个方面兼具。

当然，一个教师的教学法不是自然生成的，而是不断总结和反思的结果。只有不断地梳理自己的教学法，才能提高自己的教育理论水平，快速提高教学质量，才能把自己的研究成果分享给他人，有一定的社会影响力，才能逐步成长为专家型教师和教育家型教师。

比如，笔者在长期的英语教学实践中，悟出了指导毕业班学生英语写作的教学法，笔者把它命名为"初中毕业年级英语'三段式'写作教学法"。

该写作教学法是依据初中毕业年级复习的特点和规律，根据《义务教育英语课程标准（2012年版）》的理念和学生的迫切需要在实践中总结出的做法。它既符合中考复习规律，又适应学生心理接受能力，使学生对英语写作始终兴趣盎然。现仅把操作流程简单呈现出来。

第一阶段（第一学期9月—12月下旬）：开放写作（Open writing）

1.听写结合；2.说写结合；3. 读写结合；4. 译写结合；5. 赛写结合

第二阶段（第二学期1月—4月下旬）：引导写作（Guided writing）

1.写作能力的引导；2.写作过程与技巧的引导；3.文化意识的引导

第三阶段（第二学期5月—6月上旬）：控制写作（Controlled writing）

1.课堂限时成文策略；2.评价与反拨策略

以上是基于学科教学法的流程介绍，有的教学法是综合的，适合于多数学科。比如笔者做过一个课题"初中领导式教学实践研究"，是引领学校各个学科教师探索实践的。笔者把其概念定义为：作为领导者的教师采用影响、激励和授权等领导策略，通过制定目标和计划、建立学习规程与检查和评价机制等手段，激发学生及其相关影响者的动机和积极性，以"问题"为课堂主体，构建课堂学习共同体，教师和学生均作为共同体平等一员，在课堂学习中高度追随这一主体，彼此都以"问题"的名义向对方发表见解，学生未经中介而直接接触主体，教师依据"问题"引领学生自主、合作和探究学习，起到示范、服务作用，以实现学生学习成功和达到课程教学目标的过程。

其理论依据是中国领导式教学研究者薄蕊、鲁子问的观点：领导式教学理念的核心是以领导的方式进行教学，是教师作为学习共同体的领导者运用领导策略引导学生学习。

笔者认为，教师能否成长为名师，其关键因素在于教师的教学主张是否缺乏与模糊。在教育界，教师往往学习外来经验或遵从专家指导，却忘了构建自己的教学主张。笔者希望学校要慎重进行"一刀切"改革，关注教师个性化的教学主张的生成发现；希望教师学会提炼自己的教学主张，经常对自己的教学进行思考，厘清思想脉络，逐渐由经验走向理论，让自己的教学精神、教学观念与学科文化融为一体，并寻找自己主张的依据。学校要尊重这些有教学主张的教师，努力支持他们的改革创新。当然，首先学校的教学改革主张要精准，教师的教学改革才会有效，形成不同特色的教学风格。

成尚荣老师认为，教学主张"犹如一个人内心的指南针"，是"思想的血液，风格的灵魂"，它"是名师成长的标志，名师成功的密码"；"失却教学主张，教学风格充其量只是一种可供一时观赏而无实质内容的，平庸、苍白的教学表演""没有自己的教学主张，就不可能诞生真正的教学流派"。

余文森教授的观点，笔者非常认同。他说："如何从优秀走向卓越，走向真正意义上的名师？这一过程有很多制约的因素和条件。但是，从专业的角度而言，我认为最基础、最核心、最根本的是要提出、形成并凝练自己的教学主张，我称之为名师的专业生长点。教学主张是名师的'第三只眼睛'，名师区别于普通教师的就在于这只'天眼'，这只'天眼'有时像显微镜，可以看清很细致、很弱小的教育细节；有时像望远镜，可以看见很远很远的发展未来。就其本质而言，这是一只专业的眼睛、智慧的眼睛。"一个缺乏教学主张的教师，"是一个无家可归的'流浪汉'"。

教学主张的形成离不开理论研究和实践研究。而实践研究主要有三个层次。

第一个层次，教学主张的教材化研究——使教学主张有根有源。名师对教材的研究和解读不仅要达到一些基本共性的要求，还要达到更高的要求，即见解独到。能够于平凡中见新奇，发人之所未发，见人之所未见。能够化枯燥为生动，化共性为个性，化腐朽为神奇，化平庸为智慧。这个过程就是名师教学主张的教材化过程。与此同时，要不断从教材中挖掘、提炼出体现和反映教学主张的内容和意义，使主张变得厚重、丰富，有根有源。

第二个层次，教学主张的教学化研究——使教学主张看得见、摸得着。教学主张的教学化研究，简单地说就是要用教学主张作为教学的导向，并将其融入教学实践的每一个毛孔，使名师的教学活动烙上自己的个性，进而形成自己的风格。

第三个层次，教学主张的人格化研究——使教学主张名师化、精神化。教学主张还要进入教师本人，成为教师人格的一部分和特征，通过名师自己的生活和为人表现出来。人格化研究就是要把名师的教学观进一步升华为名师的人生观、价值观，并转化为名师的思维方式、行为方式和生活方式。

总之，教学主张表现了教师教学自觉的程度，也是教学是否成熟、是否优质的重要标志，同时是衡量教学风格、教学流派是否形成的重要标志。对名师个人而言，提出教学主张就是给自己树立一面旗帜。

笔者长期从事初中英语教学，深知当下英语教学的弊端。中小学生为了学好外语，不分昼夜地背单词、听录音、研究语法、请家教。即使一部分学生成绩好些，也只是做的试题多一些，阅读水平比一般学生高一点，而对外语仍然听不懂、讲不出，难以用英语作为工具与人交流思想。这种英语学习现状的原因很复杂，有受传统英语教学思想和教学方法影响的原因，有受应试教育影响的原因，也与教授者还不能充分理解和重视语言学习本原规律有关。对外语学习，有人提出从语法入手，有人提到听说是关键，还有人建议听说读写一起练，用十个指头弹琴。反映在一线教师课堂上，其教学观念与方法更是五花八门。英语教学长期在一种费时费力的黑暗中摸索徘徊，没有找到一条便捷有效的学习途径与策略。

于是，笔者决心从英语作为一门语言的习得规律出发，遵循语言的进化、成长和文化三大本原律，结合新课程改革理念和《义务教育英语课程标准（2012年版）》的规定，多年坚持进行"基于语言学习本体论的英语特色课程行动研究"。功夫不负有心人，逐渐也形成了自己的教学主张，现提供给大家一起思考。

一是以聆听为学习切入点，驱动学生自然习得英语。声音是语言天然的生理媒介，文字只是语言的人工媒介。语言学习首先是大脑对声音的加工过程，把声音与情感、声音与语义及语法联系起来的过程。此过程，即聆听话语的过程，具有本原的基础的重要性。以往的外语教学体系，大多对聆听在语言学习中的关键作用重视得很不够，重读轻听，重文轻语，导致学生的英语学习出现缺陷。因此笔者试图尝试一种新的英语课堂学习策略，在课堂上，自始至终从聆听开始，听后、模仿后，再说、读、写；边听，边观看，边做练习。在课前课后，探索以聆听开始的活动，如听英语歌曲、英语广播、英语配音等。学习评价增加每学期一次的口语测试。

二是依据课程标准精神，研发真实的英语文化素材。语言学习是学生与语言文化素材的互动，语言学习的启蒙素材是学生吸收外语的第一食品，它绝对应当是富含文化营养的食品，恰如母乳。接触吸收的真实的语言素材的素质，对学生外语能力的培育产生长远的潜移默化的影响。以前，众多学生学习英语进步缓慢，即使通过了这个那个考试，最终能达到的中西文化修养的高度很有限，往往是学习和考试教材所赐所害。用语言文化的"母乳"突破学习教材，是学好英语的不二法门。笔者选用原汁原味的外版教材 New Headway 作为实验教材，同时自主研发一些适合学生的真实的语言文化素材，拓展课程资源，提高跨文化意识。

三是开发英语学习工具，挖掘语言表达艺术。语言不仅是人类最强大的交流工具，也是人类最优美的表达艺术。因此，不可把语言这一人类独有的永恒艺术仅仅当作实用工具。语言艺术包括聆听的艺术，口语表达的艺术，朗诵表达的艺术，文学表达的艺术，思想淬炼的艺术，等等。要学好语言，学习者应该把自己当作艺术家而非考生，熏陶哺育艺术家的美感，发展艺术家的鉴赏眼光，培养艺术家的气质，挖掘语言艺术表达的热情与创作冲动，超越考试。因此，笔者充分开发多种多样的语言学习工具，如积极利用音像、电视、书刊、网络信息等丰富的课程资源。在英语学习中挖掘运用各种专门的艺术形式和手段，如英语游戏、英文诗歌、英语节日等，努力创设情境，把文本知识与现实生活对接，模仿和再现英语文化语境，使学习者进入真实的、自然的语言交流之中，进入艺术再创造的角色，在不知不觉中掌握英语。

为了促进教师形成自己的教学主张，笔者曾经联合北京本真教育文化公司，组织了一次"我的教学主张高峰论坛"。具体做法是让参加活动的教师按自己的教学主张上一节公开课，然后再把自己的主张讲给大家听。

为此，学校参加活动的教师就会按这个思路准备活动，他们的一些零散的经验在准备的过程中汇聚在一起，经学科组的帮助，按起一个名字——进行概念阐释——寻找理论依据——策划操作流程等路径运行，某位教师的教学主张——悦动语文，便跃然纸上。类似的事情，笔者做了很多。

下面笔者再介绍冯卫东老师介绍的提炼和形成教学主张的方法。

1. 从过往鲜活的教学经验中"长"（孵化）出来。

一位老师的课，其显著特点"善变"，听其多节课，有共同特点"少演绎，多归纳，善发现，优迁移"。重在引导学生发现，再将发现力转化为后续强大的学习力。即便是演绎或迁移式学习，也尽可能少进行一般化练习，让学生做"小先生"。或者"发动群众斗群众"，相教、互比、共学、同进，这样做使师生、生生之间的关系变得复杂和好玩起来，进而使学习活动变得更有情趣和意趣。这样就概括出这位老师的教学主张是"变构学程，裂变学力"八个大字。

2. 在教学之"实然"与"应然"的裂谷间"树"起来。

一位老师在课上站位过于靠前，个人"权重"偏大，过多也过早地表达、呈现了自我对教材文本的理解与体悟，在无形中窄化了儿童的自为空间。笔者希望其适当地把身位往后挪一挪，将"发现权"更多地交给或归还儿童。笔者建议这位老师走上"发现语文"之旅。

于"裂谷"之间树"主张"，它所力求解决的往往不是小的、微观形态的问题，而是大的、根本的、要害的问题；它所引发的后续行为不是一般意义上的改变、改善或改良，而是一种转型，甚至是一场"革命"，因此不能贸然而行。

这要积蓄、积淀丰厚的底气和底蕴；宜先立后破或边立边破，也宜小步缓走；此类教学主张可以和此前的实践行为有所悖反乃至决裂，却必须和今后的实践行为交互吻合，心心相印。

3. 于典型课堂（课例）中提取精髓，把其中蕴含的可复制性因素的价值放出来。

笔者听过一堂小学数学课，那位老师不时引着学生齐诵"学习要以一当十，不能以十当一""边做边想想得妙，边想边做做得好"等口号，还让学生在一个教学环节开始前预想或结束后反思将用或已用什么样的方法策略，课毕时再总结出若干条经验或教训。总之，他千方百计让学生做"明白人"，努力让学生知晓、清楚应该如何想、怎么做。当时笔者脑子里有一个词应景而生——"自觉"（自我觉之，做学习的主人）。

"自觉理念"产生了，其含义是唤起学生的主体意识，促进学生自我觉悟与觉醒，引领学生更自信、更积极、更有效地进行思考。它强调学习者对自我学习行为的觉醒状态、自省意识和调控能力，而不是懵懵懂懂、混混沌沌。

4. 把平素已做、想做和能做的理念、策略等"接"起来。

教学主张的炼制与形成也可以这样，"杂取种种"片段、事实、现象、信息与理论，最终"合为一个"。只想到一点事实，只虑及一种理论，便贸然提出的主张，难以面对复杂的教育世界，难以接受现实的考量、实践的检验。"接"起来的教学主张犹如合金一样，因为它萃取合并了许多优异的因子，所以思路较为开阔，站位比较高，也就有了更大的力度。

一位老师有一个课题"理解教育"，又想起华应龙老师的"化错教学"，可以从"理解"和"化错"这两个词中分别选一个字，"理"和"错"，构成新概念——"理错"，并提出"理错教学"的主张。

5. 从学校文化的整体背景中选定"圆心"，将课堂变革之矢"射"过去。

教学主张生成于主张者自身的文化之中，它一定不是一片没有任何文化根脉的浮萍；主张者也一定不是一个来无影去无踪的"独行侠"，他个人又有着某种群体乃至社会文化背景，其教学主张所系的个人文化根脉充其量只是更大文化背景上的一个支脉。主张者可以观照其所在学校的文化背景，从中选准、瞄定"圆心"，将个人教学主张或课堂变革之矢朝着它"射"去。

如南通海门市一所三校合并的学校，只有其中一所学校有较好的校训——"大德曰生"（取自《易·系辞下》"天地之大德曰生"）。而海门位于"海之门"，海门教育要努力表现出"海纳百川，有容乃大"的精神气概，由此拟定"大德有容"作为该校校训，"有容课堂，分担教学"的主张应运而生。

6. 从学科的特质与规律中掘出内核，将教学之舵"拨"过来。

好多教学主张内蕴着各个学段、学科教学的"通性通法"，我们还要充分观照学科本身的特质和规律，从中挖出并凸显其特有的内核，再对教学方向进行精准调整。

如一位老师非常重视在教学中让学生探索、发现数学题背后的算理和学理，不会轻易地向学生演示做题的过程，也不把学生模仿着做对题目当作一种即时性目标，而是尽可能地、想方设法地让学生绕到题目（或表象）的背后，发现那里藏着的概念、原理等一些本质性的知识。由此，笔者想出"寻理"两个字，"寻理课堂"诞生了。

7. 借"童眸"来审视和思辨，将儿童立场和学科立场"融"起来。

巧用学生富含可爱童心、灵巧思维、睿智思想等的话语，从中择取某个或某些词语作为关键词，并与教师个人的日常思考等连接起来，这样可以形成兼具童趣与哲思的教学主张。

有一次一位老师上关于《城南旧事》的公开课，在课要结束时，该老师笑着告诉我们："《城南旧事》的作者用儿童的眼睛看世界，这就叫儿童视角。"笔者由儿童视角联想到一本小说《童眸》，它也是通过儿童的眼睛看世界的，儿童视角不是也可以叫"童眸"吗？可以把"童眸"引向更深处，作为教学主张。

如果你立志成为一位名（明）师，笔者建议你好好领会本文中的观点，并力争通过自己的思考、学习与行动，形成自己的教学法、教学主张。如此，你就是一位名（明）师了，否则，永远是一名"糊涂之师"。

第三节 让教师有信仰的空间

教师这个职业是需要自由的，教师应该是一个自由人，思想自由、教学自由、创造自由。教师这个职业是需要研究的，读书写作、实践反思、理论探究，但繁重琐碎的事物抹杀了他们的兴趣。教师这个职业是需要成果的，教学主张、课程产品、教育思想，但僵化功利的管理模式忽略了他们的价值。教师这个职业是需要信仰的，但像工厂一样的学校，它的价值追求是淘汰劣质次质产品。教师的使命是成就每一个孩子，但现实却让教师无能为力，他们在美好理想与现实无奈之间备受煎熬。他们都明白教育是需要情怀的，但是眼前的"利益"让他们不再向着远方遥望，他们不是没有过教育信仰，是一次次的"功利游戏"让他们失去了免疫力，变得不想更不敢有信仰了。

如何尊重教师的成长发展规律？如何帮助教师从教育工作中收获价值感、成就感、荣誉感？笔者想，就是要让教师拥有信仰的空间。

让教师享受自由自主的时间

回望我们的基础教育，到处充斥的是做题、考试，大家都在马不停蹄地、急躁地往前奔跑。在学校里，教师们的时间被塞得满满的，甚至很多教师还要加班才能完成领导安排的工作任务。这就把教师们的可贵的自由活动时间挤压到了最小极限，磨灭了他们读书学习的兴趣和欲望。每天摆在面前的参考书、教辅书就已经让其生命的忍耐度达到了极点，谁还愿意回家后再次拿起书本？这就是我们当前中小学教师的生命状态，是畸形的、违反自然的状态！

一线教师是无辜的受害者。苏霍姆林斯基要求他的学校必须严格遵守这样一条规定：让教师每周只有一天花费在理论研讨会上、校务会上和联合教学小组的活动上。这样，就可以把其他几天时间都用在独立工作和休息上，用在跟学生们的精神交往上。教师之所以需要自由自主的时间，最主要的还是因为读书。教师若不读书，若没有在书海中的精神生活，那么提高他的教育技能的一切措施就都失去意义了。他再三忠告：切勿忘记关注教师读什么书，他怎样对待书籍和科学。只有当读书成为一位教师重要的精神需求，只有在他不仅有书而且也有读书时间的情况下，他才有可能借鉴别人的经验。时间是教师的财富，应当通过巧妙地安排教育教学过程来珍惜它。

只有让教师拥有自由、休闲和自主的时间，教师才有兴趣读书，学生才有时间读书，全社会的人才会热爱读书，读书的习惯才会成为我们整个民族的习惯。

帮助教师找到自己的教学主张

经过多年的教学实践与历练，一名教师一定会慢慢生成自己的主张，形成自己的风格。余文森教授认为："教学主张是教师从优秀走向卓越攀登的阶梯，是教师专业再发展的新的兴奋点和切入点。教学主张是培养和造就优秀教师的金钥匙。"因此，要帮助教师从他的教学实践中寻找到与提炼出他的思考与想法，鼓励他逐渐由经验走向理论，走向一种独特的教育精神与教学文化。

教学主张就是教师的教学思想与教学信念，当教师形成了自己的教学主张，就会表现出高度的教育自觉，因为教学主张让他有了更坚定的教学勇气，有了区别于他人的让自己能更好地安身立命的资本与依靠。从此，他不再感到孤独。

引领教师迷恋上自己研究的田地

现实生活中的一些教师，为什么不愿意去读书，去探索教育教学的秘密，而热衷于重复传统的行为，并让学生机械重复地训练，让其每天都在为丧失自己的爱好和天性懊恼呢？教师返璞归真的生活在何方？

笔者认为，教师应如同农民一样，有自己的"责任田"。有人说，给了一个班和一群学生，这不是他的"责任田"吗？笔者认为这不是，这些是老师们被分给的具体的培育任务，说形象一点，它们是小麦、高粱、大豆……然而教师真正的"责任田"，却无须像农民一样，由别人去量、分，只要自己善于思考、勤于探索，就会发现"新大陆"。这块"责任田"就是自己发现的具体的研究领域。

教师在自己发现的"责任田"里，必须热爱学习，把读书当成自己终生的事业。通过与思想相遇学习教学，通过与导师相遇学习教学，通过与具体研究领域相遇学习教学。教师如果被引向这部分领域，就会对他们的自身认同和外部世界有启发意义。教师在与学科的命题概念和学科的生活框架相遇之前，通过回想学科是怎样唤醒自我意识的，就可以找回教学心灵。

当拥有了自己自主的时间，找寻并构建起自己的教学主张，能够自觉地步入自己研究的心灵之田地时，教师就会在自己的领域里尽情地挥洒汗水，过一种田园式的生活，慢慢地思考、耕耘、收获，就能有机会和空间产生自己的信仰，且会决心一生都敬畏自己的信仰，遵照信仰过一种幸福的教育生活。

第四节　中小学教师"学术研究"的真实样态

最近与不少中小学教师进行交流，从对话中，笔者捕捉到很多教师对"学术研究"存在畏难情绪。有的认为学术研究离自己很远，是一件高不可攀的事情；有的认为中小学教师做学术研究对自己的成长与教学工作没有多大用处；还有的认为，谁的成绩好，谁就是好老师，成绩好了，评先树优都优先，与其坐下来读书做研究，还不如多做一些考试题。

下面这两种现象也干扰了中小学教师做研究的兴趣，使其误解了学术研究的意义与价值。一是一些油水分离，只有开始，没有过程，却有"结论"的课题研究，异化了一线教育研究者的本意，使很多教师认为搞研究是虚假的事情；二是论文发表与获奖领域存在乱象。听听这位教师的言论："我也想整理自己的教育思想，可整理出来有什么用呢？我想好了，等晋级用论文的时候，我就花钱买一篇。"此番话既揭露了学术上的不端现象，同时也看出一线教师对学术研究的误解。

长期以来，一线教师通常认为自己处于知识生产和消费的流水线末端，知识由专家们来生产，而教师的任务只是消费知识而已。现实中的教师专业发展多注重利益的驱动，却忽略了生命意义的心灵引领，没有抓住教师发展的命脉。

笔者认为，教师不仅要从事以知识和思想表达为工具的精神影响活动——教学，同时也要从事知识和思想的生产与创造活动——学术研究。学术研究不是教学，但它和教学是密切联系的。

教师是教育自由人，体现在三个方面，即思想自由、教学自由、研究自由。首先阐释一下教学自由，它是教师在教学活动中所表现出的专业自主，是发挥教师主体性的自由。教学要以千差万别的个体生命为中心，生命的差异性决定了教学活动必须具有创造性。对知识的教授，要根据自己的理解和学生的实际情况进行重组。因此，教学自由是教师创造性教学的源泉，是教师个性发展的引擎。

再说一下教师的研究自由。研究是教师生活返璞归真的一种方式。笔者认为，教师要有自己的"责任田"。如前文所述，这块"责任田"就是自己发现的具体的研究领域。在这个领域里，教师会很容易地找到自己所教学科的真谛。

如是，我们追问中小学教师要不要进行学术研究，要怎样的学术研究，便有了现实的必要的意义。下面把笔者所理解的以及实践多年的关于学术研究的四种理念与策略介绍给大家，以期大家的指正。

"把读书变成教学的工具"是一线学术研究的本然路径

教师这个职业，要求我们每一个人都成为终身学习者。照理说，作为人类文明的传承者，作为相对意义上的这个社会的精英阶层，教师应该是比较喜欢读书的。对教师而言，读书首先是自己生命成长的一种积累和完善，是对自己精神世界的一种重建与修补。

曾经听过青岛苏静老师的课，她最大的特点是对诗词曲赋、经典名句的运用如囊中取物，信手拈来。笔者不禁惊叹她超凡的记忆力，惊叹她丰富的语言积累。笔者想，只要一个人的脑海中装着中国古典文化最精粹的篇章，自然会居高而临下，出口而成章，妙语成连珠。

回想以往有些教师的教学，或许也有文本以外的拓展与延伸，但那仅仅是蜻蜓点水，浅尝辄止，既没有系统地去查阅资料，阅读相关的文献，也没有系统地构思，设计呈现形式。而苏静老师却能把一篇《燕子》上成一堂文学综合课。从朱自清的《春》到钱钟书的《窗外》，从陆游、唐婉的《钗头凤》到南唐后主李煜的《虞美人》，再到德国的李尔克，春天成了课堂的主话题，穿越了时空，流淌在学生心间的，是对文学深邃的理解，对人生深刻的感悟。

苏静老师的诗意语文与精彩展现，正是她对所读书的经典诠释。教书的根在于读书，教师读书是最重要的备课。教师不读书，就会切断文化与思想的命脉，教育教学的底气与灵气便会被吞噬掉。试想，一个教别人读书的人，自己却不读书，这可能是中国最滑稽怪诞的一件事情。

笔者经常对老师们说，教学改革与创新不必非要出去向他人取经学习，根据自己读的一本书就可以进行改革。从研究的角度看，读书自然是一线教师与生俱来的学术研究之路，是走向教育的幸福之路。

"用实践性知识指导课堂教学"是一线学术研究的必然选择

课堂是教师自我修炼的重要场域。学生的行为与能力发展方向在很大程度上取决于课堂教学的质量，而课堂教学的质量又关系着学生精神品质的塑造、关键素养的培育。

提升教师的教学水平是一个厚积而薄发的过程，课堂教学不只是一种简单的技术操作。只有拥有广阔的专业知识背景，教师才能透视并了解教育的真相，才能理解课堂的本质，使自己的课堂教学充满智慧。

这就需要教师在长期的教育实践与探索中培育自己先进的教学理念，形成自己的教学风格与主张。一名教师的教学风格或教学主张，是在教学中自然表现出来的一种稳定的个性的教学面貌与图景，也是其日益走向成熟的标志。

一线教师的课堂教学实践性知识是无穷无尽的，只不过很多教师并没有主动去重视、积累和管理自己的知识。北京大学教育学院教授陈向明先生认为："教师所拥有的本体性知识即学科知识，应该等同于学科专家的知识；教师所拥有的条件性知识即学科教学法知识，则类似于教育学、心理学、学科教学法专家的知识。"实践证明，教师通过对自己教育教学经验的反思和提炼所形成的对教育教学的认识，就是一种独特的知识结构。这种知识的涵盖面很广，可以包括教师的教育信念、自我知识、人际知识、情境知识、策略性知识、批判反思知识等。它不仅包含教师在实践中形成的自己个性化的教学风格，也包含教师对学科本体性知识和教育条件性知识的创造性应用。因此，在这个意义上，教师的实践性知识并不缺乏"理论"成分。

基于以上认识，我们应该抛弃传统的陈旧思想，让中小学教师珍惜和尊重他们的实践理念，让他们的课堂教学知识合法地进入学术台面，并能被深入挖掘、表达、系统化。而这正是中小学一线教师"学术科研"的意义所在。

"在教学反思中构建教学方案"是一线学术研究的由然考量

四川名师谢云认为，每个教师站上讲台，可能一讲就是二三十年。那么在这二三十年的工作时间里，每个教师可能要上数千乃至上万堂课，第一堂和最后一堂，公开的和私下的，这些课肯定是不一样的。甚至可以说，这一堂课和上一堂课是不一样的，自己的这堂课和别人的那堂课，肯定也是不一样的。无论是教学的方式，还是方法，无论是教学的过程、得失，还是感受、体验或者教训，完全是不一样的。如果没有记录，到最后退休的时候，我们用什么来证明自己曾经上过成千上万堂课？我们用什么来证明我们曾经站在讲台上，曾经教过那样多的学生？这是很多一线教师需要郑重思考的命题。

实践成就教师的底气，阅读滋养教师的灵气，思考促进教师的锐气，写作造就教师的名气。教师要教书，要读书，更要写作，哪怕读者只有自己一个人。我们读的一本书，我们写下的一个词语、一个句子，都可能是对中国教育的一种改变，是对自己生命负责的体现。

作为一线中小学教师，笔者深知，撰写随笔是一种最好的反思行动。反思教学有利于教师从感性认识上升到理性认识；有利于教师开展教学研究，形成自己的教学风格；有利于教师拓展知识层面，推动教育教学创新。没有反思的经验是肤浅的知识、狭隘的经验。有反思的学习是教师为解决问题而进行的创造性学习，经过理论的重建、知识的积淀，从而达到解决问题、改革创新的目的。

笔者特别心仪教学反思，撰写反思已经成了笔者的日常生活方式，成了助推笔者成长、改进教育教学策略的有力工具。通过反思，笔者学会了用自己的声音对各种教学策略的情境做出解释。这种解释可以使笔者更清醒地看到自己的教学决策过程，发现适合自己行动的最佳方案。

📖 "教学成果引领教学改革实践与创新"是一线学术研究的应然追求

从2014年开始，教育部启动全国基础教育教学成果奖评选活动，各省也纷纷组织评选活动，但是多数一线教师却并不知道这件事情，更不懂得如何整理教学成果。下面笔者为大家做一下介绍，如果大家今后能够有这个意识和能力整理出自己的教学成果，那将是一件很幸福的事情。

首先解释清楚什么叫"教学成果"。教学成果是指反映教育教学规律，具有独创性、新颖性和实用性，对提高教学水平和教育质量、实现培养目标产生明显效果的教育教学方案。这一界定包含四个要点：独创、新颖、实用和方案。对此处的"方案"所形成的共识是有目的、有计划、有组织、成系统，并在"提高教学水平和教育质量、实现培养目标"方面产生明显效果。其中，"教学活动"并不局限于课堂教学或新课改，"明显效果"要求用持续"两年以上"的实践来证明。成果多为持之以恒、长期探索的结果。很显然，教学成果不同于教研成果和科研成果。

其选题与特色聚焦改革重点难点问题，反映基础教育教学改革与实践探索的重要成果，其内容包括课程、教学、评价、资源建设等方面，可以是综合性的，也可以在某些方面有所侧重。比如学生的健康成长问题，基础教育课程教学改革的重点难点问题，带有明显的中国特色和地域特征的问题，体现了综合改革的思路的问题等。

从实践导向出发，教学成果的产生必须直接介入实际的教学过程，其形式是经过实践检验的教育教学方案。论文、专著等必须转化为实践方案，接受实践检验，对教学成果起支撑作用，其本身不是教学成果的主要形式。因此教师要学会探索合适的成果物化形式，如教学设计、教学策略与模式、课型课例、教学指南等。

大家还需厘清下面几个概念，教学成果有科研的成分但不是科研，需要理论、论文但不是论文，奖励的对象是个人或集体但不是评选先进，需要付诸实践、过程体验但不是直接经验。教学成果的本质是教育工作者在教育教学实践活动中所付出的创造性劳动。

一个完整的教学成果需要准备如下证明材料：成果报告，实践研究过程及效果佐证材料，课题研究、实践研究成果——著作、论文、成果获奖情况，反映成果水平并产生社会影响的宣传报道（有报纸类、杂志类、电视报道类、网络类），会议推介（成果应用及效果），部分实验推广成果的证明，单位或研究团队获奖情况，等等。

中小学教师成为研究者，是新课程改革的重要理念，也是对教师提出的更高要求，是促进教师专业发展的必由之路。教师成为研究者，能使教育教学研究更直接地回到教育本身，走进教育的生活世界。

笔者比较认同"教学即研究"与"教师即研究者"这两种说法。一线教师不必刻意追求高深的理论，应该回归课堂教学这一原点，用自己的生活体验与生命体悟，聚焦真实教学问题，探寻本质课堂创造，把学术研究始终植根于教学生活的真实情境之中。

第五节　走出教师绩效考核效果低效的误区

笔者常与一些中小学教师一起聊天，谈到绩效工资这个话题，往往会引起一系列的不良情绪反应。有的说，绩效工资不能从我们自己的工资里扣除一部分作为学校集体性奖励，因为竞争会导致同事之间相处尴尬；有的说，如果考核标准设定的绩效金额差距大了，会因为考核制度做不到科学合理，不能公平地体现劳动回报，致使大家意见纷纷等。

实施绩效工资制度，其本意是好的，一是想让教师们有更多的收入，让干得多、干得好的教师得到应有的回报；二是想通过绩效的过程考核与绩效工资的兑现，调动教师们的工作积极性。但是到了学校这个具体的场景里，由于教育本身的复杂性与特殊性，课程表以外的很多工作看不见摸不着，很难进行精准量化。比如，有些学校就主要拿教学成绩来衡量教师的工作效果，这就导致教师的教育教学方式变得僵化。且教师的所谓成绩，也因为学生的复杂性，所以最后的评价结果不会太公平。也有的学校会把教师的各种荣誉称号、各种竞赛证书、获奖或发表的文章等纳入绩效考核标准中，但有些年龄偏大的教师、没机会得到荣誉或参加竞赛的教师、不擅长写文章的教师也会认为对自己不公平。

绩效奖励是一种善意的奖赏式领导，但是低估了教师的道德判断。这种领导思维方式把人带向自利、重视个人满意度的道路上，并把这些因素当作驱动动机，却忽略了人类本性中的自利以外的，如专业、精神和道德层面的因素对人的能力与需求的激发。无法做到尽善尽美的绩效考核使工作关系和工作承诺被看成根源为自私的欲望。

2016年7月，笔者被派往北京市育英学校密云分校任校长，首先遇到的是绩效考核这件敏感的事情。学校多年来缺乏生机，工作在低效中循环，毋庸置疑，基本上是陷入了上述领导假设和困境中。为此，笔者采取了如下三方面的改进措施。

关注教师行为背后的成长信念或信仰

用奖惩的方式来激励教师，时间长了会使教师缺乏归属感，丧失自信心。惩罚会造成教师抱怨和抵制，而奖励会使教师过多地依赖于外在动机的刺激，不再去主动寻求自我劳动的价值所在。有的学校更多关注的是教师为学校争得了多少成绩或荣誉，很少去关注教师自身的生命成长。

笔者始终相信，教师对自己的教育与教学工作所带来的创造性智力劳动过程和挑战有天然的兴趣；对于进一步学习与成长，以及更加投入地实践研究自己的课程有天然的欲望；对集体、社会的正义感和对学生的尊重热爱有内在的冲动与情感。

2018年1月31日，中共中央、国务院出台了《关于全面深化新时代教师队伍建设改革的意见》（以下简称《意见》）。《意见》明确提出：遵循教育规律和教师成长规律，造就高素质、专业化、创新型教师队伍，不断提升教师专业素质能力。当了十二年校长，笔者深知，仅仅依赖物质方面的外在刺激是不能唤醒教师想要真正成长的愿望的，也无法达到《意见》所提出的要求与标准，更不能让教师把成长作为自己一生的自觉习惯与信仰。为此，笔者做了以下探索。

送给教师成长的基本信念，即自主发展。教师作为人格与情感相对独立的个体，是自我教育者和领导者。这种源自自身内在的力量，是教师发展的根本动力，是任何外力都无法取代的。教师拥有思想自由、教学自由、研究自由的独特优势。规划自我，造就自我，成为更好的自己，是教师自主发展的目标。

鼓励教师自发组建成长"自组织"，实现同伴互助。教师发展需要一个思想多元、目标一致、去中心化的成长"自组织"，在这里，教师相互学习、相互唤醒、和而不同、携手共进。比如，笔者所在学校就有"教师领袖成长俱乐部""青年教师成长联盟""未来教师发展共同体"等多个"自组织"。对一个学校而言，从自上而下的线性教育结构到自下而上的教育"自组织"的涌现，标志着一种教育新生态的形成。

协助教师把握成长契机。无论是新教师的成长，还是中老教师的职业突围，教师的每一个成长阶段都离不开外部条件及外力作用。在教育生涯中，教师会遇见各种人物，其中必有一种属于"重要他人"，这个人或这些人在教师的生命成长、情感培育、思想形成、专业发展中起着关键作用。教育领导搭建平台、创造关键条件，教师把握关键事件，就显得格外重要。不管时间长短，关键事件在人的性格塑造、事业发展、命运布局中都起着重要作用。

助推教师修炼学力，做到知行合一。阅读写作、课例研究、课题研究、课程建设、研学分享，一直是笔者倡导并极力推广、认真践行的教师成长模式。从单一的就"教研"谈"教研"中跳出来，把教师带向自由研究的理想领域，练就读写力、研究力、实践力、行走力和分享力。系统组织多种主题教育活动，不断打开固化的思维，解放教师的职业兴趣，努力攀登教育高峰。

改善基于学校办学理念的组织建设

刚到学校的时候，笔者听到的声音更多的是抱怨生源太差，家长不支持教师的工作。还有的教师说，他们不是不想干，而是不知道到底怎么干。笔者知道，这是因为教师们没有一个明确的办学理念指引，缺乏科学有效的行动策略，感觉有劲没处使。笔者采取的具体措施如下。

价值领导。学校办学宗旨不够清晰，价值观不明确，共同行动以及文化特征等残缺不全。面对学校如此现状，笔者找到了一句能够打动教师和学生心灵的话——成就每一个人。学校里的所有文化环境元素、人与物、时间与空间都以互相成就为宗旨，在此宗旨下的所有目标都会伴随着真善美的行动，重塑学校文化生态，落实新时代立德树人根本任务。

笔者学校的校训沿用了总校的校训"好好学习，好好学习"。这是学校文化的传统源泉。教育现代化的根本是人的现代化，未来社会是学习型社会，学校的终极目的是成就每一个人，让每一个人的生命都出彩，让每一个人都具有终身学习的习惯和能力。课程改革新理念也提倡学校要提供多样的课程供学生选择，创设更丰富的学习方式满足学生的学习需求，促进学生德智体美劳全面发展。

在此教育价值观的指引下，学校开启了"'全学习'课程改革与育人模式创新实践研究"课题。"全学习"包括：在学科中学习，这属于国家课程范畴，在课程建设上要回归课程本位，突出其育人价值；在文明中学习，重点放在中华优秀传统文化和红色文化课程的建构上；在健康中学习，让教育贴近生活，把"对人的培养"作为出发点和归宿；在创造中学习，开发学生的潜能，丰富学生的实践经历；在服务中学习，鼓励学生积极参与社会大课堂，走进社区，走向社会。

单点突破。学校文化价值观确立以后，有多种途径可供选择来推动工作，可以是宏大的理念先导，可以是高端的技术撬动，可以是同一模式的强力推进，还可以是执行上级标准、效仿他人现成经验的推动。笔者认为，学校是一个存在规律的生态系统，不同起点与环境下的学校，其治理逻辑是不一样的。作为一所普通薄弱学校，需要潜下心来，着眼未来，从小处着手，运用微改革领导力，撬动学校管理固化的坚冰。下面举一个关于教学方面的微改革案例。

有一次在教学楼里转，笔者偶然走进了一个房间，发现里面有数摞教案本。笔者随机抽取了几本，认真看起来。令笔者吃惊的是，教案只有简单的内容，并且格式雷同，这些教案竟然不是为了当时的课堂和学情准备的，而是为了应付学校的检查准备的。

过后笔者进行了实地调研，原来学校没有科学的教学理念引领，也没有有效的操作方式指导，教师们各自为战，新的学习方式很难在教师的课堂里出现。更为重要的是，教案的检查结果会与教师的绩效工资挂钩。

笔者当机立断，接连采取了以下五项措施：第一，取消把教案检查结果作为教师绩效考核的指标；第二，为教师提供先进理念指导的备课方式作为参考；第三，选择与我校教学理念相似的外地学校的优秀教师，与我校老师一起备课、上课，进一步修订完善备课方式；第四，学校教学服务中心不断地进行调研诊断，组织研究课，及时发现问题，改进问题；第五，绩效考核制度的指导思想、原则、内容、标准等一定要在学校价值观的统领下，根据学校实际发生的各种变革与创新行为来制定，一切操作流程要按照民主决策、司法公正的原则，进行公平竞争。

在日常的工作场域，学校的各项活动，人与人之间的对话，其主题与内容都会围绕学校价值观，聚焦绩效考核内容与标准，力争做到在过程中追求绩效考核制度中所涉及的活动的创设与工作的效益，淡化考核教学成绩、教学设计等常规材料和日常校本教研等数据。比如，教学成绩划分等级，只分为优秀与合格，且区分度不高。对于教师的一些常态材料不进行打分或等级评定，只在平时进行专业指导，最后与绩效考核无关。对于教师的日常工作不进行量化考勤。

考核教师的精神品质与道德权威

2019年6月，笔者所在学校举办了"教师领袖"颁奖活动，王晨阳、张文英、曹丽娟三位教师获此殊荣。在笔者看来，一所薄弱学校要实现优质发展，教师不能单纯局限于教学与研究等活动，还应关注"教育自我"。这不仅有利于解决学校和课堂中的实际问题和困惑，提高教师的专业水平，还能使教师的工作更具生命力。为提升教师专业发展的兴趣与自觉，搭建教师成长平台，学校于2019年1月发布《北京市育英学校密云分校"教师领袖"认定及管理办法》，开启了"教师领袖"评选活动。这次评选活动，就是针对一些有责任担当、有创新精神、有道德权威的教师群体。

不同于选拔世俗眼中的名师，"教师领袖"是一种基于精神和心灵层面的选拔。同时，"教师领袖"的评选不掺杂任何物质奖励，而是纯粹的精神激励。

王晨阳是北京市育英学校密云分校的一名音乐教师，热爱、努力、良知这三个词描绘了他几十年的音乐教师生涯。王老师说："教师的魅力在于内心的良知，如果学校能够给教师一个园子，一块自留地，让教师去耕种，那么教师的种种付出也就变成了享受。"学校的合唱团就是王晨阳老师的"自留地"，在这块"自留地"上，他面临"基本功更为扎实、视野更为广阔的新生代音乐教师带来的压力"，也有"自身素养限制自身发展"的"本领恐慌"，所以他一直保持着学习的状态，自学了更多与专业相关的技能。

张文英是一位临近退休的数学教师，她享受数学教师的身份，对即将退休离开教学团队非常不舍。对于数学教学，她认为："数学学科与其他学科不同，学生们的基础差距很大，所以需要关注的层次比较多。这就需要数学教师在课堂设计上花更多的心思，这样才能保证尽量不使任何一个学生掉队。"

语文教师曹丽娟说："对教师而言，一个孩子是几十分之一，可对一个家庭而言却是百分之百。教师应该站在良心的角度去教书育人。比如在学生犯错的时候，要让学生感受到老师是一碗水端平的，没有任何歧视，是真的为他好。和学生沟通，也不能仅仅局限在课堂上，课下也有很好的机会。"

对于"教师领袖"这项荣誉，三位教师有着共同的感想：教师领袖是一种荣誉，更是一种责任。针对"教师领袖"这一级别的教师，学校还有一系列的管理办法，比如"教师领袖"将进一步承担支持新教师成长、建设自主课程、为学校管理分忧、积极撰写各类文章或案例、课堂展示等任务；学校会适时召开"教师领袖"教育教学思想研讨会，凝练其教育教学主张；同时，学校也会为"教师领袖"提供专业发展的平台，扩大"教师领袖"的影响力等。

在充分信任人性固有的真善美的道德原则下，找到超越个体利益、满足公共利益的思维模式，探寻学校生活真正有意义和有价值的动机情感源泉，走向由下到上自觉创新作为、自内到外专注成长研究，永远充满热情与活力的旅程，从而发展一种基于专业、精神、责任和道德权威的领导实践。

这样，就把广大教师的教育情怀、改革创新精神，以及责任感、担当精神、道德力量给激发起来，让教师体味追求生命成长、专注学习研究、享受教育创造的乐趣。学校的绩效考核制度及理念已经悄悄内化为教师们自身内在的行为动力，他们会自觉地反思自己的言行，而不再更多地在乎绩效工资的多少，抱怨绩效考核过程的不合理。

第六节　如何让读书成为教师所爱

新学年初，不少学校组织了读书论坛活动，有以学校名义组织的，也有教师从民间意义上组织的，一时掀起了读书热情。大家分享了前段时期阅读过的书籍，在心灵上和专业上均有了一定程度的获得感，还有可能在选书、读书、写作等方面有方法上启迪。

这是一件很好的事情，大家都意识到了一个道理：作为以教书为业的教师，读书本是自己的天职。读书是促进自己生命成长的一种积累和完善，是对自己精神世界的一种重建与修补，更是一种很好的备课方式。

当面对比自己翻书还快、读书还多的学生；当面对比自己信息技术还熟练、接收信息还丰富的学生；当面对周游世界的学生，有兴趣特长的学生，有自主学习需求的学生，有超强学习能力的学生……我们无法预料学生会提出什么问题，自己应当怎样应对。

有人说，在"互联网+"时代，教师以自我需求为导向、以自主发展为主要方式、以自觉发展为动力源泉的"自专业"时代已经来临。这也意味着，教师专业发展的个性化时代来临了。

这些信息都预示着作为一名教师，必须首先成为一个读书人，成为一个喜欢阅读经典名著、博览群书的人。

但是事实景象却并非我们想象的那么理想，一系列读书论坛结束后，热情激昂的参与者是否会因此形成阅读的习惯？是否能学会读书，达到深度学习阅读的境界？这些就很难保证了。这些读书论坛，要么参与者越来越少，要么无疾而终，不了了之了。当然，这些教师还是令人敬佩的，起码他们还有读书的欲望，有参加读书活动的行动。而不少教师根本就不想阅读，读不进去一本书，也不会读书，有时读只是为了应付学校的规定而已。

教师作为心智比较成熟的独立个体，是自我教育者。教师的教育梦想和情怀，教师的那份童心以及对教书育人的执着与坚守，是教师发展的根本动力，是任何外力都无法取代的。因此，自主成长、自觉阅读，这才是教师生命的底色、常态，是教师职业生命能够永葆活力和青春的动力源泉。

其实，教师自己，或是读书活动的领导者，可能都忽略了关于读书的几个关键性问题，甚至可以说是难以进一步推动读书活动的内生性根源问题。

一是没有明确自己未来想成为什么样的人。不少教师在读书时，不会选择适合自己的书来读，因此时间久了就感觉读书也没对自己的成长与发展起多少作用。这里面的原因最重要的是自己对自己的成长目标不够清晰，对自己发展的未来可能性没有明确的定位。因此，最好要有自己的成长规划，根据这个职业规划定制自己的书单，有层次地，有选择地，由易到难地进行阅读。比如，你想三年内成为一名骨干教师，那就应该围绕这个目标来阅读，并预设好读什么书，读多少本，怎么读，读后怎么转化知识等。

在阅读共同体活动中，要重点关注两个目标：一是获知他人的见解和思想，二是检验自己的观点和逻辑。作为成长伙伴，不能满足于教师这一个体制内的身份，还要有另一个身份，即基于民间的身份，共同谋划做一些事情，从而为改善自己的生存，为改善教育、教师生活做更多的事情。如此，这个读书群落才会有吸引力和生命力。

二是不会进行深度阅读。不少教师的阅读只停留在浅层次阶段，如听书、自己读书、自己读书+摘抄金句，因此所读书中的思想与方法很难运用到自己的工作中去，便感觉阅读无用，甚至变成了一种负担。教师阅读应该向深度阅读进发，比如读完了一本书可以写一篇阅读心得，可以在自己的工作岗位上进行操练，学以致用，让所学知识有机会获得转化。除去这些方法，最重要的是，还要输出教授，愿意与他人分享，而分享的东西应该属于创造性知识了。也就是说，通过阅读牵出自己的观点，把新知识链接到原有的知识结构中，逼迫自己原来的知识结构对新知识做出反应，用文字写下来与大家分享，阅读的成果也就诞生了。

三是缺乏产品意识。什么是产品？案例、课例、论文、随笔、论著等都是。但是多数教师在这方面普遍存在意识和能力缺失问题。比如，课上得很好，教学质量也很高，但是如果让他说出背后的原因与依据，他就说不出来，让他用文字对自己的经验或主张进行梳理、总结、提炼、提升，就更困难了。

教师要教书，要读书，更要写作。缺乏写作兴趣与能力也是教师成长过程中普遍都有的短板。教师应该养成写作的习惯，写作是一种最好的反思行动。反思教学有利于教师从感性认识上升到理性认识；有利于教师开展教学研究，形成自己的教学风格；有利于教师拓展知识层面，推动教育教学创新，发现适合自己行动的最佳方案。如果把写作当成自己的日常生活方式，它就会成为助推自己成长、改进教育教学策略的有力工具。

有了产品干什么呢？要主动创造机会寻找转化、认可与回报的平台。比如，要有发表意识，或发在自己的微信公众号上，或向一些报刊投稿，或在自己的读书团队进行分享等，这都是发表自己产品成果的途径。要把产品转化成解决教育教学问题的方案，形成自己的话语体系，然后在实践中进行验证，指导行动，凝聚影响力，追求高品位的专业发展，做好自己的事业，协助自己拓展人生成长与发展的空间。

作为一个阅读共同体，要把具有生成性、创造性、实用性的新颖且独到的方案收集起来，放在自己团队的智库里，一起做一些教育教学方面的研究课题，待成果成熟，形成产品，方便他人学习和借鉴。

当自己的劳动成果在实践中有效果，被他人认可且学习推广时，教师就有了一定的影响力，自然会享受到真正的读书乐趣，意识到原来读书还有这么大的意义和价值。

教师是读书人，都明白读书的重要性。但是读书为什么成不了每一位教师最爱做的事，原因是复杂的。笔者认为，如果大家都有实现自己人生成长可能性的愿望，规划好自己未来成为什么样的人，懂得深度阅读的重要性以及技巧，有成果和产品意识，会管理自己的知识，并愿意分享与发表自己的成果和产品，就会享受到读书后的劳动回报的乐趣，体验到自己的劳动创造还能带给他人好处的愉悦。阅读这一行为自然就会慢慢构成自己生命的一种自觉，与自己的职业生命成长化为一体，爱阅读就能成为所有教师的共识。那些成立起来的阅读共同体也一定能长期延续下去，并能逐步发展壮大。

第七节　唤醒教师一颗愿意成长的心

人生是一场漫长的修行，修炼的是自己的心灵。只有拥有健康纯净的内心，才能获得心理上的平衡。

每天上下班，笔者总是一个人沿着白云街步行。早晨会看见明媚的朝阳，霞光四射；傍晚会看见落日的余晖，金黄一片。路两边，枝叶茂密，密云的空气永远是畅快的，花香四溢。在这短暂行走的十几分钟里，笔者自觉地绕开清洁工人，不打扰他们的劳动。一切都是静静的，但是笔者想，这个时间，这里出现的人，这里的情景，往往能唤醒自己沉淀的美妙的心灵。

陶继新老师的一场主题为"读书与生命成长"的讲座，激荡起不少老师的生命成长之心，有的老师对笔者说："你怎么不在暑假把陶老师请来给我们讲讲，我又荒废了一个学期。"有的老师回家后拿起了书开始阅读，其女儿开玩笑说："这是我妈妈吗？"有的老师说："一颗愿意成长的心，会让自己走得更远。"

当然，笔者不敢保证所有的老师都会走上读书之路，也不敢保证所有的老师都能够坚持读下去。但是，笔者相信陶老师的一段话："读书可以提升自己的文化，文化不断升值后，整个人生也发生变化了。读书的品位很重要，要选取思想和文化含量上乘的书来读，这样能以一当十，拉长生命。书籍，是生命的一盏灯。从本质意义看，读这样的书，就等于聆听大师的生命点化与智慧开示，从而为生命里积淀下一笔非凡的智慧。大师的精神与智慧，就会渐渐地嵌入灵魂之中，并与其生命动场相链接，活跃于其大脑之中，彰显于课堂教学之间。这种智慧为其平日教学注入神奇的能量，从而令他的课在不经意间闪烁出智慧的光芒。"

这种场景是笔者期待的，笔者总以为，如果停止了读书，老师的生命也就会随之戛然停止，当然笔者指的是其精神与灵魂的生命，不是指身体肉体的生命。他就不能进入教书育人的至高境界，即使自以为达到了，但多会是技艺的堆砌，而非道非心灵上的化育。

其实，读书就是一名老师修行心灵、净化内心的绝妙药方。一名老师拥有富于艺术性的教育品质与行为，一定是其长期苦苦求索实践与读书研究在心灵中得以碰撞的结果，这结果就是他的智慧，点燃他人的光芒，点化他人的能量。

听教务处王主任说："不少老师这次放假离开学校时都抱着书。"听后，笔者内心不觉涌动着阵阵感动，这是笔者与老师心灵共鸣的情景啊。不禁让笔者想起了日本著名儿童小提琴教育家铃木镇一在与孩子们的接触中发现，父母教孩子说话走路的那个阶段，孩子的进步最快。即使孩子学说话学得再差，父母们也会说"贵人迟语"，父母们从不会抱怨，只会不断鼓励、赞赏，这是因为在父母的眼里孩子是最美的；孩子学走路，摔跤再多，父母们也不会嘲笑，只会坚持不懈地提供帮助，这是因为父母们总是在用那颗美丽的心去看孩子。父母们总是用欣赏、得意的目光，关注着孩子从零开始的每一点进步。

为人父母者如此，为人师者如此，为校之长者也应如此。的确，慢慢地期待，不要急功近利，而是让书籍为教师自己的生命打底，当他们有了生命功夫的时候，也就有了本，本立才能道生。这更是解决了当下基础教育中的一个重要的问题，即帮助教师突破了不想读书、不愿读书，甚至找不出时间读书的困境。笔者认为，唤醒老师再次读书的欲望，帮助其养成读书的习惯，让书籍成为他们安身立命、工作与生活的工具，是校长给予老师的一种祝福。当老师感受到校长那颗纯净美丽的心时，他们会很容易被打动，并逐渐步入成功—自励—自信的良性循环。

当代教育家朱永新说："一所没有阅读的学校永远没有真正的教育。"苏联著名教育家苏霍姆林斯基也有句名言："集体的智力财富之源首先在于教师的个人阅读。"这就揭示一个道理：激励并支持教师走上阅读之路，会使得个体的发展能引领一个群体走向更高层次的发展。当然，校长的以身示范至关重要，其行动会在不知不觉中影响教师的思想观念，影响他们的言行。

如此，教师的心灵才会真正得以解放，教师才能真正享受到为人之师的尊严，体会到教书育人的乐趣，才能成长为一名优秀教师，成长为一名真正的教育家。

如果你希望教师的生命持续成长，心疼教师每天辛苦工作，你就按下他们精神与心灵的成长按钮。所有关乎教师专业的培训都是暂时的、表面的东西，而读书才是最美妙的、最长久的、最有效的方法。

第八节　请把校歌连续播放三遍

从周一到周五，每天早晨笔者都在六点半准时来到学校，四处走走，到处转转。

一到七点钟，学校广播里总是飘来一阵阵沁人心脾的音乐，一波波略显稚嫩的童声。顿时，一种青春的惬意荡漾着笔者的灵魂。

迎着金色阳光金色的阳光，我们在育英骄傲地成长，伴着书声琅琅书声琅琅，我们的梦想在这里起航，行为规范，热爱学习，阳光大气，关心社稷，勇于担当，勇于担当，成就自己的梦想。不畏艰辛，一生立志为家国，满怀豪情，成就梦想，赢得荣光，赢得荣光。

这是我们学校的新校歌，伴奏的制作者是我们的老师，演唱者是学校合唱团的学生。

说起我们新校歌的诞生，还真有一段偶然的故事。这段故事是我们学校文化衍生的历史符号，是我们学校课程改革的独特路径。

暑假期间，笔者被任命到北京市密云区第七中学做校长，当时感觉压力很大。因为笔者所赴任的学校，是北京市育英学校的一所分校。"名校办分校，分校变名校"是促进教育均衡发展，充分发挥北京市优质教育资源辐射示范作用的有效实践。新学校作为北京市育英学校一体化学校，将会迎来更好的发展机遇。

但是，在这样的学校做校长，到底如何找到改变学校和发展学校的新的切入点呢？当时，笔者的头脑一片茫然，心里惴惴不安。

还是在暑假期间，有一名接近五十岁的微胖的老师走进笔者的办公室。原来他是来找笔者为他外出培训学习的发票签字的。笔者热情地请他坐下，知道了该老师姓王，是一名音乐老师。

我们交流了几句话，王老师试探性地问笔者："李校长，我想把咱们学校上学、放学和课间的铃声换成音乐。我把中国和西方的经典音乐系统地按初中三年的时间进行分类整理，一个月更新一次，让学生能够通过这种方式，三年里系统地感知更多的经典名曲，提升学生的音乐欣赏素养。"听后，笔者眼前一亮，立即说："好啊！王老师，您这是在做课程，这是课间音乐欣赏课程，我支持！"

以后几天里，笔者总是发现王老师一个人钻进他的办公室，他在自觉地加班赶制课程。笔者同时安排学校分管干部要全力配合。

学校发展改革的思路有了，先从教师自发地行动开始，让课程从教师当中自然生成，然后再进行梳理，逐步构建学校自己的课程改革架构。

开学第一天早晨，笔者准时听到了王老师的课程成果。以后，王老师还把关于这些音乐的知识总结在一起，做成简报，打印出来，其中还专门设计了一个让学生签字的栏目，以明确学生对当月的音乐的喜好程度和理解程度。

笔者见到王老师说："您积累三年后，就可以自己编一本教材了。"

这时王老师说："我没想那么多，只想为学生、为学校做点事。"

"校长，我们的校名换了，校训和育人目标都要用总校的，我们的校歌是不是需要改一下歌词啊？"王老师不失时机地说。笔者说："是啊，我还真没有想到。王老师，能辛苦您改一下吗？"王老师爽快地应道："没问题。"

以后，王老师经常发微信征求笔者的意见，笔者也经常听到练习校歌的学生的声音，王老师牺牲中午休息的时间加班训练学生合唱团。

一天下午，王老师突然出现在笔者的眼前说："校长，这是咱们学生学唱的新校歌。"他把手机拿到笔者耳旁，播放学生学唱的校歌的录音。笔者说："很好听啊，能不能让学生一进校就能听到校歌啊？"王老师果断地应道："我马上去办。"这就是我们的新校歌在早晨就飘出来的原因。

那天早晨，笔者迟迟没有离开，就站在学校办公楼大门口，在等待一个人的出现。这个人就是校歌的词作者、伴奏制作者、教学唱者。很快，王老师就出现在笔者的面前，七点十分。

笔者兴奋地走向王老师："王老师，早上好！咱们的校歌太好听了，同学们唱得真棒！能请您把早晨的校歌连续放三遍吗？因为放一遍，只有部分早到的学生能够听到。"王老师骄傲地说:"行!我马上加上。"

"王老师,记住,晚上放学也要再加上一遍啊!"笔者紧接着说。王老师应道:"好的,校长放心吧。"

踏着金色夕阳金色的夕阳,今天在育英收获得怎么样?好好学习,好好学习,天天记心上,父母嘱托老师教诲,激励我成长,行为规范,热爱学习,阳光大气,关心社稷,勇于担当,勇于担当,成就自己的梦想。不畏艰辛,一生立志为家国,满怀豪情,成就梦想,赢得荣光,赢得荣光。

学生轻松地说笑着,三五成群,有礼貌地与笔者打着招呼。学校里有很多像王老师这样的老师,笔者的自信满满的!

其实,这就是笔者心目中的新学校的文化建设和课程改革的策略,学校文化建设不能为设计而设计,它应该让课程自然地生长,让教师自觉地成长,让文化自由地绽放。它应该以服务课程与学程的自觉,以规划未来学习方式的理念与心态,将艺术、审美、文化、价值观、素养等元素化为教育情境。

笔者与几位同学交流,问他们对上学、放学和课间放的音乐有何感受,同学们纷纷用简洁的关键词表达喜悦之情:轻松、温馨、安静、优雅……看到每个班简报上的签名,听到学生在课间谈论听音乐的感受,笔者欣喜地捕捉到了一种收获:这就是笔者想要的做校长的样子,想要的学校发展的样子,想要的老师成长的样子,想要的学校文化。

让每个时间和空间都拥有自己的品质与故事,让孩子和老师们在校园里拥有更好的生活、学习和工作方式,让知识体系情境化、环境文化课程化、学习资源可见化,让学习能够在校园里自然发生。校园里,到处洋溢着孩子快乐的笑脸,以自己的美丽触摸世界的美丽。

尊重每一名教师的素养,成就每一个学生的兴趣,交给他们一块可以播种的田地,相信"民间"的力量与热情,走着走着花就会开的,学校课程改革哪会难呢？学校文化建设哪能没有积淀？

第九节　让学生学习在校园任意时空中随意发生

阅读《重新设计一所好学校》一书，其中的第三章"发掘更多的学习空间"给笔者一些启发。书中说到过去学校建筑的设计哲学是遵循"房间—铃声"模型。这个模型的设计让学生随着铃声从一个房间快速移步到另外一个等同的房间。书中对于"工作室"这个词进行了描绘，这个词意味着一个充满机会的空间——一个艺术家的工作室容纳了自己用来练习的所有材料，而且它将邀请外部世界进来。"工作室"是一个包含着许多学习灵感的空间，带来真实的学习机会，并且跟周围环境密切相关。这个空间既作为一个物理空间存在，也作为一个精神空间存在。这个空间是安全的、滋养的、鼓舞人心的；其功能是灵巧的、个性化的、多样化的；它支持各种学习互动，传递积极的信息。

这样的学习空间，可以是教室，也可以单独改造。而北京市育英学校的老师们，却很有智慧地在教学楼里现成的开放、半开放式空间创设了一个个类似的学习"工作室"，吸引学生们来到这个空间观察、交流、探究、学习。

楼道里的"人体模型"

走在思成楼一层二层的大厅和楼道里，会突然被眼前的物体吓一跳，原来是该年级生物老师摆放的"人体模型"。有时会看到三五成群的学生围绕在这些模型的四周，笔者发现他们要么摸摸这些模型，要么议论着什么，要么在静静思考。

生物老师宗光子说："生物七年级下册教材的内容'生物圈中的人'一直是学习中的重难点。为了激发同学们的学习兴趣，我们把人体结构模型安放在大厅和楼道里，方便学生们课前预习和课后讨论。模型摆出后，马上就有很多同学聚拢在模型前探讨人体器官的特点，甚至有大胆的学生把器官模型拆下来，仔细观察后，又拼装回去。"

其实，这种做法在上一学期就开始了。生物备课组的老师们认为，生物虽然就在我们身边，但是如果站在生物学的角度去看，有些内容理论性较强，甚至晦涩难懂，于是决定采取"感性认识先行，引发理性思考"的策略。

生物老师刘冬梅向笔者介绍了他们的做法和思考。

学习种子结构这一章节内容时，生物老师提前将莲子、花生等植物种子（教材中并没涉及）摆放在楼道中，下课后学生三五成群地凑过来，边吃边解剖观察，我们仿佛看到一个个小吃货的脑袋上冒着思维的小火花。师生之间和生生之间相互探讨吃的是哪部分结构，叫什么名字，有什么作用。当同学之间有不一致意见时，还会翻阅教材作为佐证。更有感兴趣的学生通过查找资料介绍了有关莲的其他器官的结构和相关诗句，更加丰富了楼道中同学们的学习资源。学生们一边吃着莲子、花生，一边欣赏着古诗古韵，在岁月静好的氛围中自主探究学习。在老师的带领下，学生也拿来自己家中的小动物（如笔者发现过一只小海龟），摆放在楼道中与同学们一起观察和学习。楼道成为学生们自主探究学习的重要阵地，与课堂教学相互呼应，又拓展延伸。

这些场景不仅仅发生在楼道里，老师们还煞费心机地在办公室、教室里创设类似的场景。学生在两年的学习过程中，已经具备了一定程度的生物实验动手能力。如何让学生的观察实验在日常学习中随时进行？备课组老师在办公室里设置了一个小小的实验角，满足了学生突发奇想的显微观察，或是简单的实验探究。

在每学年图书馆采买时，生物备课组的老师们都会精心挑选很多既通俗易懂又专业的书籍供学生选读，在课堂上也会根据教学内容推荐相关书籍。为了让学生们就近读到这些生物书籍，老师们把图书馆搬到了办公室，学生阅读起来更加方便，也成为查找资料的一个重要途径，便于学生的自主学习。

备课组在开展每一章节的学习内容之前，都会在集体备课时挑选出一些与本章节教学内容相关的、学生可能会感兴趣的、由课本拓展出的问题，引导学生通过提前阅读教材或是查阅资料的方式主动学习、自主研究。

学习种子萌发这一章节内容之前，老师就引导学生去思考如何制作简易豆芽机为家人发豆芽。在将近两周的时间内，学生通过课前思考、课上学习、课后实践探究，以小组合作的方式完成了种子萌发的探究实验。由于探究题目不同，各小组又通过课上汇报交流互相学习。让老师更为欣喜的是个别有兴趣的学生在此基础上对自己的探究内容进行了深入研究，并参加了金鹏科技论坛。例如，宗光子老师指导学生魏靖翔和孟令轩完成论文《神奇的蒜苗——探究土壤对蒜苗生长的影响》，并获得金鹏科技论坛自然科学类二等奖；牛冬梅老师指导学生赵核榕完成论文《自制简易豆芽机》，并获得发明创造类三等奖。

学习人体的营养这一章节内容时，学生记录下自己午餐的食谱。课上同学们共同分析校内午餐的食物搭配，提出更加科学合理的改进建议。通过学习，同学们认识到学校午餐丰富多样且营养全面。也有学生抱怨说现在吃饭有点儿"累"，不仅要考虑自己喜欢吃啥，还要考虑如何科学合理地选择食物。这也是一种"甜蜜的负担"吧。通过对生活化问题的探究，吸引学生兴趣的同时，让学生在家庭中做出饮食指导进行实践应用。

老师们在学生身边为他们创设学习情境，提供学习资源，引导他们主动学习、积极思考。希望孩子们能真切地感受到，若你想学习，随时随地都可，若你爱学习，时时处处都行。

宗光子老师说："学习资料不一定都是文字形式，模型或者实验器材是更生动的学习资料。楼道里这小小的改变，使课间多了很多探讨问题的身影……"

半开放空间里的平衡鸟

无独有偶，在思明楼二层和三层的教室中间各有一处半开放的空间，笔者发现有几个学生经常喜欢待在这两处空间，有的坐在这里读书，有的站在一些看似像小模型或玩具的东西旁边观看，用手摆弄。

笔者找到了物理组的孙捷老师，她介绍了他们的做法。原来他们把实验室的一些适合摆放在外边的模型和实验器材放在了这两处空间，有的还是老师自己在网上购买的，有摩擦轮传动、蒸汽轮机、皮带传动、链传动等模型。孙老师还拿给笔者一盒橡皮看。在二楼空间里放着一个看着很劣质的塑料小鸟和一个三角形模型，孙老师把两块橡皮塞进小鸟翅膀内，把小鸟嘴巴尖放在三角形模型的顶端尖顶上，奇迹出现了，小鸟稳稳地平衡在三角形顶尖上，像飞起来一样。其实这就是平衡的原理，这个模型叫平衡鸟。另外，我们又看了一个由长短不同的铁质条并排在木板上做成的东西，用一个木槌敲打，会发出各种音调，孙老师说："这是因为铁条长短不同，固有频率不同。"孙老师还说："在教室里，我们也放了一些类似的东西，学生可以在课间去观察、玩弄。如果相关的知识没有学习，学生会产生一些疑问，继而激发兴趣，在课堂上他们会更加专注地学习。如果相关知识学习了，他们还有机会继续观察探究这些模型或现象，因为毕竟一堂课时间有限，课下继续学习可以弥补课堂学习的不足，还可以满足部分同学更多的探究需求。更有一个意想不到的收获，课间同学们来到这里，可以增进交流，可以放松心情，减轻学习上的心理压力。"笔者认为，这种空间为学生营造了一个自由交流和非正式学习的场景。

北京市育英学校于会祥校长对这种教学现象是这样思考的，对我们应该有很多的启迪。一是，教学器材一般都是放在仓库中，上课的时候才拿出来使用，用完再放回去。而在课堂上，由于时间和空间的限制，学生很难仔细地近距离观察、学习，无疑，提前"摆"出来的做法，更有利于学生的学习。"宁肯用坏，不能放坏，更不要担心学生的破坏。"二是，两位生物老师这样做的初衷是突出、突破近期教学的重难点。这给我们的各科教学带来很大的启迪：教学绝不仅仅在课堂上发生！如何系统地设计、推广这一做法，值得探索。笔者认为，这是把我们的教学引向深度变革的重要路径之一。

这几个学科教师的做法，正是学校提倡的"我的班级我做主，我的课程我研发，我的教学我负责"办学理念的具体落实。这是一种"大教学观"的大胆探索。

"两套教学大纲"课程观与"双重规划"课程实施

这让笔者想起了苏霍姆林斯基的"两套教学大纲"的教学思想。苏霍姆林斯基在自己的实际工作中，始终把握两套教学大纲：第一套大纲是指学生必须熟记和保持在记忆里的材料，第二套大纲是指课外阅读和其他的资料来源。

苏霍姆林斯基的第一套大纲，应当是通常意义的教学大纲，有点类似于我们今天的课程标准；第二套大纲，则是富有个性色彩的师本课程或学本课程，是发展学生智力、提升学生素养的一种补充材料。

以生物学为例。苏霍姆林斯基认为，生物学里有大量很难理解、很难识记、很难在记忆里保持的理论概念。于是，当学生第一次学习如生命、生物、遗传、新陈代谢、有机体等科学概念时，他便先从科学和科普性杂志、书籍和小册子里给学生专门挑选一些（课外）阅读材料。第二套教学大纲里，就包括阅读这一类小册子、书籍和文章。

读了这些材料，学生激发起对一系列科学上的复杂问题以及对新的书籍的极大兴趣。学生们通过学习生物学，引起了对周围自然现象(特别是各种各样的代谢现象)的兴趣，提出了很多疑问。苏霍姆林斯基认为，学生们提出的疑问越多，获得的知识就越深刻。

苏霍姆林斯基建议，尽力为学生识记、记熟和在记忆里保留教学大纲规定教材而创造一个"智力背景"。这个智力背景，包括课外阅读材料。苏霍姆林斯基的第二套教学大纲还包括劳动实践和观察大自然等。

当然，强调阅读课外资料，并没有否定强化记忆；强调劳动实践，并没有否定课堂学习；强调观察大自然，并没有否定用好教材——我们应做的是适当补充，适当兼容，把课外阅读、劳动实践和观察大自然科学地补充到课堂学习中去，也就是在有机联系的基础上发展智力。

学校生物学科和物理学科的老师们的实践探索，符合苏霍姆林斯基的"两套教学大纲"课程观。《像冠军一样教学》一书中介绍了一种教学技巧"双重规划"，为学生在每个时间点的表现做好准备。"双重规划"是指你和你的学生们在课程的每个阶段要做的规划过程。这个规划可以使你通过学生的视角观察课程，确保平衡地采用各种有意义的活动。"双重规划"类似一个简单的十字分类图，你的行动过程列在左边，学生要做的事情列在右边。或者，你可以更进一步，通过设计不同的课程材料来进行"双重规划"，例如讲义、手稿、笔记模板、指定的阅读材料、课程包等。

放在楼道里、办公室里、教室里的书籍、图片、教学模型、实验器材等物品，就是教师在"双重规划"自己的教学，让学生在更加开放、宽松的时空里，实现正式学习与非正式学习的有机结合，让教学超越教室这个狭小的空间，让身边的事物、信息成为自己的学习资源，甚至让整个世界都成为学习的课程，让"人人学习、时时学习、处处学习"的理念真正实现。

第十节　引领教师穿越成长的迷宫

每一名教师都会在自己不同的职业生涯里，经历成长和发展的高原期。这段时期，教师正处在自己职业生命的过渡期，也可以说是矛盾期。如果教师明白自己这段时期的弱点、盲点和发展的可能性，积极主动寻求成长的环境、载体和平台，他就能突破成长瓶颈，获得令人惊奇的长足进步，从而可能步入名师的行列。

在一个晚上，笔者收到李老师的一封邮件。

我已经工作十多年了，所教学科是地理，虽然学校不太重视，我却把小小的课堂当成了生活中很重要的一部分。多年的工作经验让我在教育教学方面有了很大的进步，多次会考成绩在区里名列前茅，我赢得了学生的认可。

但是最近，我却感到对自己的未来有些迷茫了。我的价值到底在哪里？我只是一名普通的老师，我的忙碌、我的付出到底是为了什么？难道就只是因为老师的责任心吗？

之所以这么想，原因有很多，最主要的一点就是感觉很累。每天起早贪黑地上班不说，还要上那么多的课，学生吵闹的话还要维持课堂秩序，一天下来，回到家连跟家人说话的力气都没有了。

懒惰是很多人潜意识里都有的东西，有时我也在想，不如就混日子吧，过一天算一天，但是每当有这些想法的时候，我就感觉内心特别空虚与不安。

今年9月开学初，我有幸认识了来自育英学校的李志欣老师。当时我就被他的很多"光环"吓住了，太多的优秀成绩让人望尘莫及。虽然校长介绍时，说有教学上的问题可以私下找李老师谈，但是由于自己内心的自卑心理作祟，我总是不敢迈出这一步。

但是，长期储藏在心里的情感纠结让我最终下定决心去找李老师谈谈。虽然没有想好谈什么话题，但是我不想错过这么好的机会。

我鼓足勇气，敲响了李老师办公室的门。

他告诉我，工作十年左右的时候出现迷茫期也是很正常的，这正是第二次成长的时期，他也经历过这段非常时期。我们必须能够为自己所做的工作赋予意义，不为他人也不为名利，只为自己内心最初的梦想和坚持。外界的人和事不会一成不变的，如果努力付出是为了外在因素，就会迷失自己的本心。而让内心强大充实的最好办法就是多读书，只有不断学习，提升自己的专业素养，才能让自己的内心更加强大充实。

当我说出自己经常不自信的时候，他也给了我很好的建议。他说年轻人有上进心是好事，但是太在意别人的看法和迫不及待地急于求成，自己的自信心容易遭受打击。所以做事情要更注重过程，而不是结果。不要怕失败，不要怕批评，有时失败反而让人成长得更快。

听了他的话，我有一种说不出的激动，认识到了自己存在的问题，也找到了努力的方向，心里豁然开朗。离开办公室的时候，我除了说"谢谢"，不知道还用什么话来表达自己内心的敬意和感激。

晚上回到家，我回想起白天发生的事情就好像做梦一般，仍然兴奋不已。我和女儿说："以后妈妈每天陪你一起学习好不好，你监督妈妈。"她开心地说："太好了！以前都是你监督我，现在我也可以监督你了。"

听了她的话，我既开心又自责。作为一个妈妈，以前都没能很好地给孩子做个榜样，真是失职。我会努力学习的，让自己的内心更加强大，更加充实，更加自信！

笔者认真阅读李老师的感悟，一丝丝伤感和激动不断涌上心头。李老师三十几岁，已经是学校的骨干教师，在当地也颇有影响。她工作很投入，已经积累了很多教育教学经验，她的心理和心性已经比较成熟和稳定，学校领导很欣赏她，同事们也都很认可尊重她。在很多人看来，李老师也算是一名成功的老师，这样生活下去也会有幸福感，有很多的收获。

可是，李老师为什么会有上述苦恼，决心找笔者谈心？这反映了她在当下的生命成长旅途中遇到了麻烦，反映了她渴望找准方向继续发展的愿望。一段助跑后，她到了想起飞的临界线。其实从李老师述说的心路历程来看，这又是一种普遍现象，是学校里工作十年左右的那群教师的复杂心理和生命状态的真实写照。

作为教育管理者，大多会关照年龄较大的老教师，一是关心他们的身体状况，二是担心他们不再学习成长，陈旧的教学思想和方式不能适应已经变化了的课程和学生，也会更多地关注刚刚大学毕业进入教师行列的青年教师，为了让他们尽快融入学校文化，学会管理和教学，总是要策划一些学习培训活动，为他们配备骨干教师做师傅。

而对老教师与青年教师中间的这群教师，也就是已经工作十年左右的这些教师，学校更多关注的是他们如何更多更好地干工作，完成学校的各项教育与教学任务。

可是，笔者发现，他们是最孤独的教育生活者，他们的忙碌与责任掩盖了他们内心的需求，延误了他们再次成长的机会，尤其是延误了他们的生命成长时机。他们仍然需要被大家关怀，这个"大家"不仅仅是学校内的领导者、同事，还有社会各界的人士。他们正是那群在教育的旅途中走了一段路，却又迷失了方向的人，想飞却不知向何处飞。

源自家庭、学校、经济、身体、朋友等各方面的压力不断来袭，自己精力与体力的超负荷输出与内在价值感无法安顿的矛盾，渴望快速成长但感觉不到变化的失落，自己目前工作生活的意义与生命的长期目标不能建立联系的纠结，自己日益成熟的零散经验、内隐理论提升为自我主张的需求，以及渴望过一种经常读书、研究的生活但又畏惧困难无从下手的彷徨，都在这些教师的内心里翻滚沸腾，天天不能平静。

为何优秀的教师工作十年左右会迷失自我？如何重新唤醒这群教师再次成长的欲望？如何引领这群教师找到自己的专业与生命成长路径，让他们每天都对教育充满新奇与陌生，勇敢地去探求未知的可能性，突破发展瓶颈，从骨干教师成长为卓越教师，甚至是研究型、专家型教师？笔者认为，这恰恰是整个社会，尤其是学校必须着重关注的大事，他们的破茧成蝶将会推动我们整个教育大踏步前进，我们的教育与课程改革将不再担心没有优秀教师来实践、研究，我们将不再担心创新人才缺位与乏力。

但是，这是一批庞大的队伍，仅仅依靠他们自己的努力，也许会有一小部分人能够走向卓越，而大部分人会随着岁月的推移，慢慢丧失奋斗的雄心斗志。他们的成长欲望要么自行消失，要么被外在的力量浇灭。甚至多数教师一辈子都迈不过这个门槛，这是教师专业发展的悲哀，是教育事业人才的浪费。

这群教师就像风筝一样，他们应该在天空中自由飞翔，而不应该长期挂在屋内的墙上。有人担心把这群人培养出来以后，他们不接受控制怎么办，他们离开单位怎么办。我们总是担心他们被风吹跑，但是，别忘了，一个人的成长需要自由的环境，需要一双有力的翅膀，需要风，需要雨，需要空气，更需要放风筝的人牵引与帮助。

学校能否充当那个放风筝的人，对于这群教师的生命和生活的影响是很关键的。

当下不少学校低估了教师的道德判断，认为人类生来自私，驱动人的是利益。这就促使部分教师渐渐远离了自己内在的生活兴趣和意义，远离了自己的责任和梦想，而是与多数教师一样，为那些小恩小惠、分数证书、考核晋级等功利性且价值低廉的事物或目的疲于奔命。很多学校忽视了基于生命内在的专业、精神和道德层面的因素对人的能力与需求的激发，这就是已经工作十年左右的教师群体集体迷失自我的根源。

面对如此现状，我们需要对这群教师的专业成长进行重新定位和理解，以便引领他们突破发展的高原期，在教师生涯的关键时期实现二次成长。教师除了参与课堂教育教学实践外，还要参与到课堂之外的真正的学习团队中，寻找致力于专业发展的同道之人。从以教学为中心走向以学习为中心，让读书反思成为一种习惯和生活，视自己为从事教学和学习探究的领导者，尊重自己的观念与兴趣，承担起研究者、意义建构者、创造者的新角色，努力使自己置于学校变革和发展的中心地位。

写至此，笔者给李老师回复了一段话："你是一位优秀且上进的老师，有现在的情绪与状态不是你自己的问题，所有教师都会遇到这种情况，关键在于是否能突破这一瓶颈，找到二次成长的路径。你已经意识到了这个问题，这是好的预兆。就从为孩子做好表率开始，从研究家庭教育出发，与孩子一起读书学习，再逐步涉及专业领域，寻找自己的兴趣和切入点，相信不久你会重见光明，完成蜕变。"

笔者还告诉她："读书是二次成长的必经之路，教学反思是二次成长的关键，课例研讨是二次成长最有效的途径，参加研讨会是走向成熟的重要契机，论著是教师专业生涯的重要台阶。"

一位教师所追求的成长目标应该是：做教育文化的发展者，做教育理想的守望者，做人性完善的培育者，做先进理论的学习者，做打破僵局的研究者，做体验幸福的生活者。

笔者通过认真倾听李老师的苦恼与需求，帮助她分析了这段时期的职业生命特点，找到了实现二次成长的适当渠道，从而重新点燃了她再次出发的信心。

下面笔者介绍一位被"逼迫"成长的年轻教师，该教师用自己的文字整理了从被动接受到自觉为之，从而走上再次成长之路的心路历程。

网上流传着这样一种说法：做你没做过的事情，叫作成长；做你不愿意做的事情，叫作改变；做你不敢做的事情，叫作突破。有人逼迫你去突破自己，你要感恩他，因为他是你生命的贵人，也许你会因此而蜕变。

遇见他时，我的工作状态正处于"七年之痒"。每天备课、上课、批改作业，做着这些重复性的劳动，使我身心疲惫，产生了强烈的职业倦怠。这时他说："读点书吧！"手里拿着他借给我的《智慧教师的诞生》，心生疑惑：有用吗？

初读时，心是静不下来的，感觉有点枯燥，专业术语太多，读着读着就被吸引了，书中提及"根据教师的职业存在状态将教师分为三种，即以教谋生和养家糊口的生存型、体验人生和品味幸福的享受型、服务社会和完善自我的发展型"。我不禁反思自己，我到底属于什么样的教师，该怎样改变现在的状态呢？

还书时，他说："感觉怎么样？写写读后感吧！"数学教育专业毕业的我，已经接近十年不再动笔了，让我写读后感，这不是强人所难吗？"尽量写出自己的感受，不管好与坏！"于是重新翻阅它，在写完两万多字的读书笔记后，写下了《坚定脚步，走教师专业化成长之路》的读后感，忐忑地把文章交给他，他说："你已经迈出了教师专业化成长的第一步，继续努力！"

接着他又拿出一本《做一名学习型教师——教师专业发展的务实行动》送给了我，并说："在1+1教育网站建个博客吧，那里有一些与你志同道合的教师们，大家共同行走，进步会更快！"

于是建了博客，加入了教师成长共同体，在那里有我们耳熟能详的名师，也有一群同思考、共勉励的草根朋友。我们共读一本书，探讨教学中的问题，交流班级管理中的经验，取长补短，共同成长。

渐渐地，职业倦怠消失了。每天在完成日常的教学任务以后，看书、写字、思考教育现象。这种漫无目的的读书，虽也能给心灵带来慰藉，可没有目标的生活还是迷茫的。

2013年由我选题并执笔的课题"家长委员会参与学校民主管理的机制研究"被批准为山东省教育科学"十二五"规划2013年度重点课题，使我兴奋不已。这时他说："读烂一本经典，精研一位专家，主攻一个专题，依据专题大量涉猎知识，坚持一至两年，便小有所成。"寥寥数语，为我点亮了前进的明灯。虽并不奢望小有成就，但还是想为了自己的目标奋斗一下。

于是在他的指导下，我开始研读苏霍姆林斯基的《给教师的一百条建议》，从书中我明白了："一些优秀教师的教育技巧丰富，正是由于他们持之以恒地读书，不断地补充他们的知识大海。学生的智力发展取决于良好的阅读能力。"现在我在班级中开展"在阅读中感悟，在感悟中阅读"

活动，提倡同学们读名著，在名著中汲取成长的养分；给同学们讲哲理故事，共同体会成长过程中的真善美、假恶丑；共同记录成长故事，为我们留下成长的"音符"。在打造"书香班级""书香家庭"的同时，依托班级家委会开展亲子共读活动，家长们在书中找到了自己在家庭教育中的误区，收获了育子智慧，提升了自身素质，也使我们收获了友谊和快乐。

作为一名农村草根教师，我已少了些迷惘与倦怠，多了些自信和热情，每天享受着积极向上的工作状态。一天他看完我的博客说："投投稿吧！"于是我在他的鼓励下，又试着把平时"涂鸦"地记录着我和学生们"成长音符"的故事、反思、读后感投出去。起初，看着一篇篇杳无音信的稿件，我退缩过。他说："沉淀会儿，好文章是修改出来的！"于是我开始了屡战屡败、越挫越勇的投稿生活，一遍遍地修改，一次次地沉淀，终于我的"小豆腐块"也出现在了报纸和杂志上。记得第一次看到我的文字变成铅字时，他说："相信付出就会有收获！"

说到此，你一定很疑惑：这位一直指引着你，鼓励着你，"逼迫"着你突破、成长的人是谁呀？告诉你吧，他就是我生命中的贵人，我的师父——李志欣老师。

笔者会采取各种方式，"逼迫"学校的教师在专业的道路上快速成长。比如，笔者会安排本校教师走出学校与外地学校教师一起体验同课异构，教师们为了上好这节课，会邀请学科组的教师们进行指导。笔者也会把当地教研部门的专家请进学校，与这些教师一起备课磨课，有时连备连磨三次课，有些教师都累哭了。但是当他们展示完自己的课后，都会感激笔者，因为他们收获了过程，他们在磨炼之中，提升了自己的专业水平。还有，笔者会要求教师每个月撰写两篇文章，并亲自交给笔者审阅。笔者想用此方法，让教师们学会反思，学会撰写文章，最终走上研究的道路。

多数人都是有一些惰性的，但是，如果你愿意接受他人"逼迫"你做事这一行为，你就会得到成长，由此你会赢得越来越多人的帮助；当你不愿意接受他人的"逼迫"时，你就会失去很多成长的机会。当下，有些年轻人不愿接受他人的帮助，自以为是。当你屏蔽了与他人的联系，拒绝他人对你的帮助，没有勇气接受"逼迫"时，成长就会进入缓慢状态，甚至会丧失很多快速成长的机会，影响自己的整个生命成长。

笔者建议大家，要真诚地接受他人的"逼迫"，该谦虚时就要谦虚，该合作时就要合作，该冒尖时就要冒尖。成长永远是自己的事情，"逼迫"你成长的人才是你的伯乐，你生命中的贵人。

对朱老师成长的推动，则是源于发现她的创新经验，在为她总结提炼创新成果的基础上，激发了这位老师再次成长的勇气。她以后步入了专业成长的快车道，陆续获得了很多荣誉。作为一名普通的老师，她还经常被外校邀请去上课、作报告，她实现了职业生命的一次蜕变。朱老师曾经给笔者写了一封信，信中写了她的一些成长感悟与收获的喜悦。

2014年10月，全国教育联盟校长论坛在我校举行，我上了一节观摩课。下课时，认识了李校长，他留下了虽简短但中肯的几字课评，我印象很深。之后议课环节中再次得到李校长对我执教课堂的全方位点评，所言字字真诚，有欣赏，有肯定，有建议，有保护。"听君一席话，胜读十年书"之感油然而生，从而让我更加坚信，在教育求真这条路上，我并不孤单。

第二天，我校的王校长找到我，说李校长请我总结自己的课堂，整理成一篇文章，写好后，发给他。面对这件事，我内心是纠结的，"写作""总结"对我而言无疑是大挑战。执教数学学科多年，思维的引领似乎更多在意会间，好像很久未关注过如何润色语言。但，李校长的盛情岂可辜负？我答应了下来。通过这篇文章，我得以和李校长对话，每次对话都会有很强的力量感，如对"读书"所言，对"个性主张"所述，总能接收到一种不同寻常的能量。

然而，几经整理的文章并未成功发表，自己都看不上眼，所以，这件事就搁置了下来。新学期又接任了毕业班班主任工作，忙得我晕乎乎的，快把这件事忘了。半年后，李校长通过一条微信，请我再次改写文章，我被李校长的"诚信"之行感动了。我毅然舍去忙乱，静心修改，此事终成，文章《当课堂变成讲坛》得到李校长肯定，并且他亲自为我修改，最终文章发表在2015年11月4日的《中国教师报》上。

得李校长之助，我的心灵拥有了一种力量。在用文字表达自我主张方面，我有了愿意记述所思所想的力量。2016年，我作为主持人的保定市重点课题"初中数学'独学·互学·感悟'教学模式的研究"顺利结题。

记得有一天，微信里多了一个"全学习"群，我被群主李校长拉到了这个群里，并收到他发的读书清单。"读书"是李校长永远倡导的事，我明白，那是教育路上继续前行所必需的力量源泉。我呢，也是自小就喜欢书的，别人喜欢出去找同学玩，我喜欢安静地待在家里，即使是学的课本也能一遍遍看得有滋有味，独坐房顶看书一直是记忆中的美好场景。但我看书随意性强，每一阶段看什么全凭感觉，而且喜欢反复看，所以对读书可以说没有规划，看书数量并不多。对一个领域的涉猎还是缺少量的积累，尤其教育领域的书籍，更是少。这次李校长发的读书清单里的书全部是涉及未来教育的，我便乐得去读一读，看一看，思考一番。感谢李校长，为我打开这扇窗，我得以看到教育中更广阔的天地！思想提升，得到更多人认可，我多次承接中考观摩课、讲座，受到了广泛好评。近两年，设计制作的课件获"中国梦"全国优秀多媒体教学课件评选大赛一等奖，自制微课"对角线互相平分的四边形是平行四边形探索"在河北省第二届微课大赛中获一等奖。

从此，我进入教育实践后反思，反思后再实践的不断尝试中。付出总会有回报。我虽然从教数年，之前却从未进入班主任工作领域，但是，我没有畏难情绪，仅仅通过半年班主任工作实践，便迅速找到感觉，班级很自然地进入良性运转，在学校班主任班级文化建设大赛中获一等奖。同年，又荣获"涿州市优秀班主任"称号。

如我，拥有这样一位特别的"精神导师"，便拥有了一份教育的幸福。

一次偶然的帮助，点燃了朱老师再次成长、走向名师的心灵，由此，才写下了上面热情洋溢且优美的文字。因此，老师的再次成长与工作突破，是需要有人点拨与提醒的。

参考文献：

［1］帕克·帕尔默.教学勇气[M].上海：华东师范大学出版社，2005.

［2］冯卫东.今天怎样做教科研：写给中小学教师[M].北京：中国人民大学出版社，2019.

［3］王敏勤.普通教师也能创立自己的教学法[N].中国教育报，2010-6-4.

［4］余文森.教学主张：教师从优秀走向卓越的生长点[N].中国教育报，2014-1-26.

［5］普拉卡什·奈尔.重新设计一所好学校[M].北京：中国青年出版社，2019

［6］道格·莱莫夫.像冠军一样教学[M].北京：中国青年出版社，2016.

后记
不忘前行的勇气

山东省东营市教科院副院长杜建国，可以说是我专业成长的指路人，也可以说是我心灵成长的抚慰人。

记得在山东东营工作时，建国一直对我和一群农村教师一起搞的那场教学改革很感兴趣，他经常深入学校调研，并开诚布公地给我提出一些合理化的建议，甚至是毫不客气的批评，这让我的行动没有偏离方向。当我遇到困难，尤其是有人不理解我的观点、质疑我的行动时，我就跑到他那里去向他倾诉，他总是笑呵呵地与我倾心交流，几句话就让我放下很多东西，能够再次下定决心轻装上阵。

回到老家，我们又聚在一起，建国建议我整理一下在山东、北京等地工作的一些实践与思考，从而厘定作为一名校长在如此丰富的经历中锤炼出的精神品质。建国提出愿意与我合作，把他多年对我的研究加入我的梳理中，并做最后整体的提升。

从2022年5月开始，北京疫情变得异常严重，全体师生不得不居家办公、学习。于是，我利用这段居家办公时间开始梳理建国给我布置的任务。每完成一篇文章，我都会发给建国，建国总是不辞劳苦，不厌其烦，认真阅读，给我提出修改意见。就这样，通过文字交流和语音沟通，这本二十多万字、跨越十五年时间的书稿诞生了。

难能可贵的是，我与建国在梳理交流书稿的同时，碰撞出了关于校长这个职业的一些特征。建国提出两个疑问："一个好校长就是一所好学校。这句话从其表面意思定位了校长对于学校发展的重要性。学校千千万万，校长千千万万，那么什么样的校长是一个好校长呢？干上校长，工作几年之后会有差别，所管理学校也会有差别，这种差别到底是什么呢？"

其实，我就是带着这两个疑问，回想起我做校长的过往经历的。

我从2007年3月开始做校长，那是山东省利津县的一所九年一贯制学校，一干就是七年多。2014年8月我调往北京工作，在北京市育英学校做英语教师兼班主任一年。2015年9月我被派往北京市大兴区兴海学校挂职副校长锻炼一年。2016年7月开始，我又在北京市密云区的一所城乡接合部初中学校做校长五年。2021年8月我又回到北京市育英学校任副校长。在这期间，我任正职校长近十三年。在这近十三年的校长履职过程中，我的情感变化可以展现我对校长这一职业的大体认知。

从一开始的简单中掺杂着使命的力量，到问题中裹挟着不解的困惑；从成功中伴随着竞争的攻击，到失败中找寻善意的支持；从内部价值观的复杂混乱，到文化生态科学重构的思维碰撞；从外部言说评论的多元，到办学理念得到社会认可；从个人精神与学养的生涩缺乏，到走向自我反省持续学习的道路选择；等等。在这个过程中，我选择过坚守、想到过逃离，经受过冷落、品尝过责难，愤恨过不公、痛斥过不满。曾经得意忘形过、一意孤行过，也曾经孤独无助过、陷入泥潭过。

现在回想起来，上面那些所谓的情绪、情感都不是最重要的，或许是成长过程中必须体验的，或许是自己内心还不够坚定的表现。我认为，作为一名校长，应该永远记住，他是全校的核心和支柱，他必须使自己成为受人敬仰、社会尊重的典范，并在各方面成为活的规则和条例。他应该以自己的生活纯洁、对人宽厚、大公无私、精力充沛、思想活跃来保持威望；他还应该细心观察每一名教职员工与自己的学生，虔诚得像太阳一样照亮所有学生的心。

其实，这里面蕴含着校长的精神品质与使命的形成与担当过程。我认为，校长的精神品质与使命应以教师作为主体，善于发现和挖掘教师群体的精神元素，通过这些不断完善自己的精神元素，通过教师任务的完成来实现自己的使命。让校长的精神元素回归群众当中，让实践来检验真理，让校长的使命始终能与时俱进、丰满润泽。

校长的管理智慧源于教育生活，源于对教育对象的观察与思考。一个细小的设计，一个偶然的举措，都会引发教育观念的改变，折射校长的领导力。当教育者的目光落到了一个个被遮蔽的问题上，然后从"人"的立场出发，再回到"人"的成长，一点点地"看见"每个人内心深处的需求时，每一个微小的行动都会成就一个孩子的成长，激励他坚持自己的志趣，满怀信心地去奋斗，我们也就把成长的空间真正地还给了学生。

因此，我理解的一名校长的精神品质，第一是谦逊，有宽阔的胸怀。胸怀是"无我"，是同理心，是服务，是知道你代表的并不是个人，而是组织的使命。第二是勇气，这是最内核的人性，有勇气才能在陷于困境时为组织与社会挺身而出。校长的行为必须有勇气来支持，以克服或控制内心的恐惧，避免让恐惧束缚行动。第三是能容忍，如果没有容忍的素养，则很难进行严肃的教育工作，也不可能获得真正的民主经验。容忍使校长能尊重差异性，并了解差异性，与差异性共存。第四是果断，容忍需要与果断相匹配，以避免因犹豫不决、缺少自信而造成专业上的无能或道德意志的薄弱。

当然，校长需要的精神元素不仅仅是这些，校长要始终处于学习、思考和创新的事业当中，这也就给校长的使命管理带来很大的挑战。

以上感悟是在整理书稿过程中萌发的。在山东东营工作时还年轻，有一种"初生牛犊不怕虎"的勇气，就像在盐碱地上一样，拼命地吸收水分和养分，拼命地向上成长，锁定目标，追求阳光。我感恩那片土地上所有帮助过我的人，在此，不再罗列他们的名字，帮助过我的人太多了，我都记在心里。

来到北京，则是另一番场景，尤其在北京市育英学校的这八年，我如同走进了一个教育的大花园，尽情地在里面徜徉，欣赏这里的教育之真善美，我的成长突飞猛进，有了质的突破。在此，我感恩把我引进到北京市育英学校的于会祥校长，是他，是他所领导的学校，丰盈了我的现在，成就了我的未来。同时，也对育英学校、密云分校所有支持我的人表示感恩。

本书第二章主要由建国执笔整理，其内容涉及在山东省利津县一所农村学校的教学改革。第三章是由我负责整理的，其内容涉及我在北京市育英学校密云分校的课程创新实践。第四章内容涉及我在北京市育英学校工作的两年里，对于会祥校长办学思想与实践的学习，是该校文化建设的优秀成果。第一章与第五章是建国与我合作完成的，是我俩对校长的办学理想、教育信念与教师专业成长等的思考。

当然，这些文字所描述或介绍的理念以及行为，有些地方可能值得商榷，希望大家提出批评意见。很多观点学习参考了一些专家学者的研究成果，在此表示衷心的感谢，你们辛勤劳动的成果给我们以启发，让我们得以将其转化成实践方案。

"路漫漫其修远兮，吾将上下而求索"，走向教育理想的路还很远，路途中更有意想不到的坎坷，但只要抱守那颗永远不变的立德树人之心，追求光明远大的志趣精神，定会吸引众多教育同人的无私帮助与支持，获得无穷的力量，充满勇气继续奋斗前行！

李志欣

附录A

"'零'作业教学改革的实践探索"成果报告

一、问题的提出

中小学生课业负担过重，是一个全国性的老大难问题。在所有教育问题中，作业成了最容易让人情绪化的领域之一，其争论之激烈，观点之多元，改进之缓慢，成为教育首段问题。教育部曾先后50余次下达"减负"号令，但是由于种种原因，"减负"政令仍难以有效落实。尤其是农村学校，学生课业负担之重令人发指，且实施素质教育更是面临四大难题：1.学生课业负担超重，教学改革阻力重重；2.教师成长缺乏专业引领和兴趣；3.课程改革仅停留在理念性口号上，缺乏实操性；4.教学文化建设找不到适合的路径。"应试教育"下所形成的沉重课业负担，已成为制约学校发展的痼疾；成为消耗教师精力体力，抹杀教师教育智慧的顽症；更成为阻抗学生思维开发和兴趣特长发展，损害学生身心健康的杀手。无疑，繁重的作业负担体现了对孩子的不信任、对学习的一系列误解，是在毁掉孩子的美好童年，毁掉他们对学校的热爱，对责任的担当。过多的低效书面作业使孩子失去了快乐生活的自由，导致了家庭教育子女矛盾的积聚。可以说，过重的课业负担所造成的危害和负面效力，到了罄竹难书的地步。

基于此，山东省利津县北宋镇实验学校（原利津县北宋一中，以下简称"北宋镇实验学校"）在2004年至2007年作业改革研究的基础上，于

2007年在全国率先提出并实施了"零"作业教学改革实践与研究。近十年来，经过持续不懈地探索，"零"作业教学改革不仅取得了突出成效和重大成果，而且成为农村学校有力有效推进素质教育和实施课程改革与教学创新的重要抓手，成为"减负增效"的重要方法和途径。

二、解决问题的过程与方法

（一）主要过程

第一阶段：2004年9月—2007年11月。2004年9月，北宋镇实验学校参与了山东省教科所研究员张斌博士主持的山东省教育科学"十五"规划重点课题"研究性学习理论与实践研究"，学校申报的"农村中学基于研究性学习的作业改革研究与实践"获准立项为重点子课题，并被省教科所命名为重点实验基地。经过近三年研究与实践，顺利通过了由山东省教育科学规划办和省总课题组组织的专家通讯鉴定。

第二阶段：2007年11月—2010年6月。北宋镇实验学校以参与山东省教育学会"十一五"重点课题"'零'作业下的教学改革实践研究"为工作凭借，从制度上保障课下"零"书面作业的实施，还时间、健康、能力给学生，引领教师开展"和谐高效"课堂构建工作。这一阶段研究与实践以正式出版著作《"零"作业下的教学改革实践》（李志欣主编）、承办"东营市和谐高效课堂展示活动"现场会为行动标志。其间带动了全市教改的热情，促进了教改经验与教学成果在全市的推广应用，并且学校被省教育厅表彰为"山东省中小学素质教育工作先进单位"。

第三阶段：2010年6月至今。此阶段，教改经验及成果不仅在全市推广应用，而且在全国产生影响。2012年6月，《中国教师报》在利津县举办了"'零'作业教学改革深度发展论证会"。会上邀请到了山东省教育厅基教处、山东省教科所、山东省基础教育课程中心的相关人员以及省内外知名学校校长30余人参加。会议就"零"作业教学改革实际操作问题与深度发展的可能性策略，以及基于"农村教师职业生命重建"的学校新文化建设等主题展开深入研讨，确定了学校内涵发展新走向。论证会的召开，标志这一阶段的研究顺利结束和深化研究工作开始。"零"作业教学改革成果通过省、市、县教育行政力量得以大范围推广，其经验也通过国家级报刊等媒体全面推介。其间，该成果先后荣获山东省教育厅"十一五"山东地方教育创新成果一等奖、第三届山东省政府教学成果一等奖。

经过数年的反复演练、磨合、总结，一系列创新举措及时跟进，学校完善了教改的组织机构，建立了改革发展性评价指标体系，自主研发完成"零"作业教学改革范式载体。2014年2月，标志着改革再上新高度的专著《博弈中的追求——一位中学校长的"零"作业抉择》（李志欣著）由西南师范大学出版社出版发行。以此为契机，该校启动并完成了教改文化的顶层设计。以"零"作业教学改革为突破口，真正走内涵发展之路的农村素质教育典型应时而生。其间，该成果荣获山东省基础教育省级教学成果一等奖。很多省及国家媒体对学校"零"作业教学改革经验进行了深度报道。

（二）主要方法

"零"作业教学改革的实践与研究，以目标教学理论、活动建构教学论、智慧复演理论、最近发展区理论、需要层次理论、多元智能理论、群体动力理论等为理论支撑，以边实践、边研究、边总结、边推广为研究路径，采取行动研究法、追因法、文献法、实验法、经验总结法等研究方法，使研究方向更明确，研究过程的针对性更强，从而保证了研究结果的有效性。

1. 行动研究。在山东省规范办学行为的大背景下，北宋镇实验学校从减轻学生作业负担入手，坚决实行课下"零"书面作业。学校这一内定政策的转变与实施，引发了改革从原点出发，革除过去违背教育规律、泯灭人性的无效劳作的负担与行为。通过加强课内外教与学的有效联结，指导学生有效开展自主、合作、探究学习，促进了课堂教学与课程建设的转型；通过完善学校内部管理结构，改进教育管理，唤醒了教师的教育自觉和良知；尤其是重塑家校新型关系等一系列创新行动，实现了教育教学的重新建构，寻找到了符合教育规律、符合时代发展、依靠民主和科学办学的创新教育之路径。

2. 专家引领。为了更好地开展"零"作业教学改革研究，学校成立了课题研究指导专家组。专家组以山东省课程研究中心齐健教授为首席专家，山东省教科所张斌博士、王汝才研究员，东营市教科院季俊昌主任为专家指导团队，核心成员包括李志欣、王建军、武俊秋、陈新红、陈建福等。特别是山东省教育厅副厅长张志勇研究员自始至终关注和指导了"零"作业教学改革的实践，表现了一个省级教育行政官员和著名专家倾心关注农村学校教学改革的教育情怀。

三、成果的主要内容

（一）"三项规定"保障"零"作业教学改革，真正减轻学生过重的课业负担

在北宋镇实验学校，对作业布置有这样的"铁规定"。一是"三不准"，即一律不准布置课下书面作业，不准课下发放成套试题，课上完不成的作业不准留在课下做。二是"两监督"，即学生监督老师，学校督查组监察老师。老师给学生布置机械性、重复性的课下书面作业，属于违

纪，学生可以不做，可以向校长写投诉信；学校督查组随时随地检查，一旦发现老师给学生布置课下书面作业，立即通报批评。三是"一必须"，即教师在课堂上为学生提供精心设计的《课堂自主学习指导纲要》，必须实现当堂评价。

"零"作业教学改革十年来，学校走出了一条适合农村学校发展的素质教育道路，在省内外刮起了"零"作业教改旋风，成为黄河三角洲这块新生土地上的一面教改旗帜。

（二）解放教师职业生命兴趣，引领教师走专业成长之路

学校实施"零"作业教学改革的初衷，是清除农村中学教育的"顽疾"——"高耗低效"的作业。通过"零"作业的行动，教师想到"作业"二字就会受到触动，并由此促动教师用更人文、更科学的思想和方法改变学生作业"高耗低效"现状。而且，"零"作业的实施，一方面宣告了农村中学教育"高耗低效"作业的结束，一方面体现出基于新课程改革的要求，以及对课堂建设、教师发展等的切实诉求。

学校在历经数年改革后得出这样一个结论："减负"的根本在于提高课堂教学效益。这就将教师的专业发展提到前所未有的高度，教师的培训、学习和研究显得比以往任何时候都更加重要。于是，如何构建以校为本的教研制度，解放教师的职业生命兴趣，就成了学校发展亟须解决的问题。在推进的过程中，教师自动发出了成立"民间学术自组织"的倡议。成立的目的，就是通过成员之间自发开展的学习和研究活动，通过互促共进的学习交流活动，解决教学改革中遇到的疑难问题，进而促进团队专业成长。这些专业兴趣相近的教师共同体建立起一种合作平等、互利互惠的文化价值观，使每个教师都得到了平等的发展机会。

第一个"民间学术自组织"是"教师成长志愿者共同体"。该组织采

用自主申报—组织备案—项目管理—定期交流—成果共享的流程，让教师的专业学习得以持续不断。在"教师成长志愿者共同体"的带动下，更多的"民间自组织"诞生了，且产生了教育效力。"教学改革研究者共同体"激活了教师教学改革的内驱力，催生教师个性化的教学风格；"教师网络学习共同体"引导教师在网络中获得学习资源，促进专业发展；"校际伙伴互助共同体"为不同学校的教师提供了交流互助的机会等。这些"自组织"的出现与行动，使教师的发言权得到了尊重，让教师的知识合法地进入学术台面。对于这些"自组织"，学校的管理原则是"谁有思想，谁就是学校的领袖"。"自组织"让教师更加自信、从容、有尊严地工作和生活。几年来，共同体成员有大量文章经过讨论修改后被报刊采用。李德刚老师说："加入'自组织'之前，我从没奢望能在报刊上发表文章，但是现在，我已连续在专业报刊发表了20多篇文章。"

全国著名教育专家柳夕浪先生对此有过评价，他认为这种形式的校本教研创设了"一种让普通学校、普通教师的教育教学思想自然流淌的场景，让校长与教师之间、师生之间、教师同伴之间、教师与专家学者之间能够彼此平等地，而不是一方主宰另一方地交流；聚焦于课堂，而不是游离于现实课堂之外；在行动中体验，通过行动来表达，而不只是停留在口头上。一句话，用自己的生命来表达，在思想的聚餐中，丰富教师的精神生活，改变教师贫乏的思想状态，赋予教师真正的生命活力。如此，校本教研也有了自己的灵魂，而不是徒有'沙龙''赛课''论文'等等诸多躯体、形式"。

（三）科学整合国家、地方和学校课程，形成"三纲要一综合"式课程架构

和谐高效课堂的构建是北宋镇实验学校教学改革的着力点，是提高教

学质量的内核所在。学校推行"零"作业教学改革，通过为师生减负，切断了传统的教学路径，迫使老师们的教育思想不得不发生转变。老师开始思考没有课下家庭作业后的课堂是什么样子，该怎样备课；学生开始思考在没有了硬性任务之后可以做什么，该如何主动学习。

通过基于"零"作业的有效教学的定位、确定课堂教学目标、选择教学行为、实施课堂教学评价，北宋镇实验学校探索出了一条适合农村中学教学创新的有效策略和崭新路径。学校大胆改造了传统的课堂教学流程，自主开发了三种学习载体：《单元自主学习指导纲要》《课堂自主学习指导纲要》《双休日（节假日）生活指导纲要》，并以此改变教师传统的备课方式和教学方式、学生的学习方式和课外生活方式。

1.自主学习，提高学生的学习品质。在北宋镇实验学校，上午第四节是雷打不动的自习课时间。自习课上，在每个学生的面前，都有一份《单元自主学习指导纲要》。该纲要是该校教师教学智慧的结晶。任课教师根据课时数，将教学单元的预习内容整合在一起，制成一份《单元自主学习指导纲要》，引领学生在课前的自习课上自主学习，使学生能够掌握基本知识，发现疑难问题，进行自我评价。这样就有利于教师在课堂上对具体学习目标进行分解与阐述，对学习重难点进行分析与把握，对学生进行针对性学习指导。如李志欣所说："《单元自主学习指导纲要》的核心是自主，在此基础上，学生学习重心实现前移。"

对此，最有评判权的还是学生："有了《单元自主学习指导纲要》，我们根据计划去学习，按照适合自己的方法去做，不但使我们充分利用时间，提高成绩，而且让我们学得比较轻松，做到劳逸结合，减轻了我们的学习负担。"

2.课堂变奏，实现课堂教学流程的科学再造。《课堂自主学习指导纲要》有五个环节：目标定向、学生先学、合作探究、点拨拓展和反馈评价。课堂学习目标是解决学生在自主学习基础上新生成的问题，具有很强的挑战性，教师要求学生在独立解决问题的基础上，在班级内形成小组之间、生生之间、师生之间的多向对话，以交流"先学"成果，实现教学重难点的突破，满足不同层次学生的学习诉求。问题解决之后，学生就开始了丰富多彩的展示：在教师的组织下，学生到黑板前讲解、提出问题，把自己的思路、观点、方法等展示出来。教师在学生展示时倾听记录，准备点评。

课前师生有了积极的准备，课堂变成了学生展示的舞台，变成了教师评价、引导的场所。课堂基本要素显现为前置性学习任务、诊断性预习梳理、关键性递进问题、针对性共同作业和生成性学习指导。课堂不再是学生学习的开始，而是学生学习的提升和深化，不仅减轻了学生的课业和心理负担，最重要的在于还给了学生学习的自主权，学生能够张弛有度地对学习过程进行自我控制。

3. 重新衔接学生课内外生活。学校鼓励教师挖掘相关具有实践意义的课程资源，为学生设计了《双休日（节假日）生活指导纲要》，成为改变学生课外生活方式的一大创新。如民间艺术篇"对称剪纸"，生活常识篇"小小商店"，科学实验篇"建一个家庭实验室"，传统节日篇"五月初五话端午"等。

北宋镇实验学校通过三个纲要的设计与实施，创造性地把自主、合作、探究学习落在了实处。三个纲要相互衔接、相互补充，结束了教师唯教材与教辅而教的历史，教师因此有了课程开发的意识与智慧，开始消费自己创造的知识，同时实现了国家课程的校本化。这种基于人格尊重的教学生活重建，使学生充分感受到教育的生命魅力。

4. 综合建构学校校本课程体系。北宋镇实验学校的学校课程主要包括科技探究类、人文社会类、艺体综合类、活动体验类、综合实践类等几个大项。学校有传统的读书节、体育节、科技节、艺术节四大节日课程。学校依据育人课程标准"做有担当的现代人",开发了大型德育系列主题课程"担当教育",并开展了一系列主题性活动。学校提出"探寻传统文化,引领一方文明"的教育观,鼓励学生组织实践活动,寻访民间艺人,请他们走进校园,走进学生的课堂。

从2007年起,学校积极倡导学生社团工作建设,发展到现在已有小记者站、播音主持社、书画社、足球队、武术爱好者、口风琴乐队、科技发明兴趣小组等几十个社团。学校每年一届的"社团文化节",集中展示学生社团的活动成果。这些课程和活动的开展,大大激发了学生的学习兴趣,开阔了学生的视野,促进了学生的全面发展与个性张扬。

(四)以新课程理念重建学校文化的变革精神,引领学校文化改造与创新

近十年时间,北宋镇实验学校矢志不移地坚持走一条"减负增效"的办学之路,已经基本构建起独特且有效的实际操作范式。更为可贵的是,由于"零"作业教学改革,学校文化得以重塑,生成了"零"作业下的改革与创新文化。可以说,这种文化冲破了农村学校长期沉溺于"应试教育"的定势与藩篱,破解了农村学校实施素质教育的密码,为新课程改革、重塑农村教师职业生命、促进学生健康成长等开辟了新的路径。

"零"作业教学改革实践催生了学校"1+0+0=100"的办学特色,即"一个文化磁场+'零'管理+'零'作业=成人百分百"。学校文化的顶层设计也趋于科学合理:最顶层是"归零教育",就是回归教育本真的教育;第二层是学校的核心价值观,即学校"志道游艺,抱朴求真"的校训;第三层是学校的"一个文化磁场""'零'作业"和"'零'管理"三大品牌;第四层是"创领学习,奠基成长"的办学理念;第五层是学校的行动，如家长志愿者行动、乡村少年宫的文化艺术教育、翻转的班会课、和谐高效课堂、志道游艺课程、生活德育、学生自管委员会等；最后一层是"农村学校素质教育的探索者"的学校愿景和"做有担当的现代人"的培养目标。总之，学校文化因生活化、可操作性、可评价性而具有可感性，学校文化力自然生成，使学校管理达到了文化管理的境界。

四、效果与反思

（一）效果

自2004年9月开展山东省教育科学"十五"规划重点课题"研究性学习理论与实践研究"子课题"农村中学基于研究性学习的作业改革研究与实践"研究以来，"零"书面作业已经成为北宋镇实验学校的一个重要研究内容。2007年11月，随着山东省教育学会"十一五"教育科研重点课题"'零'作业下的教学改革实践研究"的启动与实施，研究工作进入了专业规范运行阶段；2010年1月，该研究顺利通过山东省教育学会组织的专家会议鉴定。2012年，"'零'作业下的教学改革实践"荣获第三届山东省政府教学成果（中等以下教育）一等奖。其间，学校改革成果还获山东省教育厅"十一五"山东地方教育创新成果一等奖。北宋镇实验学校这所普通乡镇学校的成果在省内外产生轰动效应，省内外教育考察团纷纷而至，学习"零"作业教改经验，李志欣和他的团队也先后应邀到广东、河北、辽宁、河南等十余个省做经验介绍或专题报告。

2008年1月，山东省教育厅向全省重点推广该校素质教育工作经验。学校正式出版著作《"零"作业下的教学改革实践》《博弈中的追求——一位中学校长的"零"作业抉择》。山东省教育厅副厅长张志勇研究员，全国著名教育家、北师大博导肖川教授，著名教育专家齐健教授等郑重推介。18篇核心研究成果刊于《人民教育》《基础教育课程》《中小学教师培训》《中国教育报》等,其中1篇被中国人民大学复印报刊资料《中小学教育》全文转载。"零"作业教学改革的做法及经验在全国产生重大影响,《光明日报》《中国教育报》《中国教师报》《教育时报》《山东教育报》等先后专题报道17次,其中《山东教育》发表长篇报道《"零"作业:农村学校内涵发展的引爆点——利津县北宋一中"零"作业下的教学改革探索》,这是《山东教育》首次重磅推出的东营市教学改革典型。《当代教育家》2012年第4期用6个页码以图文并茂形式推介,《教师博览》在2013年第11期创刊20周年特刊彩页推介,《新校长》全文30000余字29个页码图文并茂地报道。东营教育电视台拍摄的《"零"作业,真的是"零"吗》获全国城市教育电视台新闻节目一等奖。

(二)反思

"零"作业教学改革的实践探索,促进了学校管理创新,达到了以下六个目的:1.重塑学生的学习方式,促进了农村学生学习能力和自主管理能力的提高;2.重塑教学方式与策略,课程化教学改革之路成为学习内涵发展的必需;3.重塑农村教师职业生命,让教师享受教育研究的幸福;4.重塑家校关系,引领农村精神文明建设;5.重塑学校内部管理结构,实现学校民主科学管理;6.重塑农村学校文化,生成了"零"作业下的教改文化。

但是,"零"作业教学改革毕竟是在特殊历史时期采取的应对"应试教育"的绝地反击战术。应该说,在当初乃至现时起到了积极作用。随着规范办学行为的持续实施、新课程改革的深入推进、社会对教育变革以及学校素质教育发展的需求更高,彼时的一些做法与措施衍生制约学校发展与创新的新问题。

需要警醒的是，深处一个文化更加多元、社会日趋多变、人类文明成果呈几何级数增长的时代，"一学多效、一效多用"的更加聪明的学习方式，必将是当代乃至将来学校教育的主要特征。而作业的变革，也必然呈现融合教育与生活、科技与人文、个人与社会、物质与精神等多个维度，快速告别传统模板的时代趋势。今后，北宋镇实验学校将继续践行"减负增效"理念，深入推行"零"作业下课堂教学范式研究与实践，创立"零"作业品牌，在探索教育未来发展方向上，紧扣"转型升级发展"这一核心，不断丰富学校改革文化内涵，以更富韵味的创新姿态，谱写素质教育和课程改革新篇章。

附录B

薄弱学校优质发展路径探索：
以"全学习"课程改革撬动育人生态重构教学成果报告

一、问题的提出

当"高位均衡发展"成为新时代基础教育发展的新要求新行动时，不少的"薄弱学校"还在"薄弱"，也是不争的事实。2012年9月《国务院关于深入推进义务教育均衡发展的意见》中明确要求："深入推进义务教育均衡发展，着力提升农村学校和薄弱学校办学水平，全面提高义务教育质量，努力实现所有适龄儿童少年'上好学'。"因此，关注薄弱学校发展，探索薄弱学校治理理论与策略，结合课程改革创新育人模式，是深入推进义务教育均衡发展，实现学校现代化治理，促进薄弱学校内涵高质发展的重要课题。基于此，我们重点思考了以下三个问题。

（一）造成薄弱学校落后的共性问题

造成薄弱学校落后的问题有很多，而基本的共性问题有：教师职业倦怠严重，整体业务水平偏低；生源复杂，家庭教育水平参差不齐；学校发展愿景模糊，管理粗放、效能低下。

（二）造成薄弱学校落后的深层次问题

透视薄弱学校落后的深层次问题，我们归结为以下六点：一是学校育人文化建设滞后，价值观念保守，缺乏与时俱进的意识、魄力和能力；二是缺乏学校治理的专业水平，组织结构不够合理；三是学校管理者存在"官本位"思想，忽略自身专业素养的提升；四是过于注重形象工程，人、财、物、时间、空间、信息等管理要素配置不科学；五是教师学习成长的动力不足，改革创新实操层面的研究成为短板，课程教学改革阻力重重；六是学生课业负担超重，仍然存在课程开设不足等办学行为不规范现象。

（三）造成薄弱学校落后的核心问题

既面向未来，又结合自身办学传统与现状，以先进的教育思想引领学校管理实现转型升级，全面深化课程与教学改革，创新育人模式，落实立德树人根本任务，既是先进学校的办学目标，又是薄弱学校的奋斗方向。无疑，办学思想落后，没有形成符合时代与社会要求的育人文化，办学内生活力不足，课程教学改革乏力，育人方式方法陈旧，是薄弱学校落后的重症问题。

综上所述，薄弱学校之所以"薄弱"，是因为问题与阻碍很多，破解难度较大，影响了学生德智体美劳全面发展，阻抗了立德树人根本任务的坚实落地。基于此，以问题为导向，以研究为载体，在改革中创新发展，就成为薄弱学校"改薄"的动力和方向。

二、解决问题的过程与方法

（一）解决问题的过程

第一阶段（2014年9月—2016年8月）：深度酝酿、初步探索

2014年，在北京市"城乡一体化学习建设"背景下，李志欣赴任北京市育英学校密云分校校长，随即带领全体教师，以教育科研为先导，以课题研究为载体，开启了课程改革与育人模式创新实践之旅。在原任职学校

"'零'作业下教学改革实践探索"（此成果获教育部首届国家级教学成果二等奖）研究的基础上，开展了"小、初、高一体化课程建设与育人模式变革"研究与实践。课题研究激活了教师的工作热情，唤醒了教师的专业兴趣，学校面貌焕然一新，教育教学质量迅猛提升，赢得了当地政府和人民的赞许。

第二阶段（2016年9月—2018年12月）：积极实践、专业探索

2016年，基于学校教育教学发展实际，改革需要迭代升级，以适应新时代特征与未来发展愿景，在总校"小、初、高一体化课程建设与育人模式变革"研究基础上，北京市育英学校密云分校申报立项了北京市教育科学"十三五"规划2018年度校本研究专项课题"'全学习'课程改革与育人模式创新实践研究"，由此开启了"人人皆学、处处能学、时时可学"的学习型学校建设。此阶段初期研究成果与改革经验被第四届中国教育创新成果公益博览会和《人民教育》《教师博览》《中国教师报》等报刊推介，《江西教育》设置"全学习"教学改革专栏进行了深度报道；学校还成功承办了"全国'全学习'领导力高峰论坛"；出版专著《优秀教师的自我修炼：给青年教师的成长建议》《走出庸常：以教师转变引领学校变革》。

第三阶段（2019年1月—2021年8月）：深入探索、完善提高

"全学习"生态校园文化领导力的有效发挥，极大地推动了课程与教学改革，形成了"'全学习'教学评一体化"课堂模式，"全学习"课程育人形态初步形成。实践经验被《人民教育》《中小学管理》《中国教育报》《北京教育》等报刊重磅推介；研究成果丰硕，出版专著《教育微创新：发现细节的力量》《成就每一个人："全学习"教育模式创新实践》；荣获北京市基础教育课程建设优秀成果一等奖。在中国教育发展战略学会区域教育专业委员会2020年年会圆桌论坛上做经验分享，在由中国教育学会家庭教育专业委员会、中国教育报刊社主办的2021年家校合作经验交流会议上做典型经验发言。

第四阶段（2021年9月—至今）：实践验证、提升推广

为进一步优化"全学习"课程育人模式，北京市育英学校密云分校通过开展"全学科阅读，全学科育人"研究，促使教师形成自己的教学主张，教育教学质量高水平稳步提升，真正发展了学生核心素养，"全学习"课程育人实践经验影响全国。实践研究成果不仅在北京市密云区，还在河北、新疆、重庆、辽宁、山东、河南等多地学校得以推广，引领数所薄弱学校走上了优质发展的道路。学校荣获"北京市扶贫协作先进集体"荣誉称号。

（二）解决问题的方法

依循着边实践、边研究、边总结、边推广的研究路径，在借助行动研究法、文献法、实验法、经验总结法等研究方法的同时，探索与实践过程中主要采取了以下解决问题的方法。

1. 党建统领，强化"全学习"课程育人的实践意义

北京市育英学校密云分校以党建工作统领"全学习"课程改革实践，切实落实立德树人根本任务。从减轻学生作业负担入手，营造"全学习"育人文化新生态，构建"学为中心"的多样化学习的课程与课堂育人模式；完善学校内部治理结构，唤醒教师的教育自觉和良知；重塑家校新型关系，突破薄弱学校难以优质发展的怪圈，由此促进了区域教育新样态的建设。

2. 系统思维，整体设计和推进"全学习"课程育人模式研究及实践

北京市育英学校密云分校把系统构建作为"全学习"课程育人模式建构及实践的思维方式，整合育人文化建设的各要素，以及学科与活动、课内与课外、学校与社区、家庭各主体，确立"全学习"课程改革的学段进阶与实施路径，联通物理空间、丰富学习方式、改造心智模式，形成了文化浸育、学科培育、环境陶育、家校共育的协同育人模式，使系统育人效应得到了最大发挥。

3. 专家引领，使"全学习"课程育人模式研究及实践更具专业性和实效性

为了更加专业化地开展"全学习"课程育人模式研究及实践，北京市育英学校密云分校成立了课题研究专家指导组。专家组以北京师范大学中国教育政策研究院执行院长张志勇教授为首席专家，中央教育科学研究院副院长张斌博士等组成专家指导团队。研究与实践过程中，专家有针对性地给出建设性意见，使课题实践的方向性、目的性更明确，研究成果的价值更大、应用性更好。

三、成果的主要内容

北京市育英学校密云分校以"全学习"课程改革实践研究作为落实立德树人根本任务的重要抓手，通过创新性建构"全学习"课程育人理论，积极探索实施，逐步形成了可复制、可应用、可推广的课程改革经验与育人新模式，为培养实现"中国梦"的时代新人奠定了发展基础。

（一）"全学习"课程育人理论：提出的背景、内涵特征与实践旨向

1. 提出的背景

一是北京市育英学校的校训是"好好学习，好好学习"（1952年六一儿童节期间毛主席为学校题词）；二是习近平总书记在2015年5月给国际教育信息化大会的贺信中提到建设"人人皆学、处处能学、时时可学"的学习型社会。

2. 内涵特征

"全学习"是一种新的学习理念，其内涵为学习既全面又完整，既复

杂又具体，既整体又个体，既传承又创造，既自主又内省，既现时又终身。特征为拓展学习视界，组构全息学习单元，打通学习时空与方式，经历完整学习过程，实现人的完美建构。

3. 实践旨向

一是构建学校育人文化生态，营造"人人学习、时时学习、处处学习"的"全学习"型育人环境；二是在北京市"城乡一体化学校建设"背景下，"全学习"课程改革成为薄弱学校有力推进素质教育和实现优质发展的重要抓手；三是探索薄弱学校以"作业减负"为突破口，实现育人模式创新的重要方法和途径；四是通过"校长工作室""友好合作"等，带动其他薄弱学校发展，创造出一套薄弱学校协同发展的有效策略。

（二）"全学习"课程育人路径：营造育人文化生态系统、构建形成三维度五层次式课程架构、推进教学方式深度变革

1. 营造"全学习"育人文化生态系统

北京市育英学校密云分校对"全学习"生态育人文化建设做了顶层设计，将中华优秀传统文化、社会主义核心价值观、学生发展核心素养等元素化为教育情境。

经历师生数年的精心打磨，形成了处处指向核心素养的发展目标，致力于满足学生学习与生活的需求，营造促进学生自我学习的育人环境。学校还用心打造了一套"全阅读"学习空间的设计流线，以"读书、读人、读景"为线索，营造"全阅读"的学习氛围，吸引学生注意力，激发学生阅读的热情，打造"全学科"的整体育人氛围。

环境育人文化带动影响课程发展，引领教与学方式的创新。在此环境氛围下，场馆学习、行走学习、实践学习、社团学习、项目学习、影视学习、仪式学习、服务学习、讲堂学习、节庆学习等多种学习方式与相应的课程纷纷出现。这种开放自由的"全学习"空间课程，有效培养了学生的

道德情操、国家意识和世界精神，发展了学生的核心素养。

2. 构建形成三维度五层次式"全学习"课程架构

遵循国家课程改革理念和中考改革方向，指向完善学校的课程体系与结构，营造全新的学习生态系统，实现学校可持续发展；以"学生综合素质发展评价"为旨向，带动课程育人生态发展；实现"全学习"课程体系与校园空间、育人文化、育人制度有机融合的发展目标，由此构建形成三维度五层次式"全学习"课程架构。

整个课程体系以"培养什么人"为支点，坚持五育并举，为学生适应未来社会、促进终身学习、实现全面发展提供基本保障；以空间融合为亮点，将学习环境与课程创新结合。无论是课堂、休息，还是运动，都能让学生感受到知识的"不经意生长"，拥有更多的"发展可能性"；以学习方式的进阶，推进学生在时间维度上的"全学习"成长。环境在生长、知识在生长，人更是在生长，同一处环境需要考虑不同学段学生使用的功能及课程的可能性，从而实现"人"的完美建构。

3. 推进"全学习"型教学方式深度变革

其一，学习方式的转变实际上是个人与世界关系的转变。在"全学习"课程建设过程中，学校更加注重研究与实践学生学习方式的变革，并引导教师开展以学为中心的教学设计与实践，引领教师实现信息技术与学科教学的有机整合。

其二，围绕"全学习"理念下课堂育人模型，探索"基于大单元的深度学习"的教学设计。以"作业减负"为切入点，自主研发了基于大概念的单元自主学习单、基于教学评一体化的课时学习单与基于标准的自主作业单三个学习工具。鼓励教师物化个人教学成果，切实减轻课业负担，实现有效作业、有效教学与有效课堂管理，提升学生的有效学习，真正实现"减负增效"与"学科育人"目的。

1. 全息学习课程体系

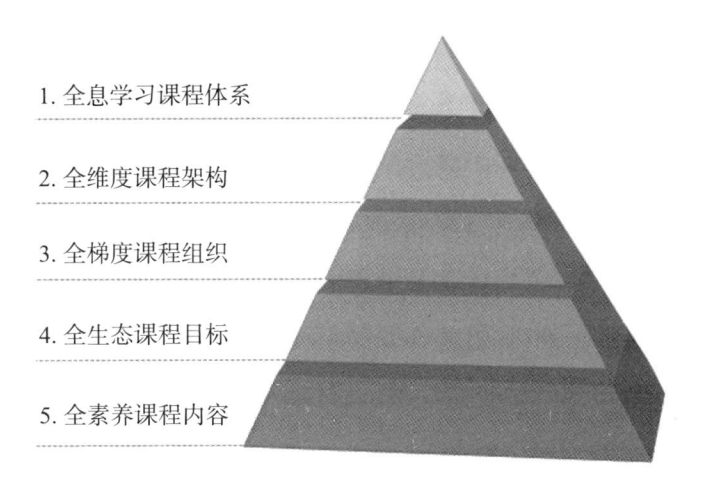

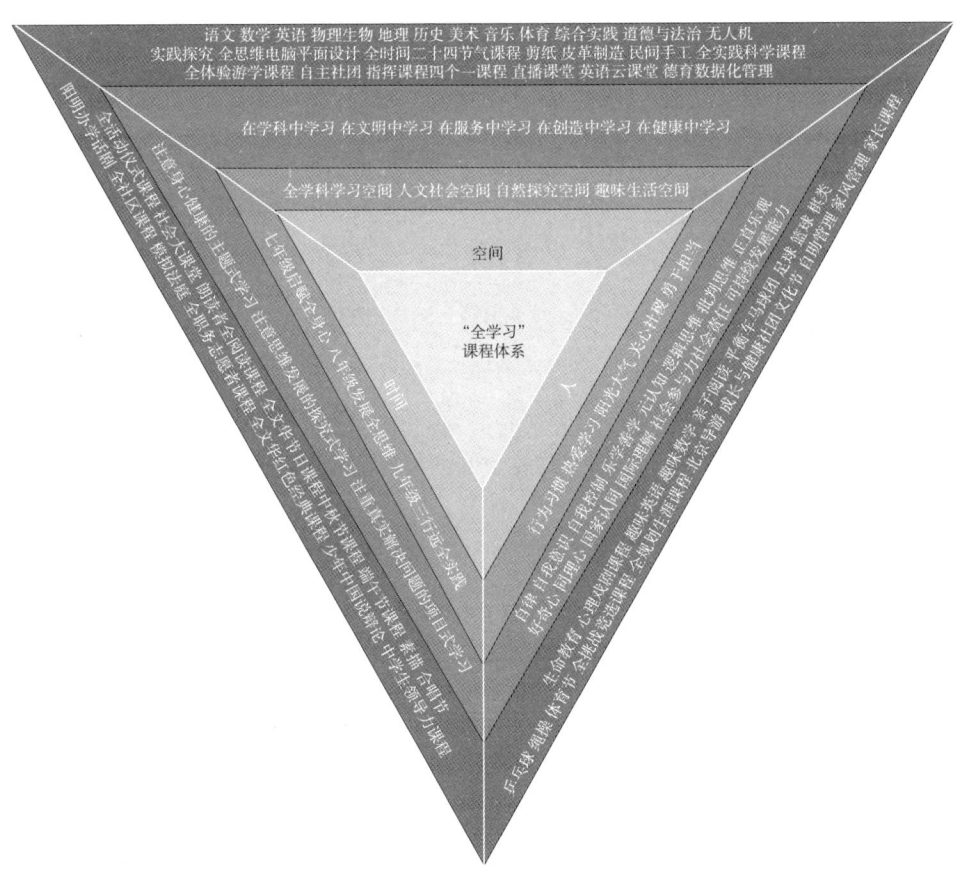

2. 全维度课程架构

3. 全梯度课程组织

4. 全生态课程目标

5. 全素养课程内容

三维度五层次式的"全学习"课程架构

其三，推行"课堂教学第三方质量诊断与评价"项目。在原学校教育管理部门组织的第一方评价、上级教育行政部门组织的第二方评价的基础上，引入独立于学校及教育行政部门之外，由教育专家、学科教学专家、学科教研专家为评价主体，家长、社区、学生参与的第三方评价体系。设计相关《课堂观察量规》《课堂教学指导量规》，使课堂诊断规范、实用。编制科学的课堂诊断指导工作流程，对学校指定的课堂评价内容进行重点分析调研，形成并提交调研报告。研究制定课堂跟进指导方案，改进课堂教学，从而构建起学校多层次、重实证的校本质量反馈评价体系。

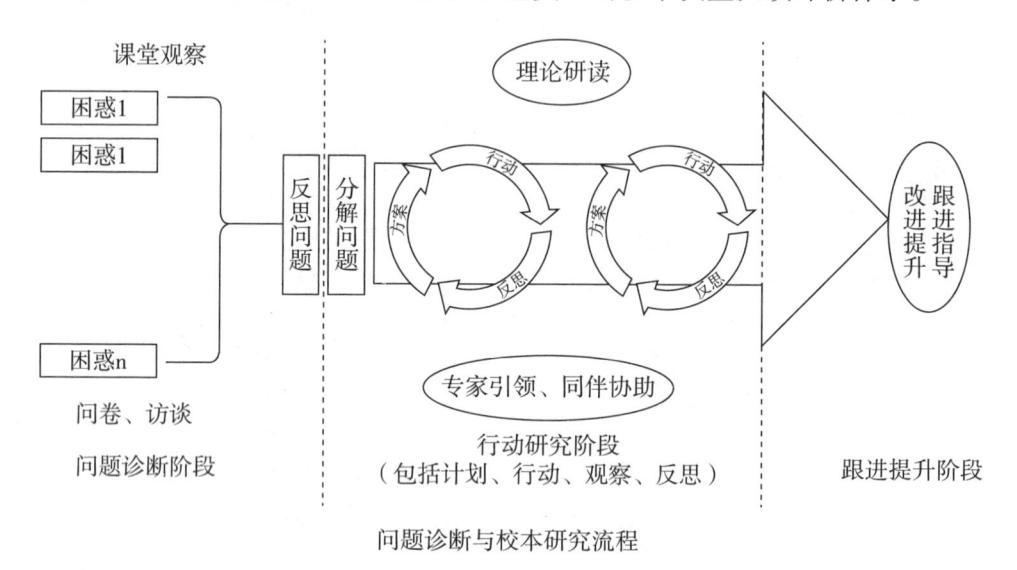

问题诊断与校本研究流程

（三）"全学习"课程育人保障机制：唤醒教师自觉成长、创领学习型家庭建设、驱动区域学校协同发展

1. 在唤醒教师自觉成长中促进"全学习"课程育人实践

开发"'5+2'教师自主成长"课程。"5＋2"，即读书、写作、课题、课例、课程、访学、分享，是"全学习"理念下教师校本培训模式。读写塑造心灵，研究练就真功，访学打开视野，分享成就高度，从单一的"教研"方式中跳出来，把教师带向自由研究的理想领域，练就读写力、研究力、实践力、行走力和分享力。

开拓教师视野，激发教师教书育人的激情。引进一些课程创新项目，将教师发展嵌入课程与教学实践中，探索促进教师专业成长的评价机制。开展"三个一"读书活动，即读烂一本经典，主攻一个专题，精研一位名家。激励教师做专家型教师，创造条件让教师也能像专家一样，走出去传播自己的教育思想与教学主张，实现自己的职业理想与人生价值。

2. 在学习型家庭建设中推进"全学习"课程育人实践

大力推进"全学习"型家庭建设。由家长委员会牵头，成立以班主任、骨干教师和部分家长代表共同参与的项目工作组，邀请家长召开项目推介会。动员家长积极报名参与学习型家庭建设，组织开展家教知识、技能培训，提高学习型家庭建设能力。开展小手牵大手创建星级学习型家庭达标验收活动。组织家长参加线上家庭教育课程学习，结合学校组织的各项活动，修满学分，颁发"学习型家庭成长导师资格证"。

催生家校合作共育新方式。学校和家长合作，助力学生自主组织开展以线上微讲座为主要形式的"育英学生大讲堂"。这是疫情期间开发的学生自主的"微型学习中心"，已成为学生的常规学习方式。运用这个中心，学生可以学习自己喜欢的知识，线上线下都能组织运行。疫情的突然出现，加速了"线上+线下"混合式学习的发展步伐，这更证实了"全学习"理念提出的科学性与前瞻性。

3. 在驱动区域学校协同发展中推动"全学习"课程育人实践

北京市育英学校密云分校在实现自身快速发展的同时，主动带动引领本区域学校和北京市外有关薄弱学校的发展。

一是借助"名校办分校"模式，推广"全学习"课程育人实践经验。北京市育英学校密云分校采取"价值领导、单点突破、成长自觉、长远布局"策略，通过名校的资源辐射，激发分校的内生活力，走上由薄弱到优质发展的快车道。

二是借助"校长工作室"模式，推广"全学习"课程育人实践经验。密云区教委于2018年3月成立了第二届名校长工作室。工作室以"设计先行、系统运作；诊断驱动、精准施策；把脉文化、价值引领；培育成果、特色凸显"为工作路径，对办学理念、管理实践进行理论提升，对校长个人的办学思想、管理风格和办学特色，进行系统梳理和提炼，形成学校变革的新行动方案。

三是借助"对口帮扶"策略，实验推广"全学习"课程育人实践经验。教育帮扶的本质应该是"扶人"，即帮助人更新教育理念，获得新思想与新理论，学会更加科学有效的新操作，进而生成属于自己的新方案。北京市育英学校密云分校对其他学校的帮扶是多元化协同共进的，从课堂教学改革、教师专业发展、学生养成教育、校长领导力提升、校本课程开发、学校特色建设等多方面展开合作互动、交流对话，实现共生共长共发展。

四、效果与反思

（一）研究成果丰硕

1. 研究水平全国领先

在高层次专家指导下，北京市育英学校密云分校承担的北京市教育科学"十三五"规划2018年度校本研究"'全学习'课程改革与育人模式创新实践研究"，2021年11月顺利通过北京市规划办组织的专家会议鉴定。专家鉴定意见为：该研究达到了全国领先水平。

2. 研究成果获奖

2019年荣获密云区第二届课程建设优秀成果评选一等奖；同年，荣获北京市2018—2019学年度基础教育课程建设优秀成果评选一等奖，并入选北京市教科院组织编写的"十三五"干训教材。

3. 研究成果在高层次报刊发表，或结集出版

结合课题研究，先后出版了《成就每一个人："全学习"教育模式创新实践》《优秀教师的自我修炼：给青年教师的成长建议》《走出庸常：以教师转变引领学校变革》《教育微创新：发现细节的力量》等著作5本，其中《优秀教师的自我修炼：给青年教师的成长建议》《教育微创新：发现细节的力量》分别入选中国教育新闻网2018年度和2020年度"影响教师的100本书"。50篇核心研究成果刊发于《人民教育》《中小学管理》《中国教育学刊》《中国教育报》等报刊。

（二）实践效果显著

1. 学生、教师成长取得重大突破。"全学习"课程改革实践研究有效促进了学生核心素养发展，学生德智体美劳全面发展，获得了可持续发展的内生动力。每年都有一百余个学生在全国、北京市和密云区的体育、科技、艺术、实践等方面的比赛中获奖，学校教师自主开发了50余门兴趣课程供学生选择，学生100%参与学科实践、开放性综合性实践、社会大课堂、北京市中小学生"四个一"活动。

有力促进了教师职业素养和专业能力的大幅提升，课程与教学领导力迅速增强。几年前，学校教师仅有少数人获得区级荣誉、比赛奖励二三等奖。2016年8月至2021年8月，已有15名教师获得北京市"紫禁杯"优秀班主任、北京市学生最喜欢的班主任、北京市骨干教师等市级荣誉称号，每年有三分之二的教师获得密云区优秀教育工作者、师德模范、优秀班主任、区学科带头人、讲课比赛奖项、论文比赛奖项等各类荣誉称号和奖励，干部教师在省级以上报刊发表实践研究文章69篇。

2. 学校多次荣获表彰。2018年，北京市育英学校密云分校被评为"北京市中小学文明校园"；2020年12月，荣获"北京市教育科研先进学校"

称号；2021年3月，荣获"北京市扶贫协作先进集体"荣誉称号，是密云区教育系统唯一获此殊荣的单位。

3. 多家权威媒体重磅报道。《中国教育报》《中国教师报》《北京教育》《江西教育》《教育名家》《教育家》《现代教育报》《山东教育报》等先后专题报道22次。《人民教育》重磅推介相关研究成果后，"学习强国"等多家自媒体纷纷转载。2018年5月，北京市音像出版社录制地铁宣传片《身边的好学校》；2021年9月8日，中国教育报刊社组团深度采访学校轮岗交流情况，宣传促进城乡教育优质均衡发展的典型经验，《晚间新闻》《共同关注》《北京您早》等栏目播报了该经验探索。

4. 会议推介。2018年1月，学校在由北京市教育委员会、北京市教育科学院主办的"引领 辐射 提升——北京市'紫禁杯'优秀班主任工作室启动仪式暨特色班级文化建设展示活动"中做典型发言；2020年10月，在中国教育报校长大会上做题为《"全学习"课程改革与育人模式创新实践研究》的专题讲座；2020年12月，在中国教育发展战略学会区域教育专业委员会2020年年会上举办题为《怎样用好用足办学自主权》的圆桌论坛；2021年1月，在由中国教育学会家庭教育专业委员会、中国教育报刊社主办的2021年家校合作经验交流会议上做了典型经验发言。在该论坛上，全国政协常委、民进中央副主席朱永新致开幕辞。

5. 经验推广。北京市育英学校密云分校这所普通的城乡接合部薄弱学校，其"全学习"课程改革实践经验在全国产生重大影响，全国教育考察团纷沓而至学习改革经验；李志欣和他的团队也先后应邀到河北、重庆、辽宁、河南、山东、江西等十余个省市做经验介绍或专题报告。全国很多薄弱学校借助"全学习"课程改革创新理念与实践经验，走上了由"薄弱"到"优质"的发展道路，有的成为当地素质教育先进典型。

（三）反思

"全学习"课程改革实践探索开辟了薄弱学校优质发展的有效途径，创造了独特、新颖且有效的新方法、新经验、新方案。尤其在2021年中共中央办公厅、国务院办公厅印发《关于进一步减轻义务教育阶段学生作业负担和校外培训负担的意见》以后，学校迅速制定关于落实"双减"工作的相关制度，如家庭作业、课堂教学、课后服务管理办法，在具体落实中，显示出了该课题研究的前瞻性、先进性，以及重要的实践意义与应用价值。

今后，学校会沿着以下维度进行探索，不断修正与创新实践行动。一是学习空间再造：灵活、智慧、可重组；二是学习方式变革：主动、深度、无边界；三是课程体系重构：个性、联结、跨学科；四是组织管理转型：开放、民主、扁平化。继续以立德树人、培养实现"中国梦"的时代新人为使命，努力探索薄弱学校提质增优、推动城乡一体化优质教育均衡发展的先进方案，办让人民满意的学校。